中外文明互鉴与中国国情发展系列
暨南大学国情教育系列教材

丛书主编　林如鹏　宋献中

华侨华人与中国发展

代帆◉主编

暨南大學出版社
JINAN UNIVERSITY PRESS
中国·广州

图书在版编目（CIP）数据

华侨华人与中国发展/代帆主编．—广州：暨南大学出版社，2022.6
（中外文明互鉴与中国国情发展系列/林如鹏，宋献中主编）
ISBN 978－7－5668－3447－8

Ⅰ.①华…　Ⅱ.①代…　Ⅲ.①华侨—研究—世界 ②华人—研究—世界　Ⅳ.①D634.3

中国版本图书馆 CIP 数据核字（2022）第 113830 号

华侨华人与中国发展
HUAQIAO HUAREN YU ZHONGGUO FAZHAN
主　编：代　帆

出 版 人：张晋升
项目统筹：张晋升
责任编辑：冯　琳　郑晓玲　颜　彦　林　琼
责任校对：苏　洁　黄亦秋
责任印制：周一丹　郑玉婷

出版发行：暨南大学出版社（511443）
电　　话：总编室（8620）37332601
　　　　　营销部（8620）37332680　37332681　37332682　37332683
传　　真：（8620）37332660（办公室）　37332684（营销部）
网　　址：http：//www.jnupress.com
排　　版：广州市天河星辰文化发展部照排中心
印　　刷：深圳市新联美术印刷有限公司
开　　本：787mm×1092mm　1/16
印　　张：17
字　　数：362 千
版　　次：2022 年 6 月第 1 版
印　　次：2022 年 6 月第 1 次
定　　价：73.80 元

总　序

文明是人类在漫长历史长河中的结晶。人类通过实践创造文明，通过交流互鉴不断传承、发展和创新文明。交流互鉴是推动人类文明进步和世界和平发展的重要动力。在全球化浪潮加速不同文明汇聚的今天，人类应对安全危机、环境危机等挑战，选择、认同、重塑新文明体系的过程，进一步加速了人类命运共同体的构建。文明交流互鉴与融合成为21世纪人类可持续发展的重要动力。中华文明源远流长、博大精深，世界其他文明也具有独特价值，中华文明自古就以开放包容闻名于世，在同其他文明的交流互鉴中不断焕发新的生命力，在与其他文明共生共长中促进世界文明不断前进。

习近平总书记在中共中央政治局第三十九次集体学习时强调：要坚持弘扬平等、互鉴、对话、包容的文明观，以宽广胸怀理解不同文明对价值内涵的认识，尊重不同国家人民对自身发展道路的探索，以文明交流超越文明隔阂，以文明互鉴超越文明冲突，以文明共存超越文明优越，弘扬中华文明蕴含的全人类共同价值，推动构建人类命运共同体。要立足中国大地，讲好中华文明故事，向世界展现可信、可爱、可敬的中国形象。要讲清楚中国是什么样的文明和什么样的国家，展现中华文明的悠久历史和人文底蕴，促使世界读懂中国、读懂中国人民、读懂中国共产党、读懂中华民族。

《中外文明互鉴与中国国情发展系列》立足世界百年未有之大变局、国际秩序深度调整的新形势，以习近平新时代中国特色社会主义思想及系列讲话精神为指导，以宽广的胸怀展开中外文明对比，从中外文明互鉴视角向港澳台侨青年学生及留学生讲清最真实的中国国情，助力青年学生构建正确文化观、国家观和世界观。丛书以青年学生类别为依据，个性化设计《“一国两制”与民族复兴》（面向港澳台学生）、《华侨华人与中国发展》（面向华侨华人学生）、《丝绸之路与中外文明交往》（面向留学生）、《海外华人中国国情十讲》（面向海外华人学生，特别是海外侨领）4 本教材。

丛书自 2020 年 12 月启动编写，历时近两年辛勤耕耘，于 2021 年 10 月在暨南大学面向港澳台侨学生及留学生开展课堂试用，并根据学生的使用反馈进行修订完善。在此，特别感谢钱乘旦、张国刚、吴玉贵、张西平、李明欢、任贵祥、李道湘、沈桂萍、翁贺凯、张梧等专家对丛书编写的鼎力支持与指导。百尺竿头须进步，恳请广大读者在使用过程中提出宝贵意见，我们将积极吸纳并定期对丛书进行修订。

丛书编委会

2022 年 6 月

前　言

中国人谋生五洲四海，源远流长。19 世纪中期鸦片战争之后，随着广东、福建等沿海省份的中国人大量漂洋过海，他们或经商，或打工，在东南亚和北美形成了引人注目的族群聚居区，海外华侨社会由此成形于世。曾几何时，华侨对祖国的认同乃基于对家族、原乡的情愫。清末戊戌变法失败后，维新派（保皇派）和革命派先后前往东南亚、日本和北美等地活动，为争取华侨社会的支持，他们办报、集会、宣传，在当地华侨社会中掀起了如何改变封建中国的论争，客观上促进了华侨对祖国事务的关注。在推翻清王朝的辛亥革命中，海外华侨逐渐超越方言、地域、帮派的隔阂走到了一起，把自身的命运与祖国联系在一起，而在对祖国事务的参与中，海外华侨的中华民族主义思想逐步孕育和发展，并形成对祖国的政治认同，由此开启了华侨与中国关系的新篇章。自此，华侨通过对国内事务的广泛参与，如国民革命、抗日战争、解放战争和新中国建设，建立起与祖国的血脉联系，谱写了华侨历史上爱国爱乡、可歌可泣的壮丽诗篇。

第二次世界大战结束以来，一系列民族国家相继诞生。受国际冷战形势的影响，无论是华侨在国外所处的生存环境，还是华侨与中国的互动，都不得不面临重大的调整。华侨开始大规模融入住在国社会，身份由华侨转变为外籍华人，海外华侨社会也因此向华人社会转变。

自 20 世纪 70 年代末改革开放以来，一度封闭的中国再次向世界开放，海外华侨华人得以重新建立与中国的联系，并与中国发展多样而密切的互动。华侨华人广泛而深入地参与中国的改革开放和社会变革，中国政府高度评价华侨华人取得的成就以及对中国社会的贡献。江泽民指出，华侨华人的成就和贡献是中华民族的骄傲，海外华侨华人是中华民族的资源宝库。胡锦涛更进一步指出：“在凝聚侨心、发挥侨力，为实现全面建设小康社会的宏伟目标作贡献方面，侨务工作大有作为；在反对和遏制‘台独’分裂势力，推动祖国和平统一进程方面，侨务工作大有作为；在开展民间外交，传播中华优秀文化，扩大中国人民与世界各国人民友好交往方面，侨务工作大有作为。”2014 年 6 月，习近平总书记在会见第七届世界华侨华人社团联谊大会代表时，高度肯定华侨华人的作用，他说：“长期以来，一代又一代海外侨胞，秉承中华民族优秀传统，不忘祖国，不忘祖籍，不忘身上流淌的中华民族血液，热情支持中国革命、建设、改革事业，为中华民族发展壮大、促进祖国和平统一大业、增进中国人民同各国人民的友好合作作出了重要贡献。祖国人民将永远铭记广大海外侨胞的功绩。”2017 年，习近平总书记又对侨务工作作出重要指示，他强调，实现中华民族伟大复兴，需要海内外中华儿女共同努力。把广大海外侨胞和归侨侨眷紧密团结起来，发挥他们在中华民族伟大复兴中的积极作用，是党和国家的一项重要工作。

总之，无论在中华民族追求民族独立、发展经济的历史进程中，还是在改革开放、国家统一的过程中，华侨华人均作出了特殊的历史贡献，成为沟通其住在国与中国的桥梁和纽带。

中国政府和人民不会忘记华侨华人对中国所作出的贡献。随着中国国力的提升，中国政府加大了对中国公民和海外侨胞海外权益的保护力度；通过多种形式的经济科技平台，吸引华侨华人到中国投资和发展，实现华侨华人与中国社会的双赢；为海外华文教育的发展提供力所能及的帮助；为海外华裔青少年提供丰富多彩的夏令营和文化活动，帮助他们更好地了解本民族的文化传统；等等。

暨南大学素有“华侨最高学府”之称，其百年前的建校宗旨正是“东渐于海，西被于流沙，朔南暨，声教讫于四海”，即面向南洋，将中华文化远播到五洲四海。在中国崛起和中华民族复兴的历史时刻，我们应该把华侨华人爱国爱乡的光辉历史传承给新一代。正是基于这一目的，我们编写了《华侨华人与中国发展》这本教材，重点书写在过去 100 多年的历史进程中，华侨华人与中国同呼吸共命运的爱国爱乡的故事与情怀，力图通过华侨华人与中国互动的故事讲述，让华侨华人学生了解先辈们勇于开拓的奋斗精神与爱国爱乡的赤子之心，我们也希望华侨华人学生在融入住在国社会的同时，薪火相传，将中华优秀传统文化传播到五洲四海，继续参与中国改革开放的伟大事业，在中华民族的伟大复兴中实现个人的梦想。

全书共分九章，以历史为主线，兼顾华侨华人与中国关系的不同专题。第一章讲述华侨华人社会的形成与发展，尤其是鸦片战争以来中国人移民海外的历史以及海外华侨社会的形成，同时全面介绍当代华侨华人社会的转型，尤其是改革开放之后，海外华人的本土化进程以及华人社会的多元化特征。第二至四章讲述清末华侨民族主义和爱国主义的兴起，以及华侨对中国事务的广泛参与和贡献，如参与辛亥革命、中国共产党成立、国民革命和中国的抗日战争等，全面展现了海外华侨的赤子情怀。第五章专门讲述华侨与中国近代经济发展，包括晚清以来至 1949 年新中国成立前华侨对中国经济的参与，如晚清时期和民国时期华侨回国投资，推动了中国资本主义的发展进程。第六章讲述在 1949 年新中国成立后华侨华人对中国事务的参与，如新中国成立初期华侨回国参政议政，参与中国经济建设、支持家乡经济发展和公益事业，在重大外交舞台上支持中国。第七章讲述改革开放以来大量华侨华人回国投资，支持中国改革开放和经济、社会的发展，突出华侨华人对中国经济发展和社会进步的支持。该章还重点讲述华侨华人高科技人士对中国科技和经济的贡献，以及对侨乡的支持与投入。第八章讲述华侨华人在中国和平统一、公共外交等领域发挥的作用，如海外华侨华人反“独”促统活动的发展以及对中国和平统一大业的支持。第九章则讲述华侨华人在中外人文交流中所发挥的桥梁作用等，尤其是华侨华人在人类命运共同体构建中所发挥的作用。

本书有如下四个特色：第一，不同于国别或区域华侨华人史，本书全景式地反映了华侨华人与中国的关系，即早期华侨与祖国的关系，以及新中国成立后华侨华人与祖（籍）国的关系；第二，将华侨华人史与中国历史各个分支或史学不同领域交叉结合，即将华侨华人史与中国古代史、中国近代史、中国革命史、中共党史、新中国史和改革开放史有机结合起来；第三，对以往研究薄弱、反映不够的问题，如华侨与中国共产党的创建及其领导的大革命之间的关系作了全面的阐述，弥补了以往华侨华人史的不足；第四，在叙事上浅显易懂，配以插图、故事和案例，增加了教材的可读性。

本书是集体智慧的结晶，来自暨南大学校内外的学者参与了本书的写作与构思，具体撰写分工如下：前言　代帆；第一章　李爱慧；第二章　高伟浓；第三章　任贵祥；第四章　石沧金；第五章　文峰；第六章　代帆、张小欣；第七章　吉伟伟；第八章　邓玉柱；第九章　任娜。

此外，中共中央统战部组织的张西平、李道湘、翁贺凯、张悟、沈桂萍等专家，以及李明欢、张振江、陈奕平、潮龙起、陈文、吴金平、龙向阳、范若兰、郑一省等学者，对本书的写作提供了不少宝贵的意见，在此一并致谢！

代　帆

2022 年 1 月

目 录

第一章

华侨华人社会的形成与发展

华侨华人是中国的海外移民及其后代，是中华民族的有机组成部分。早在秦汉时期，连通欧亚的丝绸之路就留下了中国人跨国贸易的足迹。自唐宋以来，中外海上贸易日渐繁荣，广东和福建两省因临海优势，前往东南亚或东亚（日本、朝鲜）经商者众多。不少粤闽海商长年留居海外，初步形成了华侨社会。鸦片战争后，大批广东和福建沿海的贫苦大众迫于生计，或被掠卖为契约华工或主动出洋谋生，其中九成以上前往东南亚，其余则到北美洲、大洋洲、非洲、南美洲和欧洲等地，华侨社会趋于成熟。1949年新中国成立之后，由于国内外形势的制约，中国人口的国际迁移陷入低谷。1955年中国宣布不承认双重国籍后，大批华侨加入住在国国籍，华侨社会随即向华人社会转变。1978年改革开放以来，中国再次掀起移民潮，全国各地累计有1 000多万人通过各种途径移居海外。目前，世界华侨华人总人口已增至约6 000万人。

阅读材料：华侨华人提法的由来

唐宋以前，移居国外的华人没有固定的称谓。唐宋以后，由于经济文化的发展交流、对外贸易的扩大、交通的发达，移居国外的华人急剧增多，他们多被住在国的人民称为“唐人”。后来他们也自称“唐人”。在南洋一带，中国之物品亦多挂上“唐”字。明清时期，仍多称“唐人”“唐山人”（“唐山”是海外游子对祖国的一种习惯称呼），也有称“华人”“中华人”“中国人”的。有时为了说明籍贯，则用“粤闽人”“闽人”“粤人”“漳泉人”“广府人”“潮州人”等。到清末以后，又有了“华民”“华工”“华商”等称谓。1883年郑观应在给李鸿章的呈折中首次使用了“华侨”一词。“华”为国民属性，“侨”为客寓状态。这一概念既表示对中华民族的族性归属，又表明在海外侨居的状态，由此被广泛使用和传播。

晚清、民国时期，“华侨”这一术语曾被用来泛指在国外居住的具有中国血统的人。清政府《大清国籍条例》（1909）、北洋军阀政府《修正国籍法》（1914）和国民政府《国籍法》（1929）三部旧中国国籍法均规定：对于“数世不归”的华侨，继续保留其中国国籍，即所谓“冀其后裔绵延”，无论若干世系仍属中国国籍。因此，凡是具有中国血统而居住国外的人，都被认为是华侨。

中华人民共和国成立之后，情况就不同了。中国政府为了妥善地解决历史遗留下来的华侨问题，以利于与各有关国家建立友好睦邻和互相信任的关系，于1955年亚非万隆会议期间，正式宣布不赞同华侨拥有双重国籍，并与有关国家签订了关于解决华侨双重国籍问题的条约。“华侨”的概念只适用于仍然保持中国国籍的侨民，已经自愿加入外国国籍者则被称为华人。现今中国官方对“华侨”的解释是“中国公民已取得住在国长期或者永久居留权，并已在住在国连续居留两年，两年内累计居留不少于18个月”，对“华人”的定义是“已加入外国国籍的原中国公民及其外国籍后裔，以及中国公民的外国籍后裔”。

第一节　鸦片战争前中国人移居海外的情况

中国海外移民的发端与跨国贸易的发生和发展密不可分。广东和福建沿海许多富有冒险意识的商人通过海上丝绸之路出国经商，自唐以来不断有人在东南亚临海国和岛国的港口周边定居下来，逐渐在当地形成华侨聚居区。至鸦片战争前夕，华侨人数已达100多万人，总体上以商人居多，也有华侨从事种植、采矿、修路、城建等工作。

一、海上丝绸之路与粤闽海商

丝绸之路是古代中国连通亚洲、非洲乃至欧洲的商业贸易路线，因丝绸是当时中国最重要的独家出口商品而得名。丝绸之路可分为北方陆路和南方海路两条路线，两汉时期陆上贸易更为发达，而海上贸易尚处于起步阶段。进入唐朝，陆上和海上丝绸之路并驾齐驱。宋朝之后，中国经济重心南移，海上贸易更为兴盛。广东和福建沿海地区素有海外贸易传统，在西方殖民者东犯之前，粤闽海商在海上丝绸之路的贸易中发挥着主导作用。

（一）汉代丝绸之路的开辟

西汉时期，张骞出使西域，开辟了以长安（今西安）为起点，经甘肃、新疆，到中亚、西亚，并连接地中海各国的陆上丝绸之路，中外使节和商贩络绎于途。到东汉时期，丝绸之路的起点东延至洛阳。

海上丝绸之路的开辟亦始于汉朝，其路线是自雷州半岛西岸入海，经东南沿海往印度洋，远至斯里兰卡。① 汉代中国造船技术尚不发达，航海贸易不是直达航行，而是转乘外国商船，分程转送，周期相当长，通常要数年。

（二）唐宋元时期海上丝绸之路的繁荣

唐代对外交通发展，无论是陆路还是海路的跨国贸易均盛极一时。尤其是海上丝绸之路比汉代的航线更长，到达的国家更多。唐朝对从事海外贸易的商人持“自由往来，任其交易”的开放态度。② 贸易的主要港口从雷州半岛转到广州、合浦、龙编（交州治所）等地，大部分以广州为中心。粤闽海商的足迹，从东南亚、南亚逐步拓展到西亚和东非地区。不过，他们搭乘的船舶多是外国商船，尤以扶南船、波斯船为主。

两宋时期，由于北方大部分地区为辽、西夏、金所据，陆路的对外贸易大受限制。于是宋廷将目光投向南方，转向大力发展海上贸易，从而推动了造船技术的进步，一改唐朝以外国商船为主的状况。同时，指南针也被普遍运用于航海，使得远洋航行更加安全。广东与福建的商人主导了海上丝绸之路的国际贸易和航运。北宋时广州仍是中国最大的通商口岸，至南宋后泉州逐渐超越广州，成为当时最大的对外贸易港，闽南海商的势力壮大起来。元朝基本继承了宋朝开放的海外贸易政策，使得海路发达的粤闽两省出洋经商人数大量增加。宋元两代，广州、泉州、漳州等地的海商数以万计，尽管以中小商人居多，不过资产数十万乃至上百万贯的海商也层出不穷。

（三）明清海禁政策下的粤闽海商

明朝政府一改前几朝的开放贸易政策，转而实行海禁政策，不许人民出洋经商。可是广东和福建沿海一些精明而大胆的商人，仍然不断地冒险犯禁，往来于中国与东南亚或日本之间做生意。明朝前期被官府称为“海盗”的林凤、林道乾等人，其实都是当时著名的大海商。至明末，以郑芝龙为首的武装海商集团兴起，与荷兰东印度公司在东亚海域的贸易竞争中占据优势。

进入清代前期，中国的海上贸易一度因禁海令而中断。随着海禁的解除，粤闽海商又重新活跃于东亚海域。直到19世纪初，中国帆船在东亚海域仍有相当大的商业竞争力。

---

① 庄国土．世界华侨华人史［M］．广州：暨南大学出版社，2018：6.
② 庄国土．世界华侨华人史［M］．广州：暨南大学出版社，2018：9.

（四）粤闽海商在近古东亚贸易圈中的主导地位

自唐宋以来，粤闽海商逐渐构筑起中国与东北亚、东南亚以及中西亚和南亚等国的经贸网络，他们在13—18世纪的东亚贸易圈（包括中、日、朝及东南亚各国）担当了主导角色。在北自日本长崎、朝鲜半岛仁川，南至东南亚的马尼拉、雅加达、马六甲等广大区域中，居中的粤闽海商非常活跃。他们输出中国品质优良、价格低廉的丝绸、陶瓷、茶叶与其他手工制品，并经由西方商人等转运欧洲和美洲，换取东南亚的香料与热带土特产品、墨西哥和日本的白银。① 粤闽海商构建的海上经贸网络与欧洲商人的远东经贸网络互相交叉、利用和补充，是世界经贸网络不可或缺的组成部分。

明末清初，朝廷对粤闽海商压制无力。一些财力雄厚的海商自建水师以保护自己的海上贸易，形成武装海商集团。其中最著名的当属郑芝龙、郑成功父子，他们击败了荷兰东印度公司的舰队，建立起郑氏海上"华商帝国"。② 郑成功还驱逐了荷兰殖民者，收复了宝岛台湾，被后世奉为民族英雄。1683年，清军攻下台湾，结束了南明郑氏政权的统治。此后清廷虽然解除海禁，但对海商和出洋之人严加限制，将华侨视为国之"弃民"，粤闽海商和移民只能在西方殖民者与清政府统治的夹缝中谋求生存和发展。

二、粤闽移民先驱与华侨社会的初步形成

古代粤闽两地移民多数前往东南亚，也有少数前往日本和朝鲜半岛。在移民构成上，以大、小商人为主体，还有一些因朝代更替或起义而出现的战败流亡者，为生计所迫的贫苦农民和手工匠人，以及求经传道的僧侣等。

（一）粤闽移民先驱：以海商为主

汉唐时期，海上丝绸之路航船通常乘靠季风。粤闽两地商人出洋贸易，利用11、12月的东北季风南下，而从东南亚归国时则利用西南季风。如果错过了西南季风，或者由于贸易需要滞留国外，就被称为"住蕃"。有些商人留居国外的时间很长，达数年乃至十年以上，他们就是第一代华侨。中国移民沿着海上丝绸之路出洋，有较为明确记载的时间是始于汉代。《后汉书》记载有福州商人在吕宋（今菲律宾）落脚。南梁和北魏期间，也有中国人抵达日本和爪哇的少量记载。唐代的中外史籍已载有更多定居东南亚各邦的华侨。据闽南蔡永蒹所撰《西山杂志》记载，有福建晋江航海世家的水手定

---

① 龙登高．跨越市场的障碍：海外华商在国家、制度与文化之间［M］．北京：科学出版社，2007：16－17.

② 庄国土．世界华侨华人史［M］．广州：暨南大学出版社，2018：24.

居于婆罗洲（加里曼丹岛）。9 世纪时，已有中国人在马来亚吉打居住采锡。① 唐末黄巢起义，不少中国人为躲避战乱，随外籍商人出逃海外，有不少人在苏门答腊岛定居。

宋元时期到东南亚贸易的中国商人增多，有很多经年不归，侨居国外，有的就在当地娶妻生子，甚至被当地政府封官。比如，泉州海商王元懋随海舶到达占城（今越南中南部），被占城国王招为女婿，十年后才归泉州。② 宋末元初，一大批宋朝旧臣和遗民避祸东南亚，逃入安南（越南古称）、占城和暹罗（泰国古称）。元朝统治期间，因经商而留居东南亚各地者陆续增加，不少人与当地人通婚繁衍后代。

明清时期，很多粤闽海商因惧于政府的海禁政策常住东南亚不归。与此同时，西方殖民者在东南亚开拓殖民地或建立贸易中转站，农业的垦殖、港口和城镇的兴建，都需要大量劳动力，因而吸引了不少广东和福建的贫苦农民与手工匠人远赴南洋谋生。此外，清朝统治中国之后，一批明朝遗民不愿遵从清朝的变服剃发之令，漂洋过海到中南半岛，开垦建设新的家园。其中比较著名的有鄚玖、杨彦迪和陈上川等人，他们为越南南部的开发作出了卓越贡献。明代的中国典籍对东南亚地区的华侨多有记载，如《明史·外国卷》记载华侨逐渐深入菲律宾内地定居。到清代，关于华侨的记载更多，包括船员的口述和游者的记录，还有外交使臣的笔记。③

（二）东南亚和日本唐人街的初步形成

唐宋元三朝对海外贸易均持开放和鼓励态度，因经商而滞留东南亚和日本的商人日益增多，使得华侨聚居区逐渐形成。因唐代中国的国势最为强盛，唐朝声威随商人贡使远播海外，“唐人”遂成为东南亚各古国称呼华人的名称，而“唐人街”则成为华侨聚居区的代称。据明初跟随郑和下西洋的马欢、费信和巩珍等人的记载，在爪哇岛北部、苏门答腊岛南部和加里曼丹岛西部等形成规模不小的华侨聚居区，以福建人和广东人居多。

进入 18 世纪，由于殖民地开发和工业革命带动的劳动力需求，东南亚各殖民当局均大力招徕中国移民，跟随商船出洋谋生的普通华工越来越多。至鸦片战争前夕，华侨已经在东南亚中南半岛地区以及南洋群岛地区的交通贸易大港乃至中小城镇，形成规模不等的唐人街，大型唐人街的人口达万人以上，而小型唐人街的人口也有千人左右。

自唐朝至清初，福建、广东、浙江等地赴日经商者也有不少，主要是以中国的丝绸和手工艺品换取日本的白银。到 17 世纪 20 年代，寓居本州岛的华商合计有两三万人。在长崎港也有华商购置房屋，获得永住权，逐渐在当地形成唐人街。18 世纪后，日本

---

① 庄国土．世界华侨华人史［M］．广州：暨南大学出版社，2018：9－10.

② 庄国土．世界华侨华人史［M］．广州：暨南大学出版社，2018：22.

③ 李安山．中国华侨华人研究的历史与现状概述［M］//周南京．华侨华人百科全书：总论卷．北京：中国华侨出版社，2002.

幕府颁布限制华商的政令，使得赴日商船逐年减少，长崎唐人街日渐萧条。

（三）混血土生华裔社群的产生

自古以来，东南亚华侨与当地土著的异族通婚现象极为普遍。尤其是17—19世纪，绝大部分中国移民为单身年轻男性，部分人娶当地女子为妻，在越南、泰国、马来西亚、印度尼西亚和菲律宾等地，均形成了颇具规模的混血土生华裔社群。他们在各个国家的称呼不一样：在马来西亚，混血的华裔男性被称为“峇峇”（Baba），女性则被称为“娘惹”（Nyonya）；在印度尼西亚被称为“伯拉纳干”（Peranakan）；在菲律宾被称为“美丝蒂佐”（Mestizo）。在泰国，最知名的混血华裔就是建立吞武里王朝的郑信（1734—1782），其父郑镛来自广东潮州，在清雍正年间到泰国经商，发家后娶了当地女子，生下郑信。

（四）早期的华侨社团

早期华侨大多是同乡同族聚居在一起的，身在异国他乡，更需要守望相助。侨团最早的雏形是寺庙，华侨在庙宇内求神拜佛，以获得精神寄托和安慰。庙宇不但是祭祀中心，而且是同乡或同族聚会、教育、休闲的场所。青云亭是马来亚历史最悠久的华人古庙，相传为福建漳州籍华侨于1673年在马六甲所建。该寺不仅是供奉神灵的庙宇，实际上也发挥着救苦恤贫、团结侨社兼理同乡丧葬祭奠事宜等功能，可以说是同乡会馆的前身。17世纪，寓居日本长崎的华侨已建起四座“唐寺”——兴福寺、福济寺、崇福寺和圣福寺，分别是三江帮（粤闽之外的华侨）、漳泉帮、福州帮、广东帮四大同乡团体的联谊活动中心，其功能与青云亭相仿。

18世纪末，特别是进入19世纪以后，以地缘、血缘为纽带的侨团在寺庙的基础上建立起来，很多会馆最初就设在庙中。明朝遗民及其后裔在越南堤岸（今为胡志明市最古老的城区）建起明乡会馆，福建籍侨商在日本长崎建立了八闽会馆。在新马地区，广东和福建籍华侨也建立起地缘性会馆，分属广府、客家、福建、潮州方言群体。

业缘性和血缘性社团直到19世纪初才产生，比地缘性社团要晚得多，数量也比较少。马来亚第一家业缘性侨团是1803年槟榔屿华侨木匠建立的庇能鲁班行；1832年，槟榔屿的打金业华侨雇主与工人又组建了庇能打金行。东南亚最早的血缘性侨团，据称是1819年成立的新加坡曹家馆，此后槟榔屿、新加坡、马六甲各地的邱、黄、陈、许、李、谢、林等姓氏宗亲也纷纷建立各自的宗祠（堂）。① 19世纪中期之后，由于华侨人数急剧增长，业缘性和血缘性社团才真正迎来大发展。

---

① 石沧金．马来西亚华人社团研究［M］．广州：暨南大学出版社，2013.

（五）早期华侨教育：私塾和书院

17 世纪之前，留居东南亚的华侨数量很少，还不具备发展华侨教育的条件。17 世纪以后，随着广东和福建两省移民东南亚人数的增加，华侨逐渐在当地扎根，其后代也日众，子女的教育问题便被提上日程。早期，一些较为富有的华侨家庭会聘请老师教习子女中文。一些宗亲会、同乡会则在有识之士的劝导下，开办起中式传统私塾——蒙馆，这就是华侨教育的萌芽。

1690 年，荷属东印度巴达维亚（今印度尼西亚雅加达）华侨率先开办了明诚书院，一般被视为较正规的华侨学校的开端。1775 年，巴达维亚华侨又兴办了第二所义学，即明德书院。自此以后，新加坡、马来亚、缅甸等地华侨都相继开办起类似的书院或私塾。

三、以商贸为主体的华侨经济

早在西方殖民者东来之前，华侨就已在东南亚从事商业活动和垦荒，对当地经济发展发挥了重要作用。16 世纪末至 19 世纪初，东南亚各国（除泰国外）陆续沦为西方殖民地，被迫纳入世界殖民体系。东南亚华侨在商贸领域继续大展拳脚，除原有的中国与东南亚贸易外，还增加了与欧洲殖民者和土著居民的中介贸易、转口贸易等。少数精干的华商甚至被殖民政府赋予经营管理当地贸易的主导权力，如充任港主、贸易管理员和承包商，还有华侨承包殖民政府的市政工程建设或征税工作。进入 18 世纪，一些华商开始投资种植业、采矿业、农产品加工业，从事商品生产与加工，华侨资本积累开始摆脱单一依赖商贸的局面。

（一）商贸业

华侨商人首先充当了欧洲殖民者与东南亚土著居民的中介商。起初，欧洲殖民者主要占据东南亚的通商贸易港口，收购香料、胡椒等土产品，然后运往欧洲销售，以牟取暴利。但由于语言和风俗习惯的差异，欧洲殖民者难以与土著居民直接产生商品交换关系，只有依靠长期扎根于当地的华商充当贸易中介商。这些华侨中介商往来于东南亚各地的城乡与岛屿之间销售欧洲商品，又向土著居民收购土产品，再转卖给欧洲殖民者。

华商也成为连接欧洲、东南亚与中国贸易的桥梁。明朝实行闭关锁国政策，不允许西方殖民者直接到中国进行贸易。于是西方殖民者只得采取豁免捐税等优惠办法，招徕中国商船到马尼拉、巴达维亚等东南亚港口，通过转口贸易的方式，从华商手中间接获得欧洲市场需要的茶叶、丝绸、瓷器、蔗糖等中国商品。隆庆元年（1567）之后，明朝部分开放海禁，中国和东南亚的贸易往来又繁荣起来。还有一些华商专门与土著居民进行中国商品交换，他们从乘船南来的海商那里批发从中国运来的商品，卖给土著居民，并从土著居民手中收购各种土产品，转卖给海商。

（二）种植业

华侨资本也较早投向农业，开辟种植园，大量种植甘蜜、胡椒、甘蔗等经济作物，也有人种植稻谷、烟草、棉花、果树、茶树、咖啡树等。1848 年，新加坡全岛的甘蜜、胡椒种植园总计约有 800 个，其中不少是华侨经营的。潮籍华侨佘有进在新加坡拥有多个甘蜜种植园，被称为“甘蜜王”。马来半岛柔佛地区，当地苏丹推行“港主”制度，向前来开发的华侨发放开港证，让他们组织人手垦荒，种植胡椒和甘蜜。1810 年，潮州华侨把种植甘蔗的技术传入暹罗，经营甘蔗种植园，使得蔗糖成了暹罗最主要的出口商品之一。

（三）采矿业

东南亚地区蕴藏丰富的金、银、铜、铁、锡等金属矿产，尤以锡的储量闻名于世。拥有矿产资源土地所有权的苏丹，缺乏采矿和冶炼的技术，于是与一些华侨达成租赁协议，以每年交纳一定数量的租金或矿产品为条件，转让矿山开采权。华侨早在 18 世纪初就已投入锡矿开采，苏门答腊邦加岛，马来半岛的霹雳、雪兰莪、森美兰，暹罗的拉廊等地，都已出现由华侨开采的锡矿，这为 19 世纪中后期华侨主导大规模锡矿开采奠定了基础。因采锡业而发迹的华侨较多，如苦力出身的福建漳州籍华侨许泗漳与同乡合伙在拉廊一带经营采锡公司，不仅成为巨富，还被暹罗国王封为侯爵。

除了锡矿开采外，东南亚华侨在玉石、金、银、钨、铁等矿藏开采中也投入了不少资本。其中较为突出的当属华侨对婆罗洲金矿的开采，18 世纪末到 19 世纪初，当地华侨矿工有数万人。这些采矿者以客家人为主，他们组成大大小小的公司，并制定律法规范内部事务。最有名的是广东梅县华侨罗芳伯所创的兰芳公司，辖下有客家人 2 万多人，多为采金矿工。最盛时期，兰芳公司治下华侨及土著居民有 10 万多人。1777 年，罗芳伯将公司改为共和国，国号“兰芳大统制共和国”（简称“兰芳共和国”），对国人自署“大唐总长”，土著居民则尊称其为“坤甸王”。① 兰芳共和国是华侨在海外创立的第一个共和国，直到 1888 年被荷兰殖民者所灭。

（四）农产品加工业

与种植业紧密相关的农产品加工业，如制糖业、酿酒业、制烟业、大米加工业，也发展较早，以制糖业最为发达。早在 17 世纪后半叶，巴达维亚的华侨就开始投资制糖业。18 世纪初，欧洲糖价暴涨，更多华侨投资于制糖业。巴达维亚附近的糖厂由 1650

① 罗香林．西婆罗洲罗芳伯等所建共和国考［M］．香港：中国学社，1961.

年的 20 家增至 1710 年的 130 家，其中由华侨投资经营的有 125 家。荷兰资本涌入后，华侨糖业衰落，到 1815 年华侨制糖厂已降到 31 家。①

第二节 近代华侨社会的扩展和成熟

从 1840 年鸦片战争爆发到新中国成立的 100 余年间，是近代华侨社会逐渐趋向成熟的时期。一批批广东和福建的劳工被西方殖民者掠夺或招募到东南亚、美洲、非洲等地开发殖民地，累计有 1 000 多万人。这一时期华侨虽然仍以东南亚为主要立足地，但其足迹已遍布世界各大洲。以地缘、血缘、业缘为纽带建立的各类侨团数量和会员都有很大的增长，并逐渐联合起来，构筑起层次分明的社团组织体系。与此同时，华侨社团或侨商还出资兴办起许多华侨学校，并开始创办华文报刊。华侨社团（侨团）、华文教育（华教）、华文报刊，构成华社的三大支柱，被称为华社“三宝”。

一、西方殖民者的入侵与华工出国潮

两次鸦片战争之后近百年的华工出国人数，是此前 1 000 多年中国人移居海外总数的 10 倍以上。从身份上看，近代出国华工以契约劳工为主，也就是以出国后的工资为抵押，换取出洋费用。他们多是被西方殖民者强迫订立契约，掠往东南亚、美洲和非洲的殖民地做苦力的，也有少数自筹路费出洋的华商、自由劳工和留学生。

（一）移民主因：西方殖民扩张

近代华工大规模出国的主要外因是西方资本主义国家的殖民扩张。在清王朝国力日渐衰微之时，英、法、美等国相继完成工业革命，生产力高速发展。为了扩大商品市场、争夺原料产地，欧美列强加紧征服殖民地的活动，中国的周边国家和邻近地区陆续成为其殖民地或势力范围。1840 年，英国发动侵略中国的鸦片战争，以武力为英国资本和商品开道。1842 年，战败的清政府被迫与英国签订不平等的《南京条约》，中国开始沦为半殖民地，自给自足的自然经济解体，逐渐成为世界资本主义国家的商品倾销市场、廉价原料和劳动力供给地。

彼时欧美各国已相继废除黑奴贸易，欧洲列强的海外殖民地及美国的种植园、矿场都急需劳动力，故而转向中国沿海通商口岸寻找廉价劳工。当时清政府禁止国人自由出洋成为一大障碍，因此以武力迫使中国开放劳动力输出成为英法两国发动第二次鸦片战

① 龙登高．跨越市场的障碍：海外华商在国家、制度与文化之间［M］．北京：科学出版社，2007：21.

争的原因之一。1860 年，再次战败的清政府被迫与英法俄三国、美国分别签订《北京条约》《蒲安臣条约》，承认其在中国有任意招募劳工的权利，为殖民者劫掠华工披上了合法外衣，同时也为大规模华工出洋创造了条件。西方列强在中国各通商口岸遍设“苦力馆”，雇请当地“客头”拐贩、诱拐乃至绑架普通老百姓至“苦力馆”，逼迫其签订契约。随后，他们将这些华工装船出洋，运往其欧洲和美洲的殖民地。当然，也有一些青壮年劳动力靠家人和亲戚凑齐船费，远赴海外谋生。

从 20 世纪初到日本侵华，中国社会一直动荡不安，人民生活凋敝，为逃避战乱携家眷出洋的人数激增。1941 年太平洋战争爆发后，中国和东南亚都卷入了这场大战，陆路和海路交通几乎中断，使得中国人向外迁移人数锐减。

（二）移民方式：以契约华工为主

从移民方式上看，近代中国移民以契约华工为主，自由移民占少数。华工被劫掠或拐卖出洋为奴工的现象虽然自明代就已产生，但真正持续性的大规模契约华工出洋，是在 19 世纪中期之后。据统计，从 19 世纪 40 年代至 20 世纪 30 年代，至少有六七百万契约华工被运到海外，绝大部分抵达东南亚，小部分被运至美洲的墨西哥、秘鲁、古巴、美国、加拿大，大洋洲的澳大利亚，非洲的毛里求斯、卢旺达及英法西印度群岛属地等。1845—1874 年，仅运往秘鲁、古巴、智利、檀香山有数可查的契约华工即有四五

图 1 – 1　19 世纪末横渡太平洋轮船上的“猪仔”华工

十万人，运往美国的华工有 13 万人。① 契约华工在被贩运途中经受漫长而恶劣的海上航程，死亡率很高；他们在殖民地则遭到非人的压迫和虐待，许多人客死他乡。由于被拐卖的契约华工被塞入西方商船如同装入猪笼，俗称“卖猪仔”，意为被拐者同猪仔一般低贱，这也是契约华工被称为“猪仔”华工的由来。

1912 年中华民国成立后，孙中山发布了严禁贩卖“猪仔”华工的临时大总统令，加上此后西方殖民者相继废止契约华工政策，自由移民逐渐占据主体。不过，“一战”时英法协约国组织招募外籍劳工以补充劳动力和兵力的不足，仍有 14 万名山东籍契约华工被运往欧洲战场和后方。“一战”结束后，这批契约华工绝大多数被遣送回国，也有少数留居当地。②

除华工出国潮外，还要稍微提一下近代出国留学的知识分子群体，其中最著名的莫过于被称为“中国留学生之父”的容闳。1847 年，容闳被一对牧师夫妇带到美国留学，后来加入美国籍，1854 年以优异的成绩从耶鲁大学毕业后返回中国。容闳的最大贡献在于促成清政府于 1872—1875 年先后派出四批幼童赴美国留学。这四批留学生后来绝大多数回归祖国，也有少数留美不归。比容闳晚十几年赴美留学的还有王清福，他曾在美国发起创立第一个华人选民团体和民权团体。③ 比起千万华工来说，留学生尽管只是极小的一个群体，但也是国际迁移的一个重要分支。

图 1－2　在美国读书期间的王清福

（三）移民籍贯构成：以广东和福建为主

从籍贯上看，近代中国移民主要来自广东、福建两省，60% 来自广东，30% 来自福建，余下 10% 来自浙江、山东等其他省份。19 世纪 50—70 年代，厦门、汕头、广州、澳门和香港是苦力贸易的中心。闽南人和小部分客家人从厦门出国，潮汕人和大部分客家人从汕头出国，广府人则多从广州或港澳出国，这基本奠定了从近代到当代华侨华人的籍贯构成。④ 中国其他省份也有外迁移民，只是人数要比广东、福建两省少得多。比如，东北三省向俄国的移民，浙江青田县向西欧的移民，西北少数民族向中亚、西亚的

---

① 吴凤斌．契约华工史［M］．南昌：江西人民出版社，1988.

② 徐国琦．一战中的华工［M］．上海：上海人民出版社，2014.

③ SELIGMAN S D. The first Chinese American：the remarkable life of Wong Chin Foo［M］. Hong Kong：Hong Kong University Press，2013.

④ 庄国士．世界华侨华人史［M］．广州：暨南大学出版社，2018：106.

移民，西南边境的云南和广西少数民族向越南、老挝、泰国、缅甸等东南亚国家的移民，等等。

（四）移民流向分布：由东南亚扩展至世界各地

从流向上看，近代华工有90%前往东南亚，8%前往东亚、北美洲，余下2%前往大洋洲、非洲、南美洲和西欧。在东南亚，英属海峡殖民地（今新加坡、马来西亚两国）和荷属东印度（今印度尼西亚）、泰国的华工数量最多，分别达到500万人左右，越南、菲律宾等国也有百万余人。北美洲是近代广府①籍华侨聚集较多的另一个地区，在美国有10万人之众，在加拿大也有几万人。此外，在东亚的日本和朝鲜，大洋洲的澳大利亚和新西兰，南美洲的古巴、秘鲁和墨西哥等国，非洲的毛里求斯和马达加斯加等国，欧洲的英、法等国，也都形成了一些小型的华侨聚居社群。

二、华侨社会的兴盛

由于近代华工出国人数激增，在东南亚的一些城镇中形成了一系列人口达数万的唐人街，在北美洲、日本、澳大利亚、南美洲等地区也形成了规模不等的唐人街，华侨社会趋于成熟。19世纪末至20世纪初，北美洲、欧洲、大洋洲和南美洲纷纷限制中国移民入籍和居留，当地华侨社会发展停滞不前，有些地区的华侨数量甚至有所减少，只有东南亚地区的华侨仍保持稳定增长。据统计，到20世纪50年代初，世界华侨总人口大约有1 209.5万人，其中1 166.7万人（约96%）集中在亚洲特别是东南亚；美洲、澳大利亚分别只有25.6万人、9.8万人；欧洲和非洲各有3.7万人。②

（一）华侨社团结构层次分明

近代华工出国，或由殖民者有组织地招募、劫掠、贩卖，或由先出去的同乡或亲戚介绍，故往往是同乡、同宗集结在一地，自然地形成地缘性、血缘性和业缘性社团。这些传统侨团是一种和衷共济，旨在谋求同乡、同宗、同业共同利益的互助组织。华侨社团除在东南亚继续发展外，也在美洲、大洋洲、非洲、欧洲的华侨聚居处相继出现。如今，在世界各地的老唐人街上，依然矗立着不少有百年历史的传统侨团场所，成为当地一道独特的历史景观。

1. 地缘性社团

地缘性社团是指那些以国内原籍地或方言区为纽带组建而成的社团，一般以省、

① 广府主要指广东珠江三角洲一带的台山、开平、恩平、新会、南海、番禺、顺德等县。

② 国务院侨务干部学校．华侨华人概述［M］．北京：九州出版社，2005：7.

府、县为籍，也有少数以乡或村为籍，在名称上一般称为“会馆”“公会”“同乡会”，但在最初的时候曾以“公司”为名。地缘性社团创立最早，数量也相对较多。这类社团创建的宗旨大多是联络乡谊、扶助乡亲、调解纠纷、兴学助教、共谋发展等。其主要功能之一是处理乡人的身后事，使死者能入土为安，因此规模较大、财力较雄厚的会馆都有自己的公冢。

广东籍华侨的地缘性社团不仅建立最早，数量也最多。据统计，到 19 世纪末，仅马来亚华侨的地缘性会馆中，广府籍有近 30 家，客属的有 20 多家，福建籍约有 15 家，海南籍和潮州籍不到 10 家。进入 20 世纪，随着华侨人数的增长，地缘性社团数量大增。“二战”结束前，新马地区仅福建籍华侨就建立了 80 多家地缘性社团。福建、广府、潮州、海南等籍以及客属的华侨地缘性联合团体于 20 世纪 20—30 年代陆续涌现。如新加坡客属总会成立于 1929 年，其鼎盛时期领导东南亚各地客属公会达 52 个之多，1948 年改为“新加坡南洋客属总会”。

在北美，旧金山是华侨登陆港口和集散地，地缘性会馆也发展较早，在 19 世纪中后期陆续成立七大会馆。最早成立的是四邑会馆，后经数次分裂和组合，衍变成宁阳会馆、合和会馆、冈州会馆、肇庆会馆，此外还有三邑会馆、阳和会馆、人和会馆。随着加利福尼亚州排华运动的高涨，华侨向美国中西部和东部各州迁移，纽约是首选，于是在纽约类似的地缘性社团纷纷建立，如纽约鹤山公所、宁阳会馆、联成公所、崇正会馆等。

19 世纪后半叶至 20 世纪初，在大洋洲的澳大利亚和新西兰、南美洲的秘鲁、非洲的毛里求斯和马达加斯加、欧洲的英国等地，广东籍华侨也陆续建立起地缘性会馆，不过数量要比东南亚和北美地区少得多。

2. 血缘性社团

血缘性社团以相同或同源姓氏为基础而建立，其出现时间稍晚于地缘性社团，在人数、财力上与地缘性社团相差甚远。血缘性社团现在一般被称为“宗亲会”，但其成立时的叫法很多样，有“公司”“公会”“公所”“会馆”“堂”等。血缘性社团大致可分为单姓宗亲会和多姓宗亲会两大类。有些姓氏人数较多，就组织单姓宗亲会。有些姓氏人数较少，就与其他同源姓氏联合，组成多姓宗亲会。由于东南亚华侨人数众多，一般多组成单姓宗亲会，多姓联宗的较少，而在北美洲、大洋洲和南美洲各地则有不少多姓联合的宗亲会。宗亲会多由华社中富裕的商人牵头成立，他们为侨众所拥戴，在很多事务上拥有决断权。

清末至民国时期，随着华侨人数的增加，血缘性社团相比 19 世纪前期有了较大的发展，中国常见的姓氏在海外基本上能够找到相应的宗亲团体。至“二战”前，代表整个东南亚地区的宗亲总会已有 10 多家，如新加坡陇西李氏总会（1907）、南洋黄氏总会（1924）、南洋谢氏总会（1927）等。在北美，旧金山是美国华侨最集中的地方，也是许多宗亲团体创始的地方，之后随着华侨人口的东迁，各大姓氏宗亲会分会纷纷成立。

3. 业缘性社团

业缘性社团是以从事的行业为纽带组建起来的社团，一般包括商会、行业公会等，其成立目的在于同行之间的联络、交流，共谋发展，维护同行利益等。几乎每行都有业缘性社团，名称也沿用国内行会的叫法，称作“行”“堂”“会”“公所”等。在新加坡，19 世纪中后期已产生多家华侨业缘性社团。19 世纪 90 年代后，新马华侨业缘性社团走向繁荣，不仅数量多，而且涉及的行业多种多样，当地华侨从事的几十种行业几乎都有相关同业组织产生。

业缘性社团发展到一定阶段后会出现联合的趋势，突出表现在那些打破行业和帮派局限的各地中华（总）商会的成立。1892 年成立的山打根中华商会是马来亚最早成立的商会组织。20 世纪初，在中国政府商务部门的劝导下，东南亚各地中华商会纷纷成立，如新加坡中华总商会（1906）、泰国中华总商会（1910）、马来亚中华商会联合会（1921）等。由于商人在当地的地位比较高，中华（总）商会看似是一个业缘性综合团体，其实带有半官方性质，所以在当地侨社往往起着领导作用。以新加坡中华总商会来说，它除了维护华商的经济权益外，还发挥着联系华侨社会、中国政府和英国殖民政府的桥梁作用。

近代美国华侨建立的业缘性社团有由同业工匠组成的行会和由华商组成的商会。华侨雪茄烟工人、鞋匠、服装工人、洗衣工人等都各自建立了同业公会，比较著名的同业公会组织有 1933 年成立的纽约华侨衣馆联合会，会员包括洗衣店老板和工人。旧金山的华商很早就组建了非正式的客商会馆（公所），1908 年正式成立旧金山华商总会，1917 年更名为“旧金山中华总商会”。纽约的华商总会成立于 1907 年，1933 年定名为“纽约中华总商会”。中华总商会是一个综合性的业缘性团体，对内协调华商的内部矛盾，对外则争取和维护华商权益。

4. 统领侨社的最高组织——中华会馆

中华会馆一般超越了地域、宗亲、业缘、帮派等界限，起到对内整合团结华侨、对外代表整个侨社的作用。越南会安老华埠已有几百年的历史，当地的中华会馆相传建于明代成化年间（1465—1487），是由福建、广府、海南、潮州籍和客家人合资兴建的。1900 年，巴达维亚中华会馆宣告成立，这是荷属东印度最早成立的统领全体华侨的最高组织。在泰国，1907 年由孙中山主持成立中华会所，1912 年更名为“中华会馆”。英属海峡殖民地政府统治马来亚期间，禁止华侨注册联合性的中华会馆，仅允许地缘性会馆（帮）存在，因此，近代新加坡和马来亚侨社均未成立中华会馆，中华总商会发挥着统领侨社的作用。

在美国，旧金山中华会馆由 19 世纪中后期相继成立的七大地缘性会馆联合组成。1878 年，清政府派出驻美公使和旧金山总领事后，为了突出旧金山中华会馆作为全体侨胞代表机构的地位，将其称为“旧金山中华总会馆”。纽约中华公所成立于 1883 年，不仅包括地缘性、血缘性、业缘性社团，还有土生华人组织、政治团体、文化团体、妇女团体、秘密会社加入。中华会馆（公所）是美国侨社的最高组织，为非官方机构，对外代表华侨与主流社会打交道，对内负责处理华侨间的纠纷，维持侨社的秩序。

1884 年的维多利亚中华会馆是加拿大最早的全侨性会馆组织。太平洋铁路通车之后，温哥华于 1886 年正式命名设市，繁荣程度超过维多利亚。当地华侨自 1895 年起筹备成立温哥华中华会馆，1906 年正式向不列颠哥伦比亚省申请注册成立。1923 年，在加拿大各华侨聚居城市，已成立了很多中华会馆形式的华社最高组织。1949 年，温哥华的中华会馆改称“全加中华总会馆”，领导加拿大其他地区的中华会馆。

在南美洲，秘鲁华侨于 1886 年成立了秘鲁通惠总局，下辖利马的八个会馆，是全秘鲁华人的最高组织。此外，在古巴、牙买加、尼加拉瓜、澳大利亚、新西兰等地，在 19 世纪末至 20 世纪初，都陆续有中华会馆成立。

（二）华侨学校大量涌现

19 世纪中后期，在东南亚和北美等华侨聚居的大城市里，几乎都设有私塾和书院，一般以宗祠、寺庙为校舍，也有的设在华侨会馆内，只有极少数有专设的校舍，授课语言多是闽、粤方言。1900 年，荷属东印度全境共有 439 所义塾。新马地区的旧式学堂也有几百间，比较知名的有 1854 年在新加坡创办的萃英书院。在北美，以 1888 年在旧金山创办的大清书院最为知名。

清朝末年，在海外侨社活动的改良派与革命派也开始鼓吹和积极参与兴办新式侨校。日本的华侨率先成立了几所新式学堂，分别是横滨的大同学校、中华学校，东京的大同学校，神户的同文学校。1901 年，巴达维亚中华会馆创办了巴城中华学堂，这是东南亚第一所华侨新式学校。随后荷属东印度各地很快建立了新式华文学校，并且都以中华学堂为校名。使用“中华学堂”这一名称，标志着华侨民族意识的萌现。

光绪年间，朝廷派遣使臣到东南亚和北美各华埠督导兴办新式学堂。至 1911 年辛亥革命前夕，新马、荷属东印度、泰国、缅甸、菲律宾等地华埠的新式侨校有将近 100 所，其中较为著名的有槟榔屿中华学校、应新学堂和道南学校。北美的旧金山、纽约、温哥华、维多利亚等老华埠，在学务专使的督导下也相继建起新式侨校。1909 年，旧金山大清书院被改制成大清侨民公立学堂，这是美国第一所新式侨校。

中华民国成立后，海外侨社已完全建立起新式华文学校，采用民国新学制，教授课程包括语文、算术、音乐、体育、英语、史地、公民伦理等。据统计，到 1915 年，华侨聚居较多的东南亚、日本、美国和加拿大等地，合计有新式华校 250 多所。20 世纪 20—30 年代是华文教育发展的鼎盛时期，由于华侨的民族意识增强，兴办华校的积极性大大提高，华文学校的数量和学生人数都有了显著的增长。据 1935 年民国政府侨务委员会的统计，马来亚共有华文学校658所，荷属东印度有499所，缅甸有258所，泰国有137所，越南有116所，菲律宾有80所，英属北婆罗洲有60所。① 一批受过高等教育的中国知识分子投身到东南亚华文教育事业中，使得原有华校的师资力量得到了很大的增强。华文学校由初级向高级发展，由小学扩展到中学乃至专科。此外，还有师范学校、幼儿园及职业学校和夜校。

日本占据东南亚时期，各地的华文学校被迫关闭，校舍被日军占用，教学设备被严重毁损，东南亚华文教育一度遭到空前的打击。

（三）华文报刊的创建与发展

自19世纪初东南亚诞生第一份华文报刊到1949年的130多年中，在海外共有几十个国家和地区出现过华文报刊，累计达1 000种以上。一些国家出现了父子报人、父女报人、兄弟报人，在华文报坛传为佳话。

19世纪前期，东南亚地区和美国曾出现少量华文报刊，基本是由外国传教士创办，一般维持不到一年就停刊了。在北美，第一份由华侨自办的华文报纸是1856年创刊于加利福尼亚州的《沙架免度新录》，可惜只维持了两年。直到1874年，华文报刊才从旧金山开始复苏，并以旧金山、夏威夷群岛和新加坡为中心逐步拓展开去。1881年，有"南洋第一报"之称的《叻报》在新加坡问世，该报由福建籍侨商薛有礼创办，一直刊行到1932年，寿命长达51年，是近代维持时间最长的华文日报。至19世纪末，海外总共出版过30多种华文报刊。② 这些报刊大多篇幅短小，从内容到形式都很简陋，发行量极为有限。

中日甲午战争以后，以康、梁为首的保皇派和以孙中山为首的革命派，都到海外办报宣传自己的政治主张，以争取华侨的支持，由此推动了海外华文报刊的发展。辛亥革命前的数年间，梁启超在日本、北美、东南亚等地先后新办和控制了30多家华文报刊。辛亥革命前后，由孙中山及同盟会成员改组或新创办的革命派报刊数量更多，仅在东南亚和美洲就有34种。这一时期的华文报刊大大促进了华侨民族意识的觉醒。

"一战"结束后，东南亚的华侨经济迅速发展，一批有实力的企业家开始投资报业，促进了华文报刊的又一次发展高潮。20世纪20年代到40年代初，各种日报、晚报、周报、"小报"纷纷涌现，先后不下750种。③ 新加坡是东南亚华文报刊的中心，其华文报刊不仅数量多，而且质量高。由华商出资、文化人主笔的日报在当地富有影响力，其中最有代表性的莫过于胡文虎创办的《星洲日报》《星中日报》《星槟日报》报

---

① 林蒲田．华侨教育与华文教育概论［M］．厦门：厦门大学出版社，1995.

② 王士谷．海外华文新闻史研究［M］．北京：新华出版社，1998.

③ 方积根，胡文英．海外华文报刊的历史与现状［M］．北京：新华出版社，1989.

系和陈嘉庚出资创办的《南洋商报》。

在美国，同源会的林华耀、洪耀宗等人于 1924 年创办了华文日报——《金山时报》，一直维持到 2006 年才停刊，这是美国历史最悠久的华文日报。在欧洲，因“一战”被招募的华工少数留下成为华侨，为之服务的报刊大部分是期刊和通讯式的油印品。在大洋洲、非洲、南美洲等地，也有少量华文报刊出版发行。

CHINA DAILY NEWS
美洲華僑日報
蔣委員長
羅斯福總統
抗戰滿三年
勝利在眼前！
胡適

图 1－3　《美洲华侨日报》

1931 年日本开始侵华后，华侨掀起了抗日救亡运动的高潮。东南亚华文报刊是抗日宣传的主力，大批中国知识分子因国内政局动荡南下避难或谋生，为报社增加了人才，抗日舆论声音洪亮。例如，在新加坡《南洋商报》《星洲日报》先后担任主笔的有傅无闷、汪鲁颂、胡愈之、郁达夫等。《美洲华侨日报》于 1940 年在纽约创刊，成为美洲华侨抗日救亡运动的号角。

三、华侨经济的全面发展

19 世纪中叶至 20 世纪 20 年代末世界经济危机发生前，东南亚华侨的投资领域进一步拓展，在商贸、种植、采矿业和加工制造业继续发展的基础上，增加了航运、金融、制药等，尤以橡胶种植、加工销售最为突出。在此期间陆续涌现出一批华侨巨富，如张弼士、胡国廉、陈金钟、陆佑、黄仲涵、张煜南和张鸿南兄弟、陈嘉庚等。他们的财富都在百万元以上，有的甚至达千万元以上。可是，在西方资本主义主导的殖民经济体系中，东南亚华侨经济具有很强的依附性，因而容易受西方经济局势波动的影响。1929—1933 年世界经济危机期间，大量华侨企业破产，其中包括陈嘉庚经营的橡胶公司。危机过后不久，东南亚华侨经济尚未完全恢复，日本又发动太平洋战争，致使中国与东南亚的交通往来基本中断，进出口贸易处于停顿状态。日本占领东南亚后，对华侨大肆搜刮勒索，甚至肆意烧杀抢掠，华侨的橡胶园、矿场、商店、工厂、银行等遭到很大破坏，甚至损失殆尽。

北美洲和大洋洲华商的经济实力难以与东南亚华侨相匹敌，这主要是因为前者受到当地政府法律的限制和主流群体的排斥，华侨投资经营的行业非常有限。尤其是排华运动兴起之后，华侨只能在夹缝中谋生存，中餐馆、洗衣业、杂货零售业成为北美华人的三大支柱行业。他们大多数是小本经营，很难积累起巨额财富。当然，也不乏一些精明的华侨在商贸领域大展拳脚，如在美国创立中兴公司的周崧，澳大利亚知名进出口侨商梅光达、刘光明等。此外，在夏威夷，有不少中山籍华侨靠甘蔗种植加工业致富，如最早的百万富翁陈芳，还有孙中山的哥哥孙眉等。澳大利亚华侨在水果种植和批发零售业上占有较大份额，最知名的有马应彪、郭乐、蔡昌。

（一）商贸业

得益于长期积累的经验和人脉关系，东南亚华侨在连通欧洲与中国和东南亚的转口贸易和中介贸易中一直扮演主导角色，使得商贸业长期占据东南亚华侨经济的主体。就整个东南亚而言，1930 年华侨投资的行业比重分别为：商业 45. 04%、农业和种植业 22. 16%、金融业 17. 23%、工业 10. 1%、矿业 2. 54%、其他 5. 93%。[①]

在一些国家或城市，华侨在零售业和进出口商业中占据绝对优势地位。暹罗的零售业基本上被华侨资本垄断。在菲律宾马尼拉，华侨投资经营的零售店占全市总数的一半以上。荷属东印度华侨资本在进口商品销售和出口商品收购业务上也占有优势地位。

（二）种植业

甘蜜、胡椒、甘蔗种植业一直是东南亚华侨投资的主要行业之一，而且其规模有不断扩大的态势，由此产生了一些华侨大种植园主。荷属东印度的福建籍华侨黄仲涵承包的甘蔗种植园面积达 17 500 英亩。他还兼营制糖厂，有“糖王”之称。1860 年马来半岛柔佛地区的甘蜜、胡椒种植园共有 1 200 多个，大多是潮州人经营。

进入 20 世纪，欧美汽车工业的兴起，刺激了重要工业经济作物橡胶的产业发展。东南亚橡胶种植及加工业的大发展，应主要归功于华侨。新加坡华侨林文庆最早提倡种植橡胶，陈齐贤于 1896 年试种橡胶成功。陈嘉庚于 1906 年购买了 18 万粒橡胶种子播种，大获成功。到 1925 年，他已拥有橡胶园 15 000 英亩，成为华侨中最大的橡胶园园主，人称“橡胶大王”。1928 年，马来亚华侨所拥有的橡胶园约占 1/3 以上。但是，英国资本家见橡胶有利可图，就用高价收购等手段巧取豪夺，迅速扩大其势力。到了 20 世纪 30 年代，马来亚的大橡胶园已基本上掌握在英国资本家手中。

---

① 此处数据引自：郭梁．东南亚华侨华人经济简史［M］．北京：经济科学出版社，1998. 但各项百分比之和为 103%，笔者推测“其他”的比例可能为 2. 93%，而不是 5. 93%。

（三）采矿业

采矿业是近代东南亚华侨投资的重要产业之一。从 18 世纪初一直到 20 世纪初，苏门答腊邦加岛的锡矿基本上以华侨开采为主。马来半岛的锡矿最为丰富，19 世纪后期大批华工被招募到马来各邦采掘锡矿，华侨也大量投资采锡业，产生了一批华侨大矿主。叶亚来、叶观胜、胡子春、姚德胜、陆佑等人，均靠开矿发迹。1869—1885 年，叶亚来担任吉隆坡甲必丹（华人首长），在任期间大量招募华工开辟道路，制砖烧瓦，种植开垦，建立医院、安老院、学校等，被称为“开辟吉隆坡的巨人”。① 进入 20 世纪之后，随着西方垄断资本大量投入采锡业，大举收购华侨锡矿，并采用先进的挖泥机采矿，华侨采锡业走向衰落。例如，在马来亚锡矿开采业中，华侨经营比例由 1880 年的近 100% 下降到 1929 年的 36%。

图 1－4　吉隆坡开埠功臣叶亚来

（四）加工制造业

19 世纪末到 20 世纪初，东南亚华侨投资经营农产品加工业，主要有制糖厂、罐头厂、酿酒厂、榨油厂、大米加工厂、咖啡厂和香烟厂等。荷属东印度最著名的华侨糖厂为黄仲涵家族的建源公司所经营。

进入 20 世纪后，橡胶加工业开始占据突出地位。华侨企业家建立了生产、加工、销售体系，形成了网络化经营。“橡胶大王”陈嘉庚不仅种植橡胶，而且在新加坡开办橡胶制品厂，生产胶鞋、轮胎和日用品，并先后在中国、东南亚等地设立 100 多处分销店。此外，新马比较著名的华侨橡胶公司还有振成丰、信诚、觅兴、新成茂、益和等 100 多家。

华侨在碾米业上也占优势地位。在越南、泰国、印度尼西亚、菲律宾等地，20 世纪前半叶 80% 的碾米厂由华侨投资经营。1939 年，泰国共有 942 家碾米厂，全由华侨

---

① 李业霖．吉隆坡开拓者的足迹：甲必丹叶亚来的一生［M］．吉隆坡：华社研究中心，1997.

投资经营。华侨投资经营的农产品加工业还有椰干业、椰油制造业、菠萝罐头业等。

（五）金融业

得益于华侨经济的发展和资本的大量积累，20 世纪初东南亚华侨开始涉足金融业。马来亚华侨富商黄福 1903 年在新加坡开设的广益银行，是东南亚第一家华侨银行。“一战”前后，新马华侨陆续开办了 11 家银行。1918 年由林秉祥发起创办的和丰银行，拥有雄厚资本，分行遍布新马各地，还在荷属东印度以及中国香港、厦门和上海等地设立分行，成为东南亚华侨银行中最大的一家。泰国华资银行则以 1904 年创办的尧盛钱庄为滥觞，1908 年该钱庄改为银行，后来又有多家银行相继建立。荷属东印度的华侨银行，最早是由黄仲涵 1906 年投资创办的。除银行外，东南亚华侨投资开办的金融业务还有保险公司，以及经营华侨与中国汇款和信件往来业务的信局。1939 年，仅马尼拉就有 7 家保险公司、83 家信局由华侨投资创办。

（六）航运业

东南亚华侨企业家还把一些资本投向航运业。新加坡是东南亚的交通和转口贸易中心，华侨航运业最为发达。1904 年，林秉祥投资创建和丰轮船公司，成为新加坡乃至东南亚的“航运巨子”。“一战”期间，西方列强征调大量商船，导致世界航运业运力紧张，为华侨航运业的发展留下了有利的空间。陈嘉庚投资租用“万通号”和“万达号”轮船，经营海上航运。在泰国、越南南部和柬埔寨，华侨投资经营的内河航运业也十分兴旺。

（七）制药业

华侨十分注重中医药的传承，并在海外发扬光大，尤其值得一提的是被称为“万金油大王”的胡文虎对中成药业的贡献。胡文虎与其弟胡文豹创制了万金油等五种方便中成药，这些药都以老虎图案为商标。20 世纪 20 年代初，胡文虎在新加坡先后设立永安堂总行和制药总厂。30 年代，虎标药品销售量扩大，胡文虎在东南亚和中国设立永安堂分行 20 余处，胡文虎的名字与虎标药品在东南亚和中国几乎是家喻户晓。

第三节　当代华侨华人社会的转型与发展

“二战”后，东南亚各国相继取得独立，建立起以原住民为主导的民族国家。除新加坡外，多数国家为了保障原住民的优先地位，都制定与实施了不同程度的限制和排斥华侨的政策法令。为了处理好与周边国家的关系和有利于华侨在当地社会的生存，中国政府于1955年宣布不承认双重国籍，鼓励华侨在自愿的基础上加入住在国国籍，从而推动了华侨社会向华人社会转变。这一转变的过程因各个国家政策宽严而异，在一些归化入籍条件宽松的国家，如新加坡、马来西亚，华侨率先改变国籍成为当地公民；而在另一些东南亚国家，如菲律宾、印度尼西亚、泰国、越南等，最初华侨入籍条件较为苛刻，直到20世纪70—80年代后才放宽和简化华侨入籍手续。

受国内外因素的制约，1949—1978年期间中国大陆（内地）向外人口迁移出现了一个明显的低谷，获批出境定居的中国大陆（内地）居民仅有5万多人。在此期间，华人国际移民主要来自中国台湾和港澳地区，总计30万人左右，其中有相当部分原籍大陆（内地），经由港台辗转出国，绝大多数前往北美。直到20世纪70年代中国与欧美和不少东南亚国家相继建交，并于1978年实施改革开放政策，中国各地移民潮才再次启动，移居海外的人数长期保持持续增长势头。截至2019年，中国新移民人数累计达1 000多万。移民来源地、文化背景和流向分布与近代相比均趋向多元化，从而大大改变了华侨华人社会的面貌。

一、新移民与华侨华人数量及分布的变化

（一）北美移民政策的放宽与港台地区移民

美国于1943年底率先废除了实施60余年之久的排华法，加拿大随后于1947年宣布废除排斥华人的移民条例。不过，此时华人并未获得与欧洲白人完全平等的移民权利。到20世纪60年代中期，美加两国才彻底废除了移民政策法规中带有种族歧视色彩的条款，把移民选择建立在相对公平合理的基础之上，华人移民才获得平等入境的机会。不过，由于最初美加两国不承认中华人民共和国，因此入境华人移民主要来自中国香港和中国台湾。

美国移民局的统计数据显示，1960—1979年，从中国香港迁居美国的人数达18万多，同期中国台湾赴美移民接近10万人，中国大陆（内地）入境美国的合法移民总计才3万余人。当然，从中国香港和中国台湾赴美的移民中实际上有相当一部分人原籍中国大陆（内地），香港移民中以原籍广东者居多，而台湾移民多数原籍江浙沪一带。

加拿大作为英联邦成员国之一，在语言、风俗习惯和文化上都与香港地区有很多相似性，对香港居民很有吸引力。据加拿大的移民统计数据，1956—1967年，入境加拿大的华人移民21.6%来自中国台湾，66%来自中国香港，其中原籍广东珠三角的占了大多数。此时中国大陆（内地）居民不能直接获得加拿大移民签证。1967年加拿大实行积分制甄选移民后，最初几年的华人移民也主要来自中国香港，直到中加建交后，来自中国大陆（内地）的移民才逐渐增加。

（二）改革开放以来的中国各地新移民

从1978年颁发《关于放宽和改进归侨、侨眷出境审批的意见》等一系列文件，到1985年出台《中华人民共和国公民出境入境管理法》，中国出入境管理政策的放宽，极大地方便了公民移居国外。1993年，国务院出台文件，实行“支持留学、鼓励回国、来去自由”的政策，实际上是不限制留学人员留居海外的。

改革开放以来，移居海外的中国人人数保持平稳的增长势头。由于地缘关系，东南亚各国及东亚的日本和韩国仍然吸纳了相当数量的中国新移民，不过有越来越多的新移民选择前往北美、澳大利亚、西欧等发达国家和地区。此外，非洲、中东、中亚、南美等非传统移居区的华人新移民也有不同程度的增长。据统计，1978—2019年中国海外新移民总数累计为1 070万人。①

1. 新移民来源地

中国新移民的来源地已不再局限于广东、福建等东南沿海传统侨乡，而是遍及全国，东北、西南、华东、华中各省市都有几万甚至十几万新移民。据国内相关机构、媒体报道以及中国新闻社课题调查组所获得的资料来看，改革开放以来位列前排的海外移民输出地分别为福建省、浙江省、广东省、上海市、北京市、天津市以及东北三省。

具体到各省，新移民输出地又表现出相对集中性。福建新移民的来源地与近代相比已发生改变，呈现从南向北、从东向西、从沿海地区向内地延伸发展的趋势。一些传统侨乡，如泉州、漳州、龙岩的移民流有减弱趋势，福州成为福建省的移民输出中心，其辖属的福清、长乐、连江等地的新移民潮闻名全国乃至全世界。据福建省侨办2005年的侨情调研，福建省110多万海外新移民中，来自福州市的最多，达38万多人；莆田市居次，达35万多人；泉州市居第三，达28万多人。

浙江新移民的输出地分布广泛，其所属各市、县几乎都有人迁居海外，不过，浙南的温州市和青田县输出的移民数量占浙江全省新移民总数的90%左右。温州地区43万海外移民中，85%以上是改革开放之后的新移民。

在广东，被誉为“美洲华侨之乡”的台山及江门辖下几个县的新移民规模最大。据统计，1979年至21世纪初，江门五邑地区每年有近万人获准合法移居国外，截至2003年底累计约25万人，仅台山平均每年就有5 000多人移居国外。到2010年，五邑地区的海外新移民估计超过30万人。广州辖属区的新移民数量仅次于江门五邑，而广东省另两大著名侨乡——潮汕和梅州的移民则呈衰退之势。

北京、上海、天津等直辖市高校云集，改革开放以来成为留学移民和专业技术移民

① MCAULIFFE M，KHADRIA B. World migration report 2020［M］. Geneva：International Organization for Migration，2019：3.

的主要输出地，北京、天津两地迁出人数累计有50万左右，其中天津有20多万。据上海市侨办统计，目前与上海居民有亲属关系的海外侨胞（包括港澳同胞）约有68万人，其中约70%是新移民。天津籍的海外侨胞约有30万人，70%以上是新移民。

20世纪90年代中期后，东北三省的新移民群体也悄然兴起。在美国，东北新移民逐渐在旧金山湾区聚居，日渐成为当地华社不容忽视的一股力量，被当地华文媒体形象地称为“东北风”。而在法国，东北新移民已经成为仅次于浙南移民和福建移民的第三大群体。在西南地区，云南籍的海外新移民有相当大的规模，主要分布于缅甸、泰国、柬埔寨和老挝。

除中国大陆（内地）各省市外，中国港台地区的移民也有相当的规模，不过20世纪80年代中期以来已远远不及中国大陆（内地）移民。中英就香港问题签署协议后，香港地区掀起了一个迁居海外的高潮，年均数万人，主要前往北美、英国和澳大利亚。1997年香港回归后，当地局势保持稳定，经济依旧繁荣，香港居民外迁数量急剧下降，回流人数日渐增多，甚至超出外迁人数。台湾地区近40年间的海外移民总数高于香港地区，在美国、加拿大、澳大利亚和东南亚等地形成了一定规模的台侨社群。据统计，2012年底海外台侨总数约179.5万人，其中美洲的台侨数量最多，达112.2万人，占全球台侨的62.5%，主要集中在美国（92.6万人）。①

2. 新移民类型

合法移民可大体分为家庭团聚类移民、留学（技术）移民、商务和投资移民、劳务输出类移民等类型。此外，还有一些人采取非正常途径进入他国，称作非正规移民或非法移民。

（1）家庭团聚类移民。此类移民包括直系亲属、非直系亲属的担保移民，跨国婚姻移民。世界上大多数国家基于人道主义原则，对家庭团聚类移民的接纳较为宽松。就赴美的中国新移民来说，有一半以上为家庭团聚类移民。除了早期借助亲属关系网出国的广东传统侨乡移民外，大多数留学转定居的移民也会担保自己的家人赴美团聚，形成连锁移民潮。以广东省来说，1980年至1996年底共有37.8万人出国定居，以家庭团聚类移民为主，约占总人数的85%。②

（2）留学（技术）移民。合法移民中数量居第二位的是以留学方式出国，毕业后转而申请技术移民的群体。北美、澳大利亚、欧洲、日本等发达国家和地区都是中国留学生的热门选择，以前往美国的人数最多。据统计，1978—2019年，中国各类出国留

---

① 台湾“侨务委员会”. 海外台湾侨民人数［R］. 2012.

② 张秀明. 国际移民体系中的中国大陆移民［J］. 华侨华人历史研究，2001（1）：6.

学人员累计656万多人，其中赴美留学人数达340多万，占了一半以上。① 但是，2005年之前留学生的平均回国率仅30%左右，以留美学生的回国率最低。有研究揭示，1983—2003年，在美国获得自然科学和工程领域博士学位的中国大陆（内地）留学生共有3.5万多人，至少有3万人左右留在了美国，回国率只有14%。② 近15年来，随着中国经济的发展和吸引海归人才力度的加大，留学生回归率有较大幅度的上升。不过，留美学生尤其是自然科学和工程类博士的回国率依然不容乐观，留美比例高达90%以上。这些留美学生很多在毕业前就开始寻找合适的专业技术岗位，由雇主担保获得技术移民签证，继而申请绿卡乃至归化为美国公民。当然，也有少量高级人才直接申请技术移民签证；或者先申请短期工作签证，在工作满一定年限后再申请永久性移民签证。

（3）商务和投资移民。随着财力雄厚的中国富豪数量增加，加上美国、加拿大、澳大利亚等发达国家采取吸引投资刺激经济增长的政策，使得前往这些国家的商务和投资移民年增长迅猛。20世纪90年代中期以前，投资移民主要来自中国港台地区。20世纪90年代以后，中国大陆（内地）的投资移民数量增长较快，中国已成为美国、加拿大、澳大利亚等国投资移民的最大来源国。还有一些投资移民前往东南亚、南美、非洲等地的发展中国家。经济合作与发展组织（OECD）发布的《2016国际移民展望》数据显示，在全世界的投资移民中，中国人位居第一。

（4）劳务输出类移民。中国出国劳务人员的合同期限一般是两年，大部分劳务人员会在合同期满后回国，小部分留居当地。1978—1991年，全国累计有50万人次工程技术人员输出到138个国家和地区。目前，有近400万中国人在境外打工。

除合法移民外，福建、浙江以及东北三省的非正规移民也有相当大的规模，他们主要采取偷渡（通过海陆空多种路线），或者以留学、旅游、商务考察等合法短期签证入境，滞留不归；或者与外籍公民假结婚，拿到合法居留身份就离婚。20世纪80年代中期以来，福州籍海外移民数量达100多万人，绝大多数集中于美国，其中以非正式渠道出国的占40%～50%。

3. 新移民流向

与中国历史上海外移民绝大部分流向东南亚国家不同，当代中国新移民的流向分布区域比以前更广，几乎遍布世界198个国家和地区。尽管由于地缘关系，东南亚各国及东亚的日本和韩国仍然吸纳了40%的中国新移民，不过越来越多的新移民选择西方发达国家，美加两国是中国新移民增长最快的地区，欧洲的中国新移民在20世纪90年代

① 中华人民共和国教育部. 2019年度出国留学人员统计［EB/OL］. http://www.moe.gov.cn/jyb_xwfb/gzdt_gzdt/s5987/202012/t20201214_505447.html；美国门户开放数据［EB/OL］. https://opendoorsdata.org/data/international-students/all-places-of-origin/.

② 王作跃. “学好数理化”：1978年后大陆留美科学家研究［M］//国务院侨务办公室政研司. 北美华侨华人新视角. 北京：中国华侨出版社，2008：144.

之后有了显著增加，大洋洲也是一个中国新移民聚集较多的地区，新移民主要分布在澳大利亚和新西兰。中国移民原先罕至的南美（如阿根廷）、非洲、中东，现在也出现一定规模的华侨华人聚居区。

（三）华侨华人数量和分布的变化

关于目前世界华侨华人数量，实际上没有一个完全精确的数字，只能靠估算。美国、加拿大、澳大利亚、新西兰四个传统移民国，西欧各国，日本、韩国、新加坡等有官方人口普查数据和移民统计数据可以利用，也有非法移民数量的估计数据，但东南亚多数国家都没有关于华侨华人人口的官方统计数据，南美、非洲国家也是如此。目前中国官方和学界普遍认为：全球华侨华人总数约6 000万人，其中第一代移民接近1 100万人。

华侨华人人口分布带有“大分散，小集中”的特点。新移民流向的变化，改变了华侨华人高度聚集于东南亚的格局。现今世界198个国家和地区都有华侨华人的身影，不过由于深厚的历史积淀，华侨华人人口分布相对集中的特点依然没有改变。按洲别算，亚洲华侨华人占比约78%（其中约95%集中于东南亚）；美洲次之，有840万人左右，占比约14%（其中约85%集中于美加两国）；欧洲、大洋洲和非洲合计占8%。与1950年相比，东南亚华侨华人占比下降了近20%。除了亚洲之外，其他各洲新移民在当地华侨华人中所占比例均超过一半，美洲接近60%，欧洲约达80%，非洲高达90%。此外，20世纪中后期东南亚局势动荡所造成的华裔难民外迁潮，对华侨华人人口分布亦产生一定影响。

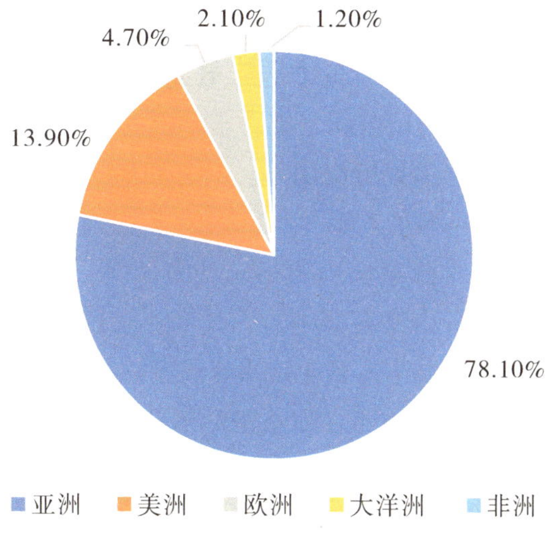

图1－5　世界华侨华人人口分布①

① 庄国土．世界华侨华人数量和分布的历史变化［J］．世界历史，2011（5）：11.

二、华侨华人经济的多元化和现代化

“二战”后相继获得独立的东南亚各国，为提高原住民的经济地位，均制定和实施了不同程度的限制与排斥华侨华人经济的政策法令，以保障原住民的优先地位。在逆境中，东南亚华商争取新的发展机会，有的将资本转移到北美、欧洲、大洋洲等地，有的利用已有的资本积累、工商经营、信息网络等方面优势迅速转型，投资于新兴的工业制造领域。20 世纪 60—70 年代以来，东南亚国家在实施民族主义经济政策和工业化过程中，产生了一批大型华人企业集团，其规模和数量远超战前的旧式华人企业集团。在新加坡、马来西亚、泰国、印度尼西亚、菲律宾等国均出现了实力雄厚的华人家族企业，其经营网络已经从一国延伸到其邻国，乃至欧美发达国家，形成多元化经营的跨国托拉斯。

从世界范围看，20 世纪 90 年代之后，华侨华人经济出现了产业结构调整升级的新态势，从劳动密集型产业逐步向知识技术密集型和资金密集型产业转移，尤其是高新技术产业已成为华商新的经营领域。除了零售、工业制造、餐饮、农业、金融、房地产外，也有华商将投资拓展到技术附加值高的制药、航空、电子商务、医疗服务、电信等领域。华商资本总量迅速增长，实力不断提升，已在世界经济中占有一席之地。根据 2019 年《世界华商发展报告》，全球华商总资产达到 5 万亿美元。

世界不同地区华侨华人的经济结构和实力各不相同，并处于动态变化中。东南亚地区华人的经济实力依然居首位，对当地国民经济发展起着举足轻重的作用。《亚洲周刊》2015 年评选的全球最大 1 000 家华商企业中，在中国本土之外的海外华商企业，主要分布于东南亚五国，即新加坡、马来西亚、泰国、菲律宾、印度尼西亚。新加坡的主要华人企业集团有黄志祥与黄志达兄弟（黄廷芳之子）的远东集团与信和集团、黄祖耀家族的大华银行有限公司、郭孔丰掌控的新加坡丰益国际有限公司、郭令明的丰隆集团、李成伟的华侨银行集团等。马来西亚资产额在 10 亿美元以上的华人企业集团有数十家，其中著名的有郭鹤年的郭氏兄弟集团、李深静的凯利集团、林国泰的云顶集团、郭令灿的丰隆集团以及杨忠礼集团等。郭鹤年不仅是马来西亚首富，也曾相当长一段时间居东南亚富豪之冠，其商业王国涵盖棕榈油、航运、媒体、酒店和房地产领域。泰国的主要华人企业集团有陈有汉的盘谷集团、谢国民的正大集团、李木川和李智正的大城银行集团、陈龙坚的暹罗机器集团、许书标的红牛集团、苏旭名的 TCCC 集团、郑明如的泰旭集团与国泰信托集团等。菲律宾著名的华裔大企业家有施至成、吴奕辉、彭泽伦、叶应禄、郑少坚、陈觉中、吴聪满、陈永栽和吴天恩等，绝大多数是福建泉州籍。施至成家族连续多年居菲律宾首富，2015 年更超越郭鹤年跻身东南亚地区首富。印度尼西亚华商资本在制造、营销、进出口贸易、百货超市、房地产和建筑等领域居主导地位。在 2015 年《福布斯》公布的全球富豪榜上，印度尼西亚共有12位华人富豪上榜，其中黄惠忠、黄惠祥兄弟的净资产合计达到177亿美元。

美国华人企业数量增速远远超过当地平均水平，只是企业规模不及主流企业。1977—2012年，美国华人企业由2.3万多家增至52万多家，增长了22倍，增幅是美国企业平均水平的4倍多。美国华人企业呈现传统行业和新兴行业齐头并进的发展特点：传统的中餐、批发、零售等无论在数量还是收入上都占有一定优势；与此同时，以信息技术产业和生物医药产业为代表的高新技术产业逐渐成为新的经济增长点，并具有越来越强的竞争力。在硅谷、华盛顿、纽约、新泽西一带和休斯敦地区的高新技术产业中，已涌现出一批具有相当竞争力的华人企业。在信息科技产业，孙大卫和杜纪川创办的金士顿公司，致力于存储芯片的生产；雅虎公司创始人杨致远，创办了全球第一个互联网门户网站；宏道资讯公司创始人陈丕宏，推出了“一对一”的电子商务解决方案。在生物医药产业，头戴“全球最富医生”“洛杉矶首富”光环的黄馨祥主要从事抗癌药物的研发，创办了多家医药公司。自2009年以来，黄馨祥一直位列“全球华人富豪榜”前列，而且雄踞美国华商榜首。

欧洲华商的经济实力与东南亚和北美华商差别很大，餐饮业、皮革业、服装业、贸易业是欧洲华商经济的四大支柱产业。20世纪90年代以来，欧洲华商借助“中国制造”的强劲竞争力，纷纷投身于进出口和批发、零售等行业。尤其是近30年来在欧洲各主要国家异军突起的大型华人商城，已经取代原先分散在欧洲各地的中餐馆、制衣厂、皮包店及零星商铺。随着不同层次新移民的增加，部分欧洲华商转向地产、物流、海运、跨境电商、中介、法律、咨询、投资、金融、保险、旅游、酒店等行业，呈现出专业化、多元化、本土化趋势。近10年来，跨境电商及跨境物流迅速成为欧洲华商的重要进军领域。

世界其他地区的华侨华人经济也呈现多元化的特点，不过大多以中小企业为主，没有形成规模化经营，无论是数量还是实力都相对较弱。

三、华侨华人社团发展的新特点和新趋势

“二战”结束初期，全球华侨华人社团数量不足4 000个，20世纪80年代初期增至近9 000个。近40年来，各国华侨华人社团数量激增，特别是改革开放以来，中国内地新移民成立的社团增长迅速。根据国务院侨务办公室的统计，截至2014年，华侨华人社团约有2.6万个。从华侨华人社团成立时间的长短来看，约10%的社团有近百年的历史；50%的社团有20年的历史；40%是近10年新成立的社团。

（一）华侨华人社团数量和分布的变迁

20世纪中叶之前，华侨华人社团（以下简称“侨团”）以东南亚居多。但是，随着

新移民流向分布的变化，北美华侨华人及其社团组织蓬勃发展，增长势头明显。据统计，美洲地区侨团占世界侨团总数的比例，从 20 世纪 50 年代的约 1/8 增至 20 世纪 90 年代初的近 1/4；到 2012 年，美洲地区侨团占世界侨团总数的比例达到 67.1%，其中美国就占 53.6%，而亚洲地区仅占 18.6%。[①] 这一统计数据可能忽略了东南亚一些长期不活跃的传统侨团。据中新网的一篇报道，仅马来西亚一地就约有 9 000 个侨团，不过有 1/3 处于“冬眠状态”。[②]

近 40 年来，东南亚各国侨团处于恢复和发展阶段。中国与东南亚国家政治关系的改善以及住在国政府放弃或修正排华政策，使得侨团不再被当地社会和政府视为异己势力，一些活动停顿或趋弱的社团重新活跃起来。同时，陆续进入各国的中国新移民也开始组建自己的社团。马来西亚侨团十分活跃，向政府注册的各类社团在 7 900 个以上，其中有百年历史的地缘性社团就有 80 多个。新加坡华人于 1986 年成立新加坡宗乡会馆联合总会后，当地传统侨团重新活跃，成为政府与华侨华人社会沟通的重要桥梁，同时也增强了与祖籍地的联系。截至 2020 年，新加坡有 300 多家会馆，并汇集在一起，形成了闻名世界的“中华会馆街”。印度尼西亚自 20 世纪 90 年代末开始放松对侨团的限制，原先活动停顿或被迫改名的传统社团纷纷恢复原名，1999 年有 400 多个，2008 年增至 540 个。泰国、缅甸、菲律宾、越南、柬埔寨等国侨团在原有基础上也有所发展，各有数百个。东亚的日本、韩国由于中国新移民增长迅速，不断有新社团成立。

在美洲，美国的侨团数量增长最为迅速，从 1980 年初的 1 000 多个增加到 2010 年的 8 000 多个，仅旧金山、洛杉矶和纽约三地的大大小小社团就有 3 000 多个，其中有六成以上组建于 20 世纪 60—70 年代之后。同期，加拿大的侨团从 500 多个增至 2 000 多个。其他美洲国家侨团的增幅虽不及美加两国显著，但合计也超过 1 500 个。

在欧洲，各国侨团以新移民社团居多。20 世纪 80 年代末，特别是 90 年代以后，随着中国新移民大量涌入，侨团数量增长迅速，规模也日趋扩大。到 20 世纪末，欧洲的侨团总数已达到 500 多个。2008 年欧华联会第十五届大会公布的数据是：欧洲有侨团组织 800 多个，以英国、法国、意大利、德国、西班牙、俄罗斯等国最多。

在大洋洲，近 40 年，澳大利亚和新西兰侨团数量翻了五六倍，澳大利亚侨团从 100 多个发展到 600 多个，新西兰侨团则从 50 多个发展到 200 多个，其他太平洋岛国的侨团总计也有近百个。在非洲，以南非侨团增长为最，从 50 多个发展到 300 多个。

---

① 台湾“侨务委员会”. 2012 侨务统计年报［R/OL］. http://www.ocac.gov.tw/public/public.asp?selno=951&no=951&level=B#1, 2013.

② 马来西亚华人社团近 9 000 个 1/3 处于“冬眠状态”［EB/OL］. http://www.chinanews.com/hr/2013/07-03/4996501.shtml, 2013-07-03.

（二）社团类型更趋多样化

近 30 年来，在同乡会馆、宗亲公所、中华会馆等传统侨团继续发展更新的同时，在华社中出现了更多以中青年华侨华人、新移民为主，以专业、商务、政治、文化、福利、宗教信仰等为内涵和纽带的新社团——专业协会、校友会、商会、参政维权团体、文化团体、专业服务社团和宗教团体等。

传统侨团历史悠久，有一定的经济基础，购有馆所场地，可依靠会馆的经济实力来维持生存，并求得发展。但是，这些社团的成员逐渐老年化，会员人数逐渐减少，传统功能逐渐减弱，社会交往趋向减少。随着时代的发展，传统社团也在努力革新，实行民主管理，积极采取新举措，以吸纳和培育新生力量加入，它们在宗旨、组织和活动方式乃至功能上都开始发生变化。当然，多数传统侨团突出了文化传承功能，把发扬本民族和祖籍地文化作为己任，支持推动华文教育，举办了许多文化活动。

近 30 年来大规模涌向海外的中国新移民，有一些加入现存的同乡会馆，更多的人则陆续建立新的地缘团体，在名称上一般不再叫作会馆，而多称为同乡会或者同乡联谊会。在美国，随着移民来源地的多元化，除了粤籍地缘团体外，来自中国福建、江苏、浙江、台湾等地的新移民纷纷建立自己的地缘团体。仅闽籍新移民在近 30 年建立的新社团就有 100 多个。闽籍新移民按照村、乡、县建立的社团数目繁多，与粤籍同乡组织相比，有过之而无不及。

业缘性社团则随着华侨华人从事职业种类的变化而改变，“一战”前建立的一些业缘性社团随着相关行业的衰落逐渐退出舞台，随着华侨华人自身素质的提高及主流社会职业壁垒被打破，其就业范围拓宽，业缘性社团类型也随之多元化，其中尤以专业协会的大量组建最为引人注目。有研究者统计，截至 2012 年，全球华侨华人专业社团数量已达到 2 500 多个，其中近一半集中在美国。专业协会多以一个或多个专业领域或专业人群命名，也有不分领域的综合性专业团体。在成员构成方面，专业社团多以华人新移民中的专业人士为主，这与 1990 年以来大批留学生毕业后留居当地有直接、密切的关系。从分布上看，专业协会主要分布在新移民集中的发达国家，如美国、加拿大、澳大利亚、新西兰、日本、新加坡等。

经科商贸社团逐渐占据世界侨团的主导地位，这类社团是新世纪侨团的支柱，也是洲际性、世界性社团发展的重点。华商团体大致可分为以下几类：第一类是历史悠久的中华总商会，很多有百年以上历史，如马来西亚中华总商会、新加坡中华总商会、泰国中华总商会、印度尼西亚中华总商会、旧金山中华总商会、纽约中华总商会、毛里求斯中华总商会等；第二类是按商会成员原籍地组成的商会，包括中国大陆（内地）各省籍新华商组成的商会、台湾商会和香港商会；第三类是按华侨华人聚居城市或省（州）建立的商会；第四类是按行业组织的商会，如欧洲中药商会、全欧华人旅游联合总会、新西兰房地产业协会、美国餐饮业公会等；第五类是按成员性别或年龄组成的商会，如华人青年商会、妇女商会等；第六类是20世纪下半叶成立的国别性、跨国性、洲际性和世界性华商团体联合体，国别性的如1947年成立的马来西亚中华工商联合会，洲际性的如欧洲华商理事会，世界性的如1992年成立的世界华商大会。其中第二、三类华商团体在近30年不断涌现，数量最多，仅2015—2016年世界各地成立的带有地缘性质的华商团体就有数十家。

以争取华人平等权益和参与主流政治为主要宗旨的政治性社团也逐渐增多，影响力日渐增强，有力地推动了华人融入当地社会。政治性社团目前虽然只占华人社团的极小一部分，但其活动能量大、影响广。如美国的80/20促进会、美华协会、百人会，加拿大的平权会、全加华人联合会，英国的“华人参政计划”，马来西亚的马华公会等，都在当地华人参政过程中发挥着重要的推动作用。

在当代多元文化主义环境中，以弘扬中华文化为主要宗旨的文化团体也很活跃。华侨华人文化社团大致可分为两大类：一是专门类型的文化团体，即以某一门类文化艺术作为自身活动中心内容的文化社团，笼统而言可分为文艺与文学书画两类；二是涵盖各种文化艺术类型的综合性文化团体，如中华文化中心。

（三）华侨华人社团更加关注当地社会发展

早期的侨团接受中国侨务机构的指导和监督，两者的关系十分密切，从某种意义上说，它们是国内派生出的团体。随着华侨社会向华侨华人社会过渡，以及华社新生代的成长，融入当地的观念成为华社的共识，侨团的本土化趋势越来越明显。从社会功能看，已经由服务华侨华人社会拓展到服务当地主流社会；从经济功能看，已经从促进华侨华人经济发展转变为促进华人经济融入主流社会国民经济；从政治功能看，已经由关注祖籍国政治转变为积极促进华人参政并融入住在国主流社会；从文化功能看，已经由单纯地传承中华文化转变为将华人培养成具有中华文化特质的住在国公民。这些团体完成了本地化，它们与母国之间的联系只是一种友好的交往，不再是管理与被管理、监督与被监督、指导与被指导的关系，与中国政府的政治关联也日益淡化。

（四）华侨华人社团的联合和国际化趋势更加显著

为谋求在华侨华人社会或国际社会中产生更大的影响、发挥更大的作用、调动更多的资源，侨团活动越来越向区域化乃至国际化方向发展，实现了从小联合逐步走向大联合。联合性社团通常由多个单一结构的组织集合起来，构成了一个规模更大、人数更众的联合团体。该类社团既有一国之内的，也有洲际区域性的。联合性社团的优势主要在于整合了分散的社团资源，建构了一个互通有无、资源共享、协调配合的平台，有利于凝聚华人族群的力量。

例如，马来西亚各城市的广东会馆，一般包括广府、潮州、客家和海南四大方言语系的侨团，它们联合形成了马来西亚广东会馆联合会。美东华人社团联合总会（一般简称“华联会”）现今拥有200多个会员单位，包括粤籍、闽籍、江浙沪籍等新老侨团。2004年成立的美洲新华侨华人联合总会，由来自美国、加拿大和南美地区的40个华人新移民团体构成。2001年成立的全欧华人专业协会联合会有来自欧洲不同国家的40个专业性社团成员。

侨团的国际化表现为：一些国际性社团组织相继成立，积极举办国际性社团会议与活动。从20世纪60年代开始，特别是70—80年代后，世界性的地缘性、血缘性和业缘性侨团不断出现。据不完全统计，现今世界性的侨团已经超过100个，其中近70%是20世纪80年代以后成立的。地缘性侨团有世界客属恳亲会、世界越棉寮华人团体联合会、世界广东联谊会、世界福建同乡会、世界广西联谊会、世界福州十邑同乡会、国际潮团联谊会等；血缘性侨团有世界李氏宗亲总会，刘、关、张、赵四姓的世界龙岗亲义总会等；业缘性侨团则有世界华商大会、中文报业协会、华文作家协会、华文诗人协会等。

四、华文教育的式微、复苏和繁荣

（一）“二战”后初期华文学校的盛与衰

“二战”后初期，东南亚华文学校经历了短暂的黄金期。据统计，截至1954年，海外华文学校总数为4 376所，从幼儿园、小学到大专院校都有，95%以上集中在东南亚。1956年，由著名企业家陈六使倡办的新加坡南洋大学是战后东南亚华文教育的巅峰。1959年，新加坡官方正式承认南洋大学为新加坡高等学府，但直到1968年才正式承认南洋大学所授予的学位。1980年，南洋大学被迫并入新加坡国立大学。此外，菲律宾的中正学院亦可勉强列为大专院校，其他地区华侨华人创办华文高等学府的努力则均未见成效。

但是，战后东南亚华文教育的黄金时代是短暂的。从殖民统治下解放出来的印度尼西亚、柬埔寨、越南、缅甸等国政府，逐步控制、限制、排斥甚至取消华文教育，使得华文学校几乎被摧毁殆尽。泰国、菲律宾、马来西亚等国对待华文教育的态度，虽然没有上述几国那样苛刻，但也是采取管控和削弱的政策。因此，20世纪50年代中期以后的30年间，东南亚华文学校日趋式微，直到80年代才慢慢复苏。

在北美，由于师资、教材和生源不足，“二战”期间和战后初期美国的华文学校发展一度停滞，经过一段时间才得以缓慢恢复。1960年，全美华文学校有36所，包括完全中学2所。直到20世纪60年代中期后，华文教育才迎来真正的复苏。

（二）华文教育的全面复苏和兴盛

20 世纪八九十年代以来，随着中国国际影响力的增强，“中文热”在世界范围内不断升温。过去对华文教育采取限制或取消政策的东南亚国家，如泰国、缅甸、菲律宾和印度尼西亚，均适度放宽政策，华文教育得以重现生机。中国新移民不断涌入的美国、加拿大、日本、韩国、澳大利亚及欧洲发达国家的华文教育更是发展迅速。据统计，目前全球总计有 2 万多所华文学校、几十万名华文教师和几百万名在校学生，其中校舍相对固定、学制比较完备的华文学校有 6 000 多所。华文教育的持续发展有利于传承和弘扬中华文化传统，增进华裔新生代对中华文化的认同。

1. 东南亚华文教育的复兴

近 40 年来，得益于当地政府相关政策的放宽，东南亚各国的华文教育均有不同程度的复兴，华文学校的办学层次比较齐全，形成了从学前教育、小学、中学到高等教育的完整体系。各国华文学校的办学模式各异。例如，马来西亚有纳入国民教育体系的中小学，也有独立中学，实施全日制的母语教学；菲律宾和泰国则全部纳入国民教育体系；缅甸、柬埔寨、越南以补习学校为主。这些不同的办学模式，与各国的政治环境、政策、华侨华人的经济实力和地位等因素有关。

图 1－6　马来西亚的华文独立中学——坤成中学

马来西亚是现今世界上华文教育最发达的国家，拥有从小学到大学的全日制华文教育机构。根据 2013 年的统计资料，马来西亚有 1 293 所国民型华文小学、78 所国民型华文中学、60 所独立中学；还有 3 所民办学院，分别是新纪元大学学院、南方大学学院和韩江传媒大学学院。国民型华文小学和华文中学属于政府教育系统内的机构，而独立中学有完整的初高中教学体系，使用的教材是马来西亚华校董事联合会和华校教师会总会（简称“董教总”）教材局编写出版的《华文》，有统一的初中毕业和高中毕业全国统考，其文凭被中国等很多国家承认，但不被马来西亚政府认可。

印度尼西亚的华文教育在 1999 年才开始解禁，由于当地华人不懈努力，华文教育得以继续发展。印度尼西亚的华文教育主要有两种形式：第一种是业余的非全日制、非正规的华文补习学校（班），这类学校截至 2015 年有几百所。① 第二种是纳入印度尼西亚国民教育体系的三语学校，是华文教育的一种新模式。截至 2015 年，印度尼西亚三语学校有 70 多所，主要分布在爪哇岛和苏门答腊岛，有不少学校已经形成从幼儿园到初高中的教育体系。印度尼西亚还有几所华人社团兴办的华文大专学院，分别是雅加达的新雅学院、棉兰的亚洲国际友好学院、万隆的国际外语学院。

菲律宾、泰国、新加坡的华文教育均已纳入当地国民教育体系。菲律宾的华文学校自 1976 年以来已经实现了“菲化”，原来的华校变成政府认可的私立学校，华语只能作为选修课，上课时间每天不超过 120 分钟。截至 2015 年，菲律宾全国有 170 所华校，包括大马尼拉及外省中小学和幼儿园一体华校 130 所、小型幼儿园 40 所。其中规模最大的华文学校为中正学院，有学生 7 000 多人。泰国政府于 1992 年宣布解除对华文教育的限制，华文学校由此再获生机。现在泰国有华文学校 300 多所，形成了从幼儿园、小学、中学到大学的完整体系，学习中文的人数达 500 万。华侨崇圣大学、东方文化书院是泰国知名的华文学校。自 1987 年起，新加坡实行英中双语教育制度，规定英语为第一教学语言、中文为第二教学语言，至此，单一的华文学校已不复存在。

20 世纪 80 年代以来，缅甸、柬埔寨、越南的华文学校也有一定的恢复，但均属于业余补习性质。缅甸的华文学校主要集中在缅北，有近 220 所，仰光、曼德勒地区的华文学校也有十多所。② 柬埔寨于 20 世纪 90 年代开始允许华人复办华文学校，潮州、广肇、福建、海南、客家五大会馆先后恢复了战前创办的华校，这 5 所华校占据了柬埔寨华文教育的半壁江山。尤其是潮州会馆开办的端华学校，是中国境外最大的华文学校，约占全柬华文学校师生总数的 20%。截至 2018 年，柬埔寨全国共有规模不等的华校近百所。21 世纪以来，越南政府允许开办华文学校或培训班，还组织编写供学生使用的中文教材。现在越南有华文学校约 300 所、在校学生 10 多万人。

---

① 刘泽彭，陈奕平，等. 华侨华人在国家软实力建设中的作用研究［M］. 广州：暨南大学出版社，2018：103.

② 刘泽彭，陈奕平，等. 华侨华人在国家软实力建设中的作用研究［M］. 广州：暨南大学出版社，2018：108.

2. 美国、加拿大、澳大利亚周末华文教育的繁荣

20世纪60年代中期以来，由于华人移民持续涌入，提供了源源不断的生源，美国、加拿大、澳大利亚的华文学校无论是数量还是规模均增长十分迅猛。这些华文学校基本上都是课外补习班形式，大多数是借用、租用当地正规学校的校舍，只有少数实力雄厚的学校有自建的校舍。

1965年美国通过新移民法后，由中国台湾新移民创办的华文学校大量兴起。20世纪80年代以来，中国大陆新移民数量持续高涨，更推动了美国华文学校走向兴盛期。据统计，截至2010年，全美不同类型的华文学校已增至1 500多所，分布全美47个州。中国大陆移民创办的学校，在数量上现已超过中国台湾移民创办的学校。归属于全美华文学校联合总会的“台湾系”华文学校有300多所，而归属于全美中文学校协会的“大陆系”华文学校有500多所。华文学校以北加州地区为最多，其中尤以旧金山湾区至南湾硅谷地区为最多；纽约地区次之；再次是南加州地区。这三个地区的华校数量占全美华文学校的85%以上。

从授课语言、教材看，目前美国的华文学校大致可以分为五类：第一类是由粤籍传统侨团开办的老侨校，用粤语、普通话、汉语拼音和简体字教学。最著名的有旧金山中华学校、纽约华侨中文学校、旧金山南侨学校，均有百年历史。第二类是中国台湾移民办的学校，以繁体字和注音符号教学，采用台湾地区侨务机构出资编写和免费赠送的美洲版中文课本，不过近20年来有些学校也开始繁简字并用，同时也教汉语拼音。第三类是中国大陆移民创办的学校，一般采用暨南大学主编的《中文》教材，以普通话、汉语拼音和简体字开展教学，目前占据美国华文学校的主体。第四类是由东南亚华裔难民创建的学校，大多以中文、华文学校命名，大部分采用普通话教学，也有小部分用方言教学。第五类是华人基督教会附设的华文主日学校，采用中英混合的方式教学。

加拿大政府于1971年施行多元文化主义政策，给少数族裔语言教育以很大支持和鼓励。加上大量华人移民持续涌入，华文教育获得大好发展机遇，大批周末华文学校涌现，尤以华人新移民聚集的多伦多和温哥华为最多。多伦多共有各类中文学校100多所，学生一般以华裔为主。不列颠哥伦比亚省有私立中文学校200余所，其中近一半集中于温哥华。

澳大利亚与美国、加拿大一样实行多元文化主义政策，是华文教育发展较好的几个国家之一。只要有华人聚居的地方就有周末华文学校，当地称为社区语言学校，一般每周末上课2~3小时。据统计，2014年全澳周末华文学校有179家，比较知名的有堪培拉的澳大利亚标准中文学校、悉尼大同中文学校、维多利亚州侨友社华文学校、墨尔本新金山中文学校、南澳大利亚的华联会华文学校等，这些学校有自己固定的校舍。大多数华文学校没有固定的校舍且规模不大，有的属于小型的私教课程班，只有十几名学生。

3. 欧洲华文教育的兴起和发展

欧洲是华侨华人增长最快的地区之一，近40年来华文教育发展很快。“二战”前英国只有2所华文学校，到2013年，英国的华文学校共有138所，其中属于英国中文教育促进会的学校有90所，专兼职中文教师2 500人，学生多达2.5万人。[①] 英国的华文学校规模都不大，大多没有自己的校舍，只是在周末租用当地的中小学教室上课。法国的华文学校有100余所，多是华人社团兴办的，规模不大，多借用正规学校的校舍或社团办公用房上课，上课时间是星期三下午及周末。德国华侨华人和中国留学生开办了30多所周末中文学校，一般租用当地学校的教室上课。意大利的周末中文学校有50所左右，较正规的华文学校有20多所，其中罗马、米兰最多，最著名的是普拉托华侨华人联谊会中文学校。

4. 南美洲和非洲华文教育发展不平衡

在南美洲和非洲，要数巴西和南非的华文教育稍微发达一些，而其他国家的华文学校数量较少。截至2015年，巴西有35所华文学校，其中32所在圣保罗。南非各类华文学校共有30余所，其中比勒陀利亚华侨公学是规模最大、最具影响力的华文学校。

五、华文媒体的多元化发展

2015年是海外华文媒体诞生200周年，在200年间，世界各地先后出现过5 000多家有影响力的海外华文媒体。据不完全统计，当前海外华文媒体接近2 000家，其中华文报刊854家、华语广播103家、华语电视频道71家、华文网站近千个、华文媒体客户端（App）超过50家，在微信上开设公共账号的接近100家。从分布看，东南亚和北美华文媒体数量最多，运作也比较规范，而在欧洲、非洲和南美等地，华文媒体有待发展。从媒体发展形态看，目前华文报刊在各类华文媒体中无论是数量还是影响力依然居首位，不过也面临新媒体的挑战，呈现稳中下行的趋势；华文电台和电视的受众有局限，覆盖面不广；网络新媒体则如雨后春笋般涌现，特别是社交新软件，日益成为华侨华人重要的信息来源。

（一）战后初期华文报刊的曲折发展

“二战”结束以后，随着殖民地民族独立运动的高涨和华侨休养生息的需要，世界各地的华文报刊开始复苏，并且出现了一个短暂的繁荣时期。战后初期华文报刊数量之大、品种之多和分布面之广均属空前。但是，在发展的高潮中也深藏着暗流，东南亚多数国家华文报刊的发展都程度不同地受到限制、打击，甚至出现停滞、倒退的现象。

---

① 张鹏. 英国的中文教育本土化问题与建设［J］. 语言教育，2022（1）：122.

1949年前后，不仅一批在政治上认同中华人民共和国的报刊被查封，爱国的华侨报人受到迫害，许多持中间立场的华文报刊也受到威胁甚至难逃厄运。

从20世纪50年代末期到70年代中期，东南亚多数国家对华侨华人采取强制同化政策，对华文报刊严格限制，甚至不允许其继续出版，致使很多华文报刊停办，华文报刊数量锐减。据统计，截至1980年，海外共有华文报刊211种，其中东南亚各国有125种，占59.24%，比20世纪40—50年代下降了20%多，其他地区同期则上升了20%，占比达到40.76%。新加坡只有报纸3家、期刊30多家，泰国则仅剩七八家，菲律宾只有三四家，而印度尼西亚、越南、缅甸、柬埔寨、老挝等国的华文报刊更一度绝迹达几十年之久。

同一时期，在北美、欧洲、澳大利亚等发达国家和地区，持亲中国立场的左派报纸均受到打压，有些被迫停刊，有些则靠压缩版面勉强维持，如纽约的《美洲华侨日报》。而其他无亲中国立场的华文报刊则有相对自由的发展空间，同时，由于中国港台移民的流入，还有不少新报刊面世，从而引起了整个海外华文报刊在分布上的变化。

（二）华文媒体的多元化发展态势

经过20世纪60—80年代的低谷期后，80年代之后，华文报刊进入迅速发展阶段。中国与东南亚和欧美发达国家关系的改善以及中国的改革开放，对华文报刊的发展产生了积极的影响。一些支持中华人民共和国的华文报刊相继得以复刊或出版。同时，华人新移民的持续增长，也为华文报刊的发展提供了源源不断的读者群。中国的发展强大，亦增强了华侨华人关注和了解中国发展动态的兴趣。除华文报刊外，华语广播电视、华文网站、华文新媒体客户端也迅速兴起并蓬勃发展，海外华文媒体呈现多媒体并存或联动发展的态势。

1. 华文报刊的持续发展

在新媒体的冲击下，传统华文报刊并没有退出历史舞台，依然是占据主导地位的华文媒体形式。据不完全统计，目前海外华文报刊有800～1 000家，分布在五大洲的约80个国家和地区。就数量与对华人社会的影响力来说，亚洲、北美洲和大洋洲位居前列。

东南亚的华文报刊稳定发展，持续繁荣。就影响力最大的日报而言，有半数集中在东南亚，其中马来西亚和新加坡仍然是华文媒体最发达的两个国家。特别是马来西亚，拥有完整和系统的华文教育体系，能为华文报刊提供大量的读者。马来西亚有华文报纸18家、华文期刊63家，日销量超过马来文报刊和英文报刊，成为中国本土之外最繁荣的华文报业市场。据统计，马来西亚三份华文报纸——《星洲日报》《中国报》《南洋商报》的总销量接近英文报纸。新加坡的华文日报种类比之前略有减少，发行量却增加了，其中影响力最大的日报为《联合早报》，其次是《联合晚报》和《新明日报》。①在另外一些东南亚国家，华文报业却日渐式微。例如，泰国华人人口超过600万人，但当地6家华文报刊的总发行量却不足8万份。印度尼西亚的华文报刊目前有10家左右，其中《国际日报》发行量稳居首位。菲律宾、柬埔寨等国各有几种华文报刊复刊或新办。

北美是海外华文报刊的另一个出版中心。20世纪70年代以来，美国华文报刊发展非常迅速，超过以往120多年。美国现有100多家华文报刊，一半以上的州都有华文报刊，1/3是由中国各地新移民创办的。《世界日报》《侨报》《星岛日报》《明报》是最具影响力的四大华文日报，在全美华人社区均有发行。

加拿大的华文报刊数量增长也很快，1990年时只有10种华文报刊，到2005年则增加到近60种。华人聚集度较高的城市都办有华文报刊，其中多伦多和温哥华的华文报业尤为发达，多伦多共有40多种华文报刊。加拿大全国现有3种华文日报，分别是《星岛日报》《明报》《加拿大商报》。

日本、欧洲、澳大利亚、非洲、中东、中亚等地的华文报业没有新马和美国那样发达，但随着新移民的涌入，也在稳步发展中。20世纪80年代以来，在日华人先后创办了约150家大小报刊，居所有非日文媒体首位。到2010年日本仍在出版发行的中文报刊约有30家，以《中文导报》《东方时报》《日本侨报》《华人周报》最具影响力。

欧洲各国，特别是接收中国移民较多的大国，中文报刊发展较快。2008年欧华联会公布的数据显示，欧洲各国总计有华文报刊101家，其中日报有《欧洲时报》、《欧洲日报》、《星岛日报》（欧洲版）及《文汇报》（欧洲版）。巴黎是欧洲华文媒体的中心，《欧洲时报》和《欧洲日报》总部均设于巴黎，在欧洲其他国家设有分社或办事处。

在澳大利亚，由于中国海峡两岸居民及东南亚华人移民澳大利亚的人数剧增，为华文传媒业的发展提供了前所未有的庞大读者群及资本。20世纪90年代以来，澳大利亚华文报刊发展迅速，中国大陆（内地）和香港报业集团纷纷进军澳大利亚，中国大陆（内地）新移民还自办报刊。目前澳大利亚的华文媒体有30多家，其中日报有《星岛日报》、《新报》（澳大利亚版）、《华声日报》、《华联时报》4家，其余多为周刊。与澳大利亚毗邻的新西兰华侨华人较少自办华文报刊，最有影响力的是《新西兰先驱报》。

在华侨华人人数较少的中南美洲和非洲，也有不少华文报刊。中南美洲地区共有华文报刊数十种。巴西、阿根廷、秘鲁、巴拿马、苏里南、委内瑞拉、墨西哥等国都各有数种华文报刊，其中较有名的有巴西的《南美侨报》《美洲华报》、阿根廷的《阿根廷

① 刘泽彭，陈奕平，等．华侨华人在国家软实力建设中的作用研究［M］．广州：暨南大学出版社，2018：78－79.

通讯》。非洲各国的华文报刊以南非为最多，著名的有《华侨新闻报》《南非华人报》《非洲侨报》。《华侨新闻报》的发行地不限于南非，还发行到莫桑比克、安哥拉等国。

在中东，数量庞大的中国商人支撑起近10家华文报刊，影响力最大的为阿联酋华侨华人联合会主办的《中东侨报》。该报立足于阿联酋，并辐射到其他中东国家。在中亚，吉尔吉斯斯坦中亚华侨华人友好协会于2012年创办了第一份中文报纸——《中亚侨报》。

2. 华语广播电视的创建与发展

相对于华文报刊来说，华语广播电视的历史要短得多。20世纪30—50年代，檀香山和旧金山出现了一两家用粤语播音的广播电台，但运营时间不长。20世纪60年代中期之后，大量华人新移民持续涌入美国，定居地又相对集中，他们对母语大众传媒有内在需求，为华语广播电视的发展提供了大量受众。

1968年，纽约出现了第一家粤语广播电台——中华商业广播电台，全天24小时播音。1975年，刘恕、郑心元租用美方广播频道，开办了纽约华语广播电台，之后陆续在全美华人聚居城市设立了分台，形成覆盖美国和加拿大广大地区的华人广播网，使用粤语全天24小时播音。到了20世纪70年代，美国已形成了纽约、旧金山和洛杉矶三大华语广播电视中心，加拿大、澳大利亚亦开始兴起华语广播。菲律宾华人开办了小型华语电台——大东广播社，使用闽南语播音。

进入20世纪80年代之后，华语广播电台不仅在美国、加拿大、澳大利亚、东南亚地区持续发展，而且在欧洲、非洲和中南美洲兴起，播音语言已从粤语、闽南语拓展到普通话。据不完全统计，截至20世纪90年代中期，海外华社累计开办了60多家华语广播电台，其中北美34家（美国25家、加拿大9家）、欧洲9家、大洋洲9家、东南亚8家、非洲2家、中南美洲1家。截至2014年5月30日，海外华语广播电台已增至122家。目前，美国最具影响力的中文广播电台属于刘恕领导的多元文化集团。2010年，由中国国际广播公司和美国国际鹰龙公司联合组建的华语广播电台KSFN AM1510正式开播，使得旧金山拥有了第一家全天24小时使用普通话播音的中文电台。

20世纪70年代初期至中期，华语电视首先发源于美国，在洛杉矶、纽约和旧金山先后出现了10家左右，可惜维持时间不长。到了80—90年代，随着电视传播技术的发展，华语电视迎来大发展，在华人聚集的北美、西欧、东南亚逐步形成了3个华语电视中心。其他地区进入21世纪后也开始有华语电视兴办。现在美国华人自办了中文电视台40多家，分布在20多个城市，以洛杉矶地区最为兴盛。大部分是卫星电视，覆盖人口达1亿人之多。新闻节目多由本地制作，而连续剧和娱乐类节目则多由中国大陆（内地）、香港、台湾提供。华语电视逐渐从无线电视转向有线电视、卫星电视、网络电视发展，目前多使用卫星传播，并同中国电视联网，形成从区域性向世界性过渡的发展趋势。

在东南亚，2005年开播的泰国中文电视台的观众不仅有华裔，也有非华裔。该电视台每天在当地时间晚上 9 点到 12 点播放 3 个小时的电视节目，由新闻、纪录片、文艺三大版块构成，以汉语语言、泰文字幕为主播出，同时也会有以泰语语言、中文字幕或潮州话、客家话等地方方言播出的节目。马来西亚的华语电视，既有国家华语电视频道（TV2），也有私人华语电视台（八度空间）。华语电视在华人当中具有较高的收视率和欢迎度。1999 年 7 月，新加坡政府批准新加坡报业控股有限公司创办电视台。2000 年 5 月 6 日，该电视台的华语电视“优频道”正式开播，此外还有新传媒集团创办的“8 频道”，这两个频道大量播出由中国制作的电视节目。

3. 互联网时代华文新媒体的迅速发展

在网络技术日新月异的背景下，华文网站异军突起，发展速度迅猛，对传统华文媒体造成强烈冲击。华文网站时效性很强，新闻量较大，内容多样化且比较注重差异化，在新闻资讯的独特性上下了不少功夫，受到华侨华人、留学生的欢迎。如今世界多国均出现了主打社区化服务的华文网站，其中尤以北美和欧洲为最多。

如果按地区划分，美加因为信息技术人才聚集，华文网站数量众多。据不完全统计，截至 2020 年，美国的华文网站有上千家。根据中国新闻社与中国传媒大学新闻学院联合开展的“世界华文传媒新媒体影响力”测评项目，居于 2020 年第三季度世界华文传媒“网站影响力”榜前 30 位的美国华文网站共 7 家，分别是“老中地方新闻—老中网”“亿忆网”“倍可亲”“世界日报”“洛杉矶华人资讯网”“多维新闻网”“美国中文电视”。加拿大的华文网站已有 600 多个，其中既有综合性网站，如枫华园、万维读者、多伦多在线、中加在线等，也有为华社提供各种生活常识的信息网站，如加拿大中文网、多伦多华人信息网、温哥华中文网等。此外，还有许多专业网站，如为华社服务的地产和财经信息网站，有北美财经、多伦多房地产等。

在欧洲，估计有近百家华文网站，主要集中在英国、法国、德国、意大利、西班牙等西欧国家，比较著名的有伦敦华人网、欧洲华人网、欧洲华人在线、欧华网等。此外，荷兰、瑞士、爱尔兰、比利时等国各有几家华文网站服务于当地华人新移民。大洋洲的澳大利亚华文网站发展也相当迅速，截至 2014 年有数十家，其中比较有影响力的有澳洲在线中文网、你好中文网、澳华中文网、中澳网、大华时代网、澳洲新快网等。而在留学生比较少的国家和地区，如中东和中亚，华文网站的数量就很少。在中东，有迪拜华人网和阿联酋中国商会网等华文网站。南非亦建有两家华文网站。

网络技术的发展，不仅催生了大量华文网站，而且推动了传统华文报刊利用新媒体在网上进行传播，扩大影响力。东南亚的华文网站主要由传统媒体建立，推动了传统媒体与新媒体的融合，新加坡的联合早报网和马来西亚的星洲互动网便是其中最成功的两个例子。联合早报网每日发布的资讯大约为 300 张网页，分为即时新闻、新加坡、海外、国际、中国、财经、体育、社论、言论、天下事、副刊及漫画天地、世界报刊文萃等专栏，真正做到了滚动报道。联合早报网还开通手机版，第一时间传播新闻信息，遇到重要事件或读者关注的热门话题，还特别策划报道专辑。星洲媒体集团充分利用信息资源丰富的优势，建立各种实用、有效的数据库，为人们提供综合性、个性化的信息服务，如咨询、短讯、信息服务、电子商务等，不仅在报纸数字化改革方面卓有成效，而且在电子商务方面取得了长足的发展。美国的三大华文日报——《世界日报》《星岛日报》《侨报》都有网络版，它们在网站建设方面很成功，均进入全球华文网站前百名。日本的《中文导报》在坚持报道内容独特性的同时，也着手进行网络化的更新改造，策划创设新的网络媒体。

总体来说，现今80%以上的海外华文报刊创建了官方网站，把信息挂上网，建立官方在线资讯平台，开设官方微博平台、微信公众号、手机客户端等，以实现传统媒体与新媒体的互动传播、融合报道，贴近年轻一代的读者。不少华文新闻媒体甚至在创办时直接定位为网络媒体，如马来西亚的独立新闻在线、新加坡华文报业控股集团创办的OMY（青年移动与在线平台），发展较为迅猛。华文报刊网络化后，其受众面大为扩展。《侨报》于2013年4月正式开通的官方微信公众号“侨报网”，属于运营较早的海外华文媒体微信公众号。“侨报网”公众号上的新闻95%以上是母媒体《侨报》提供的，在发布到公众号之前，会对原始内容进行二次加工，令其新闻标题、叙事模式、语言风格更加活泼风趣。

随着网络的迅速发展，华语网络电视也随之迅速发展。这些网络电视成本相对较低，不仅能为观众提供大量适时的点播节目，而且可供观众自由上传视频和观看节目，这些服务是传统电视所无法企及的。网络电视由于节目丰富、收看方便，已经成为海外华文媒体新的发展领域。

思考题

1. 应怎样理解早期广东和福建华侨与海上丝绸之路的关系？
2. 近代华侨在世界经济体系中扮演着什么样的角色？
3. 当代中国新移民潮有什么重要特点？

推荐阅读

1. 庄国土．世界华侨华人简史［M］．广州：暨南大学出版社，2014.

2. 孔飞力．他者中的华人：中国近现代移民史［M］．李明欢，译．南京：江苏人民出版社，2016.

3. 朱杰勤．华侨史［M］．桂林：广西师范大学出版社，2011.

4. 赵红英，张春旺，巫秋玉．华侨史概要［M］．北京：中国华侨出版社，2015.

第二章

华侨与辛亥革命

一百多年前的辛亥革命，结束了中国两千多年的封建专制，揭开了近代中华民族复兴的序幕，凝聚了华侨同胞追求自由进步、民族独立和国家富强的强烈愿望。伟大的民主革命先行者孙中山先生，领导了这场深刻的社会变革，海外侨胞则首次深度参与了这场伟大的爱国政治运动。孙中山一生中，约有一半时间奔走于海外。他与华侨建立的密切关系，为辛亥革命积聚了广泛的海外群众基础。因此，在辛亥革命中，华侨不分方言、不分来源地、不分帮派，走到了一起，国家认同意识开始形成，中华文化认同也得到强化，与祖国和家乡的联系更加密切。经过辛亥革命波澜壮阔的风雨洗礼，中华民族大家庭的观念深深地烙刻在海内外中华儿女心中。通过辛亥革命，华侨中涌现出大批政治人才。参加辛亥革命，堪称华侨华人史上浓墨重彩的一章。

参加辛亥革命的华侨以美国、加拿大、东南亚和日本为最多。下面主要对这些地区华侨支持辛亥革命的情况作一概述。华侨人物的事迹，主要限于辛亥革命时期。

第一节　辛亥革命爆发前革命思想在海外华侨社会的传播

辛亥革命前，海外华侨忙于生计，由于来自中国的消息稀少而滞后，因此他们对国内的形势变化了解不多，认识也较肤浅。19 世纪和 20 世纪之交，保皇派（也称维新派）和革命派先后来到南洋、日本和北美等地。为了争取华侨的支持，两派到处召开集会，发表演说，积极发展会员，在当地华侨社会中掀起了一场又一场如何改变封建中国的论争。随着形势的发展，越来越多华侨支持以革命方式改变中国，孙中山的思想在华侨社会中逐渐占了上风。

一、保皇派与革命派在北美华侨社会中的舆论争夺和人心归向

1848 年左右，华侨成群结队前往美国淘金。到了 1858 年左右，华侨则为了淘金争相来到加拿大。两国淘金潮过后，华侨又分别就地参加了修建横贯美加两国东西的铁路。当时参加修建两国铁路的，还有从中国招募的华工。这一时期来自中国的华侨越来越多。在淘金和修建铁路风潮过后，两国华侨开始向住在国的东部流散，并在不同的城镇安顿下来，自谋生计。1882 年美国颁布排华法以及 1885 年加拿大开始征收人头税后，华侨入境越来越困难，但仍有不少人通过各种方式进入两国。以康有为、梁启超为首的保皇派和以孙中山为代表的革命派在 20 世纪初来到北美时，华侨社会已经发展到了第二、三代。

1904—1905 年，保皇派在加拿大和美国建立了很多保皇会组织。康有为及其追随者先后到过两国，频繁开展活动。为吸引华侨加入保皇会，康有为经常进行演说，保皇会也常邀请那些支持他们主张的当地华侨名流，或从其他地方来的保皇会积极分子，发表专场演说，宣传“保皇救国”，同时在华侨中进行募捐和集资。由此得来的资金由康有为掌控，用作保皇会的活动经费，同时对多个行业进行投资，部分投资以类似认股的方式进行。但是，这些投资均以亏损告终，参与其中的华侨损失惨重，纷纷抱怨康有为，因此也增加了他们对保皇会的疏离感。

保皇会中不少人受过良好的旧式教育，擅长办报与宣传。因此，保皇会在其势力较大的地方创办了不少报刊，包括檀香山的《新中国报》、旧金山的《文兴日报》《世界日报》《金港日报》《大同日报》、纽约的《中国维新报》、加拿大的《华英日报》《日兴报》《中华维新报》等。① 这些报刊不仅有助于当地华侨了解中国和家乡的形势变化，也强化了部分华侨的“保皇救国”意识。

孙中山与其他革命党人来到美国和加拿大后，与保皇派发生了激烈的思想交锋。孙中山多次来回穿梭于美国和加拿大的华埠之间，在华侨中进行演说。他以理服人，争取到越来越多洪门成员的支持。洪门在美加两国的历史悠久，其成员多为中下层华侨。起初，革命派和保皇派对洪门的争夺形成拉锯之势，但经过孙中山和其他革命党人的不懈努力，多数华侨逐渐摒弃了康有为的“保皇救国”理念，接受了孙中山的主张，向革命阵营“倒戈”。

---

① 马洪林．康有为大传［M］．沈阳：辽宁人民出版社，1988：373；林克光．革新派巨人康有为［M］．北京：中国人民大学出版社，1990：395. 关于各地保皇派报纸名称的说法不一，此处所列仅供参考。

二、南洋（东南亚）华侨知识精英创办的媒体

清朝入主中原后，福建和广东等沿海省份的下层民众，断断续续地流走于东南亚一带，称“下南洋”。鸦片战争后，“下南洋”的人越来越多，其中包括一部分不满时政的知识分子，很多人后来在戊戌变法时期成为保皇派或革命派。1898 年戊戌变法失败后，康有为和一些维新变法人士曾经逃到南洋避难。孙中山等人在前去北美和日本途中常路过南洋，历次参加国内武装起义的一些革命派人士失败后也逃往南洋，故在南洋华侨中，保皇派和革命派都有较广泛的群众基础，都拥有强大的支持力量。辛亥革命前，南洋华侨中最关心祖国命运的主要是爱国的华侨知识分子和富商。他们通过亲自创办或支持创办报刊的方式，向当地华侨社会和中国传播维新或革命思想。随着清朝日渐腐朽，一些原先支持康有为主张的人，思想观念也发生转变，转而支持孙中山的革命主张。

薛有礼，祖籍福建漳清，1851 年生于新加坡，幼年在新加坡接受英文教育，曾回国就读长达 10 年。1881 年，他毅然辞去新加坡汇丰银行买办一职，创办了南洋地区首份华文报纸——《叻报》。筹办时，薛有礼请父亲从厦门购运排印铅字及印刷机器，并重金延聘香港《中外新报》编辑叶季允为主笔，后来叶季允主持《叻报》笔政达 40 年之久。薛有礼曾被推为新加坡议员，但他坚辞不就，一心办报，乐此不疲。由于华侨中识字的人少，该报发行量有限，无利可图，还时有亏损。《叻报》对当地华侨了解中国国内外形势有一定帮助，但其政治立场较为守旧，还曾与主张革命的《图南日报》《南洋总汇报》《中兴日报》进行过论战。

在南洋华侨知识分子中，较早独立开展维新变法宣传的是邱菽园。他于 1874 年生于福建漳州海澄县，六岁离乡到新加坡，由父亲聘名师在家中教习中华典籍。1894 年，邱菽园遵父命返国参加乡试并中举。这一年中国在甲午战争中战败，次年与日本签订割地赔款的《马关条约》，康有为等人遂联合在北京的十八省举子上书拒和。当时邱菽园恰好在北京，便参与上书，因此丢掉仕途，矢志变法图强。1898 年 5 月，邱菽园在新加坡独资创办《天南新报》，自任总理兼总主笔。该报关注中国时局，常常发表文章支持维新派，拥护君主立宪。1899 年，邱菽园组建保皇会，并在次年将康有为迎到新加坡。

陈楚楠，祖籍福建厦门，1884 年生于新加坡。19 世纪末，陈楚楠对邱菽园的保皇行为感到不满，与他绝交。陈楚楠遍览当时的新思潮刊物，知悉中国时局变化，思想越来越激进，逐渐摒弃保皇立场，倾向革命。他常常以“思明州之少年”的笔名向《天南日报》及香港的《中国日报》投稿。1903 年，上海“《苏报》案”案发，章炳麟、邹容被拘于上海英租界。陈楚楠风闻清廷欲将章、邹二人执捕究办，便与张永福等人以“小桃源俱乐部”的名义，致电外国驻上海领事团，请他们出面相救，结果此举奏效，

章、邹二人未被交清廷审办。

张永福，祖籍广东潮州饶平县，1872 年生于新加坡。“《苏报》案”发生后，他与陈楚楠深知报刊对倡导民主共和的重要性，便在 1904 年合资筹创了《图南日报》。但该报备受顽固势力攻击，加上当时南洋华侨风气尚属保守，印数较少，自费订阅者甚少，免费赠阅的多。二人艰难撑持，经营了两年左右，最终由于流动资金难以为继，雇员离散，只好停办。在此期间，张永福与陈楚楠将邹容《革命军》一书改名《图存篇》，翻印了两万多册，委托新加坡孔明斋书店代售。同时，他们托黄乃裳等人密携数千册回国，在福建、广东等地分送，还将此书寄达所在地方的清廷府衙。1905 年春节前，《图南日报》印制了一批印有反清字样的日历牌，分赠南洋英、荷殖民地的华侨。

《图南日报》停办两个月后，张永福等人合股创办了《南洋总汇报》。该报最初的主持人为陈楚楠和张永福，坚持《图南日报》宗旨，文字激进。1906 年春，股东大会抽签决定由谁来执掌报业经营权，结果被保皇派一方抽得。张永福觉得难以与其合流，便与陈楚楠一起撤回原股，退出《南洋总汇报》。新加坡同盟会成立后，张永福、陈楚楠及林义顺等人在各埠华侨中筹集资金，办起了《中兴日报》，成为新的革命“喉舌”。张永福任该报主席，林义顺任司理。可惜因财政短缺，又因忽略经营效益，该报在 1908 年停办。

郑聘廷，1872 年生于福建安溪，少年和青年时在惠安、厦门等地读书，信仰基督教。1897 年，他应聘赴槟榔屿任圣公会传道，不久转往新加坡，次年任新加坡长老会牧师。他当时与陈楚楠在一个书报社相识，彼此乐为社友。这个书报社名为传道场所，实为宣传革命的园地。郑聘廷在书报社里读到了大量国内外报刊。1906 年，新加坡同盟会成立，南洋各地的华侨书报社纷纷成立。新加坡书报社成了同盟会的外围组织，并按期敦请名人（如胡汉民等）到会演说，传播革命思想。

黄乃裳，福建闽清人，1849 年生，少年时半耕半读，46 岁中举人。1896 年，他创办《福报》，这是福建近代第一份报纸，鼓吹改革弊政，实行宪政维新。1898 年，他因戊戌变法而留在北京，每日奔走于“戊戌六君子”及主张新学的京官之间，跟他们讨论维新变法。变法失败后，黄乃裳被列为案犯，在友人关照下仓促逃回福建。1899 年秋，黄乃裳应新加坡《星报》邀请，前往新加坡任总编辑。1900 年夏，黄乃裳在新加坡结识孙中山，两人在孙的寓所晤谈了四次。此后直至 1904 年，黄乃裳等人主要在福建招工前往北婆罗洲的沙捞越垦殖。垦殖队回国后不久，他再次来到新加坡，与陈楚楠和张永福结交，自告奋勇将陈、张二人翻印的邹容《革命军》一书 5 000 册冒险带回国内散发。黄乃裳于 1906 年夏在新加坡加入同盟会，同年秋在新加坡、槟榔屿华侨中演说十余日，倡导革命。

萧佛成，籍贯闽南，1862 年生于曼谷，童年入读曼谷华侨私塾。1900 年，孙中山派陈少白在香港创办反清报纸《中国日报》。1905 年，萧佛成与陈少白、冯自由等人互通声息，随即与香山人陈景华等人创办《美南日报》，接着改组为《湄南日报》。由于保皇党人徐勤到暹罗游说，《湄南日报》分裂为《启南日报》与《华暹日报》。《华暹日报》为萧佛成于1907年在曼谷所创办，他自任社长。该报中文版由萧佛成与陈景华任主笔，暹文版则由萧佛成的女儿任主笔。

徐赞周，福建厦门徐厝村人，生于1873年，1891年孤身经新加坡、槟城等地到仰光，勤俭起家。1906年春，孙中山派人到仰光筹设中国同盟会分会，徐赞周第一个参加，被委任为主盟人。同年夏，他与庄银安、张永福等人创办同盟会机关报《光华报》，担任助理编辑。该报的影响广及南洋、美洲各华埠，后来被保皇派所收购，易名为《商务报》，成为保皇派“喉舌”。徐赞周联络同盟会会员，集资复办《光华报》，与《商务报》展开笔战。同年秋，徐赞周创办《商务调查月报》，宣传革命，可惜仅出了两期便告停止。1910年，《光华报》被勒令停刊。徐赞周又创办了《进化报》和《缅甸公报》，继续宣传革命。

三、日本华侨社会的舆论争夺

近代的日本华侨主要来自沿海的福建、浙江、山东和广东等省，经商者居多。1894年中日甲午战争后，日本严格限制华侨入境，很多人不得不回国，但战争结束后不久，去者复来，还带来了更多华侨。晚清的日本华侨还包括一部分中国青年留学生，他们虽属清政府官派，但在日本接触了当代进步思潮，与孙中山等革命派人士多有接触，思想敏锐，敢说敢干，在辛亥革命中作了很大贡献。他们在日本办反清杂志，一些人还成了辛亥革命的风云人物。例如湖南善化（今长沙市）人黄兴，就是日本留学生领袖之一，后来成了辛亥革命重要领导人，与孙中山并称“孙黄”。

图2－1　“铁血大丈夫”黄兴

19世纪90年代到1911年，为日本华文报刊的全盛时期。这期间的华文报刊中，既有倾向改良的，也有支持革命的。同盟会成立前，改良派的报刊占主流地位。同盟会成立后，革命派的报刊逐渐占据优势。

两派在日本华侨中争夺思想阵地的斗争在19世纪末就已开始。1898年戊戌变法失败后，康有为和梁启超亡命日本，在报刊上鼓吹维新变法，攻击革命。以孙中山为首的革命派以华文报刊为阵地，与保皇派展开大论战。当时亚、美、欧、大洋等几大洲的华侨及其所办的报刊，先后卷入了这场论战。

日本最早的华文报刊是保皇派的《清议报》，1898 年 10 月在横滨创刊，1901 年 11 月停刊，总共发行 100 期，名义上的编辑兼发行人是华侨冯镜如，实际主编为梁启超。该报为旬刊，发行量 3 000 多份，行销日本、朝鲜、东南亚、欧美、澳大利亚等国家和地区，在中国的销售量最大。《东亚报》1898 年在神户东亚报馆发行，深受康、梁改良派的影响。该报在翻译的同时，十分重视对时局的快速报道，以中国沿海各省以及海外华侨聚居地为销售点。《日华新报》于 1904 年前后至 20 世纪 20 年代中期在神户发行，每月 6 次，中、日语言合用，大部分销往上海、香港、天津、牛庄、汉口等地，其他读者为旅日华商、官吏、留学生和居住在法国、美国的留学生。

随着两派在日本论争的深入，鼓吹革命的刊物越来越多，影响越来越大。最早出版的鼓吹革命的刊物是《译书汇编》（月刊），起初以译介欧美及日本的政治、法律学说为主，亦涉及经济、外交、历史、哲学诸领域，对中国学术界有较大影响。

《开智录》是 20 世纪初旅日留学生中最早出现的宣传革命的刊物之一，为郑贯一、冯自由等人于 1900 年冬在横滨创办。《开智录》阐述自由平等、天赋人权思想，翻译介绍了卢梭的《民约论》等书，公开号召进行反清革命，但仅出版了十多期。①

1900 年，秦力山在安徽大通举事失败后东渡日本，戢元丞、沈云翔等人从汉口亡命日本。他们志同道合，于 1901 年 5 月一起在东京编辑出版了《国民报》（月刊）。该刊物鼓吹革命，反对保皇，措辞激烈，是中国留日学生中首份有鲜明特色的革命刊物，曾得到孙中山关怀，可惜仅出版 4 期便因经费困难而停刊。

《民报》（月刊）是同盟会机关刊物，1905 年 11 月创刊于东京。孙中山亲自为《民报》撰写了发刊词，首次将同盟会的十六字纲领概括为“三大主义”，即“三民主义”。该刊物最初的编撰人为胡汉民，经理为陈天华，主要撰稿人有陈天华、胡汉民、朱执信等。

《民报》创刊后，留学生编辑发行的刊物进入了一个新高潮。1906—1908 年出版的革命报刊有几十种，影响力较大的有《复报》《云南》《四川》《河南》《夏声》《梅州》《中国新女界》等。特别是 1907 年 2 月创刊于东京的《中国新女界》（月刊），宣传妇女解放，主张男女平等。革命派以《民报》为中心，与保皇派的《新民丛报》展开激烈论战。在其影响下，倾向革命的爱国侨胞在新加坡、檀香山、旧金山、香港等地创办了多种报刊，形成了强大舆论攻势，保皇派势力节节败退。

1906 年 12 月 2 日，同盟会在东京召开《民报》创刊一周年纪念大会，与会的留学生和华侨有六七千人，孙中山在大会上发表演说，系统阐述了“三民主义”和“五权分立”思想。1906—1907 年，清政府玩弄“预备立宪”把戏，梁启超在东京组织“政

---

① 罗晃潮. 日本华侨史［M］. 广州：广东高等教育出版社，1994：276.

闻社”推波助澜，为保皇党人壮胆。1907 年 10 月 17 日，他们召开筹备会，公开征召会员。梁启超在会上兜售保皇主义，攻击革命派，受到与会的革命党人、拥护革命的留学生和华侨的责问与围攻。这件事情说明了保皇派的衰落和革命派的兴盛。梁启超的《新民丛报》也在这一年停刊。

第二节　华侨对辛亥革命的参与和贡献

综上所述，19 世纪末 20 世纪初，以孙中山为首的革命派联合华侨中的先进分子，与保皇派展开激烈论战，越来越多侨胞受到先进思想的启蒙，接受了孙中山的主张。在此基础上，广大华侨越来越坚定地支持孙中山领导的革命事业，纷纷加入革命组织，为国内起义提供力所能及的财力支持。不少人还义无反顾地回国参加武装起义，舍身成仁，慷慨就义。广大华侨为辛亥革命的成功作出了不可磨灭的贡献，光照千秋，与日月同辉。

一、辛亥革命前海外华侨建立的革命组织

为动员华侨开展推翻中国封建帝制斗争，辛亥革命前，孙中山团结华侨中的仁人志士，在日本、北美和南洋等地的华侨社会中建立了很多革命组织。

（一）日本

在孙中山矢志推翻清朝统治的 40 余年革命生涯中，他先后 15 次到日本，有 1/4 的时间是在日本活动，日本实际上成了他领导革命运动的大本营。

日本华侨社会中分布着各种类型的华侨社团，当时不少社团与清政府关系密切。以留学生为主要反清力量的旅日华侨，便另起炉灶组建革命组织。

1891 年，华侨郑贯一、冯自由与留学生李自重、王宠惠等，共同组织了革命团体“广东独立协会”，得到当时在横滨的孙中山支持，许多广东籍留学生和华侨积极参加。

横滨兴中会是孙中山在海外华侨中建立的第一个兴中会分会。孙中山先是在檀香山建立兴中会，1895 年 1 月回国途中路过横滨。具有反清思想的冯镜如、冯紫珊兄弟得知此事后，即与革命派取得联系。同年 11 月，当孙中山与陈少白、郑士良等人因第一次广州起义流产而乘日本货轮逃亡到横滨时，得到冯镜如接待，两人一见如故。孙中山召集日本留学生及侨胞数十人，组建了兴中会横滨分会，共推冯镜如为会长。① 入会者

① 从兴中会至辛亥革命的记述：李自重回忆录［M］//中国人民政治协商会议广东委员会文史资料研究委员会．广东辛亥革命史料．广州：广东人民出版社，1981：204.

多为华侨中下阶层，来自广东省南海、新会、香山、三水等地，在日本游学的秋瑾也加入其中。

中和堂是广东籍横滨华侨、海员工人组织的俱乐部，与保皇派展开斗争。中和堂在横滨兴中会活动停滞时，实际上成了革命活动的主力。

1902 年 4 月，章太炎、秦力山、冯自由等人在日本发起“支那亡国二百四十二周年纪念会”，并在东京上野精养轩举行反清活动。孙中山特地带来华侨十余人，从横滨赶到东京参会。1903 年，冯自由等人受孙中山委托，在横滨筹组洪门“三合会”，1904 年冬正式成立。该会以推翻清朝、恢复中华为宗旨，秘密联络和发展会党人士为会员。此外，1900 年后留日学生成立的革命组织还有励志社、青年会、浙学会等。

在各种革命组织的基础上，孙中山于 1905 年 7 月底由欧洲返回东京，与黄兴等人分头邀请各省倾向革命的留学生到东京参与成立中国同盟会的筹备会议。在此之前，黄兴 1904 年 10 月在长沙起义失败，与华兴会骨干陈天华、宋教仁等人先后流亡日本。黄兴经日本友人宫崎寅藏介绍见到孙中山。孙中山提议各个革命小团体联合起来，共同致力于革命，得到黄兴赞同。1905 年 8 月，同盟会成立大会在东京召开，与会会员达 300 人。大会通过了同盟会《总章》和《军政府宣言》（即《同盟会宣言》），孙中山被推举为总理，下分设执行、评议、司法三部，冯自由等 20 人担任评议部议员。同盟会是孙中山等人建立的中国第一个革命政党，标志着中国的反清革命运动有了统一的领导中心。中国同盟会成立后，在香港地区以及南洋、欧洲、美洲各地陆续建立了分会。中国同盟会在东京成立后，由于没有合适的主持人，1907 年下半年起处于名存实亡状态。

1911 年，留日学生总会在东京召开有 1 200 余人参与的大会，决议组织中国国民会，在中国各省建立国民军。同盟会东京本部执行部书记李肇甫出任国民会理事长。① 1911 年 11 月 26 日，日本华侨在中华总商会的基础上成立了“中华民国侨商统一联合会”，继续支持革命，福建籍华侨王敬祥当选为会长。

（二）北美地区

早在 1894 年 11 月，孙中山就在夏威夷②檀香山创立了第一个民主革命团体——兴中会。当时孙中山的哥哥孙眉帮助他多方游说，有二三十人入会，邓荫南也倾囊相助。兴中会在夏威夷成立后，孙中山派人到美洲、越南和日本等地发展会员，很多地方相继建立了兴中会分支机构。

兴中会有秘密团体的特点，社会基础不广，成员素质偏低，难当大任，故 1895 年

---

① 庄国土，刘文正．东亚华人社会的形成和发展［M］．厦门：厦门大学出版社，2009：145.

② 夏威夷直到 1959 年才成为美国第 50 个州。

广州起义及1900年惠州起义失败后，孙中山曾号召各省组织的革命团体要扩大群众基础，他本人也注重结识留学生中的革命志士和爱国华侨。1902—1903年，孙中山创立中华革命党，定下誓词为“驱除鞑虏、恢复中华、创立民国、平均地权”。1903年9月，孙中山在日本东京秘密创办青山革命军事学校，之后到檀香山建立革命团体，用“中华革命军”代替了“兴中会”之名。

在北美地区，孙中山建立革命组织的方式主要是改造洪门致公堂。致公堂在北美人多势众，华侨十之八九名列其中。致公堂内部组织严密，规章制度繁多，加入者要参与一种传统仪式，还要学会一套暗语、手势、规矩等。美国致公堂在旧金山设有总堂，其他凡有华侨的城镇均有分堂，隶属于旧金山总堂。加拿大致公堂与美国致公堂南北呼应，势力最大的华埠是温哥华。由于康有为等人捷足先登，保皇派挤进了许多地方的致公堂领导层，所以革命派与保皇派交锋的重点是争取洪门的支持。

出于争取、团结华侨群众的需要，孙中山先是于1895年在檀香山加入了致公堂，主盟人给他以“红棍”（洪门领袖之称）身份。随后，孙中山来到美国，但在旧金山港口码头被拘多日，并被判出境。旧金山洪门致公堂总堂负责人黄三德、唐琼昌闻讯后倾力相救，将他保释入境。孙中山入境后，当地华侨待同属致公堂成员的孙中山如上宾。此后，孙中山在美国的主要工作是促使致公堂这一会党团体逐步向革命政党转化。

1896年6月，孙中山再次从檀香山来到旧金山，并奔走于其他华埠，联络洪门致公堂，宣传革命。1897年7月，孙中山第一次访问加拿大，在从东部到西部的20天行程中，他到过蒙特利尔、温哥华、维多利亚等地的侨团，传播革命火种。虽然此时孙中山未能让北美的洪门众都赞成革命，但已打下了一定基础。

1899年，康有为来到加拿大维多利亚组建保皇会，宣扬“保皇救国”主张。1903年，梁启超又访问加拿大。在康、梁鼓动下，加拿大的保皇会组织十分兴旺。康有为趁热打铁，派遣其弟子多人分别前往美国以及中美洲、南美洲等地有华侨居住的城市开展活动，到处组建保皇会。1905年，康有为在美国待了近一年。此后数年间，美国的保皇会十分活跃。保皇会极盛时，其影响扩大到墨西哥以及中美洲、南美洲一些国家，据说建立了11个总会、103个支会，会员多至百万余人。① 当然，这些保皇会组织在动员华侨关心祖国政治方面起了一定作用，后来加入孙中山革命组织的华侨中，就有一部分原先的保皇会会员。

1903年10月，孙中山再到美国。他先得到致公堂总堂负责人黄三德的信任和支持，改组了保皇派把持的致公堂机关报《大同日报》，将之变成革命党的“喉舌”。孙中山还征得黄三德同意，亲自为致公堂重订章程。1904年5月，孙中山与黄三德从旧金山出发，前往美国各地，在洪门会众中开展宣传。所到之处，黄三德必“开台演戏”

---

① 马洪林．康有为大传［M］．沈阳：辽宁人民出版社，1988：372.

（洪门招收会员的拜盟仪式），孙中山则发表演说，阐释“驱除鞑虏、恢复中华、建立民国、平均地权”，驳斥保皇派的主张，受到广大华侨尤其是洪门人士的拥护。

在此次美洲之行中，孙中山还结识了著名侨领司徒美堂（后来成为中国致公党创始人）。当时华侨社会内部围绕反清和保皇的矛盾急剧加深，司徒美堂联合致公堂里的部分反清热血青年，在波士顿成立了安良堂。该堂以除暴安良、锄强扶弱为宗旨，并聘请罗斯福（后为美国总统）担任法律顾问。1904 年秋，孙中山来到波士顿，与司徒美堂一见如故，畅谈甚欢，司徒美堂觉得“在政治上顿开茅塞”，逐步认识到在中国进行革命的意义。此后，司徒美堂做了大量支援反清革命的工作，安良堂成了孙中山在美洲联系华侨的重要平台。

孙中山从欧洲回到日本后，于 1905 年在东京成立了中国同盟会，随后在纽约成立了同盟会分会，华侨踊跃加入。但不到两年，纽约分会会员锐减。孙中山闻讯，再次专程到美国找司徒美堂。两人决定以致公堂为平台，为同盟会发展革命力量。

1905 年后的数年间，在孙中山和其他革命党人有理有据的反击下，保皇党势力渐渐处于下风，华侨人心日渐倾向支持孙中山。1909 年 11 月到 1910 年 2 月，孙中山到纽约、芝加哥、波士顿、洛杉矶和旧金山等地时，均受到侨胞热烈欢迎。他在旧金山逗留了一个多月，将旧金山进步青年组织少年学社改组为中国同盟会分会，又将同盟会盟书改名为中华革命党盟书，参加者称中华革命党党员，誓词也改为“废灭鞑虏清朝，创立中华民国，实行民生主义”。美国西部一些城市也陆续建立了同盟会分会，并成立了同盟会美国总支部。孙中山亲自主持成立“中国同盟会美洲三藩市总会”（通称“美洲同盟总会”），统一领导美洲华侨革命力量。遵照孙中山的意见，旧金山华侨所办的《美洲少年》（周刊）改名为《少年中国晨报》，成为美洲同盟总会机关报。

1910 年 3 月下旬，孙中山离开旧金山到檀香山，把檀香山兴中会改为同盟会分会，并扩大该组织。华侨竞相要求参加，一个晚上就有 100 多人入会。一个月内，檀香山加入同盟会的华侨达 800 余人，且在茂宜、希洛两个岛建立了同盟会分会。

1911 年 1 月，孙中山再到美国，2 月由西雅图转赴加拿大，访问了温哥华、维多利亚、坎卢普斯等城市的华侨，并先后在温哥华、维多利亚两地成立了同盟会分会。4 月，孙中山由加拿大返抵美国，在纽约、芝加哥、波士顿、华盛顿、洛杉矶、旧金山等华埠开展革命活动。在芝加哥时，他看到美国报纸上广州黄花岗起义失败的消息，意志更坚定，决心依靠洪门会党继续革命。5 月，孙中山来到旧金山，与李是男（旧金山美洲同盟总会会长）和黄三德（致公堂总堂负责人）反复商量，决定将同盟会并入洪门。凡以前没有加入洪门的同盟会会员，一律加入洪门致公堂。这样一来，同盟会便成了洪门的一个组织。双方在《大同日报》和《少年中国晨报》联合刊登布告，并通告各埠所属同盟会和致公堂实行联合。

1911 年 7 月，孙中山在旧金山成立“中华革命军筹饷局”（又称洪门筹饷局，对外称国民救济局），并发布筹饷约章。中华革命党和中华革命军两个名称并行不悖。此外，冯自由于 1911 年夏策划温哥华同盟会分会成立大会。同年初秋，冯自由奉孙中山电召，前往旧金山调和当地同盟会与致公堂的关系。武昌起义爆发后，冯自由从美国返回中国，受到同盟会、致公堂、洪门筹饷局三大团体推举，以旅美华侨革命党总代表的身份加入革命政府。

（三）南洋地区

南洋是孙中山等革命领袖经常到访之地，当地华侨，尤其是侨团领导人或有威望的侨领，常有机会接待他们。很多侨领受孙中山等人的影响，接受他们的政治和革命主张。

伍佐南，1880 年生，广东梅县松南人，年约 13 岁就前往暹罗谋生，在其父逝世后继承家业，后来成为左右暹罗市场的商业巨子。孙中山奔走南洋宣传革命时途经暹罗，伍佐南前往拜晤，两人结交。伍佐南帮助孙中山筹设“中华会所”，团结侨胞，还捐资支援革命。

1905 年 7 月，孙中山自欧洲乘法国邮轮赴日途中又到了新加坡，林义顺等人登船与他相见，孙中山嘱咐他们先在南洋各地筹备同盟会分会。1906 年初，孙中山再到新加坡，与当地华侨共同起草了新加坡同盟会盟书，并同推陈楚楠为会长、张永福为副会长。新加坡同盟会名义上为中国同盟会的新加坡分会，同时也有作为南洋英、荷属殖民地机关总部的功能

林义顺也是第一批入会的新加坡同盟会骨干。他受孙中山委派，先后前往马来半岛的芙蓉、吉隆坡、怡保、槟城等处建立同盟会分会，扩大了同盟会在南洋的影响。

1907 年，孙中山与胡汉民来到新加坡，重组新加坡同盟会。同年，同盟会新加坡分会召开会员大会，郑聘廷与黄乃裳、许雪秋、林文庆、陈嘉庚等人先后入会。张永福被选为会长，陈楚楠被选为副会长兼财政主任。在这一过程中，南洋华侨积极加入革命组织，仅新马地区的同盟会会员就达三四万人。

孙中山约在 1906 年派人到曼谷，就组建同盟会一事与萧佛成磋商，同时成立中华会馆，作为掩护革命活动的机构。1908 年冬，孙中山与胡汉民等人从新加坡来到曼谷，受到华侨志士及三合会人士秘密集会欢迎。随后，同盟会暹罗分会成立，萧佛成被推选为会长。

1910 年 7 月，孙中山离开日本到达槟榔屿后，同盟会南洋支部也由新加坡迁来这里。孙中山欲改同盟会南洋支部为中华革命党，但时过不久，孙中山就被南洋英殖民当局勒令出境。于是，他在 12 月前往欧美筹款，在槟榔屿改组中华革命党一事便没有实行。

1911 年春，徐赞周发起成立“缅甸华侨兴商公司”（后改名“缅甸华侨兴商总会”），支持祖国革命。武昌起义时，徐赞周先后担任缅甸同盟会参谋部部长、筹饷会会长等。赖徐赞周等人之力，缅甸同盟会成为海外会员最多的同盟会之一，会员遍布缅甸各个主要埠头，为革命贡献甚多。1912 年春，徐赞周继任缅甸的中国同盟会会长。同年夏，他因从商而辞去会长一职，但仍念念不忘革命。

二、海外华侨积极捐款支持辛亥革命

海外华侨的捐款是孙中山开展革命活动的主要经费来源。特别是组织武装起义，需要大量经费和巨额军饷。海外华侨义无反顾，不遗余力，解囊相助。据粗略统计，辛亥革命期间，海外华侨的捐款总数达 700 万 ~800 万港元。①

（一）北美华侨热情捐款支持反清大业

如前所述，美国华侨最早的捐款，起源于康有为以保皇会名义发起的“招股”集资活动。不少华侨听信康有为的说法，认为通过“保皇救国”的改良主义方式，不用流血就可以改变中国，于是纷纷参与集资活动。但由于康有为投资活动的失败，越来越多华侨对康有为和保皇会失去信心，加上保皇会内部离心倾向日益严重，于是华侨逐渐转向支持孙中山的革命阵营。

孙中山一开始就走武装反清夺取政权的道路。武装起义需要大量经费充作军饷和购买武器弹药。在这方面，孙中山的哥哥孙眉对革命事业的帮助极大。孙眉生于 1854 年，很早就在夏威夷首府檀香山经营农场。1894 年 10 月，孙中山从上海经日本到檀香山，旨在进行推翻清朝的宣传，并为发动起义筹募经费。孙中山在檀香山成立兴中会时，孙眉帮助弟弟多方游说，并利用自己在檀香山的广泛人脉关系筹集款项。孙眉在檀香山的筹款，开启了华侨捐资支持革命的光荣篇章。1894 年孙中山筹得一笔起义经费后，即提议发动兴中会会员开展军事操练，为回国起义做准备。

1895 年初，孙眉贱价出售部分牛牲，资助孙中山计划于重阳节在广州发动的武装起义，后因谋事不密而失败。1903 年秋，孙中山由日本到檀香山时，孙眉又带头变卖牲畜千余头，认购孙中山发行的军需债券。孙眉一生慷慨资助孙中山进行革命活动的费用数以十万美元计，其中包括两年间以瓦胡岛和茂宜岛的上百份地产与股份的半数以上财产支援革命。

1907 年，孙中山谋划镇南关起义，发函黄三德请求筹款支持。黄三德接函后，即

---

① 据时任国务院侨务办公室主任李海峰在暨南大学、华侨大学承办的“海外华侨与辛亥革命”国际学术研讨会（广州）上的发言。参见：张冬冬．海外华侨对辛亥革命捐赠总额约达 800 万港元［EB/OL］．http：//www. chinanews. com. cn/zgqj/2011/08 -22/3273648. shtml.

联系各埠致公堂，筹得一笔美金寄给孙中山。他后来又陪孙中山到凤凰城、洛杉矶、旧金山等地，筹得一笔款项。1909 年孙中山在美国时，每到一地，沿途出席欢迎大会，发表演说，筹募经费，当地侨胞均踊跃捐款。孙中山把这些钱电汇给在香港的同盟会南方支部，作为起义经费。

黄花岗起义前后，革命党人因急需一笔巨款而致电孙中山，孙中山于是电请司徒美堂在美国发动华侨捐资，支持国内革命活动。司徒美堂二话不说，发动致公堂成员到全美各华埠筹集资金。黄花岗起义后，国内反清运动如火如荼。海外华侨殷切期望革命早日成功，捐款规模更大。连一些平日思想保守、不关心政治的人，也积极响应筹饷活动。1911 年 7 月成立的洪门筹饷局，其职员由致公堂和同盟会两个团体选任。黄三德为监督、朱三进和罗敦怡为总办（三人都是致公堂负责人），李是男（旧金山美洲同盟总会会长）为会计，其他各职也由两个团体分担。

洪门筹饷局先后到北美 14 个城市募捐，仅 5 个月时间就筹款超过 14 万美元。9 月初，孙中山和筹饷局演说员黄芸苏、张霭蕴、赵昱 4 人从旧金山出发，分南北两路，到美国各华埠募款。截至 10 月上旬，短短 30 多天内，北路的孙中山与黄芸苏已访问十多个城市。为了听孙中山等人的演说，侨胞闻风而来，甚至连老农、老圃也停止劳作前来参加。在踊跃捐款的侨胞中，普通华侨工人最多，有些已失业的华侨工人甚至向亲友借债捐款。此外，芝加哥华侨还支持孙中山设立一个叫“革命公司”的筹款机构，动员侨胞认购股票，承诺革命成功后加倍偿还。“革命股票”是芝加哥华侨的一大创举。1911 年 10 月中旬，武昌起义胜利的消息传来，美国侨胞欢欣鼓舞。

在加拿大，孙中山于 1911 年 2 月在温哥华、维多利亚等地举行演讲会，阐述武装起义的必要性，发动华侨出钱出力支援。在孙中山领导下，加拿大致公堂成立了“革命筹饷局”。温哥华致公堂首先开始捐款，各埠纷纷跟进，其中包括多伦多致公堂和蒙特利尔致公堂。冯自由向孙中山建议变卖洪门致公堂的堂产助饷。洪门热血青年在堂内会议上提出此议，与会者一致同意。当时变卖堂产向银行借款充作广州黄花岗起义军费的有维多利亚、多伦多、蒙特利尔、温哥华等地的致公堂。由于加拿大各埠华侨的捐款总额（主要来自维多利亚致公堂）高踞全球华侨支持广州起义捐款之首位，亦占广州起义全部经费的一半，故在广州黄花岗墓园的墓室上，将加拿大各埠名称刻于最高处，以表尊崇。加拿大各埠致公堂抵押的堂产，直到抗战胜利后才由会员筹款赎回。

（二）南洋华商对辛亥革命的慷慨经费支持

南洋华侨创业时间早，各个行业都涌现出一批拥有巨额财产的富商。难能可贵的是，大部分华侨富商关心祖国命运，希望祖国强大，长期以来支持家乡发展和公益福利事业，赢得了家乡民众的高度尊敬。大小华侨富商从一开始就支持祖国变法图强，到后来，很多人又支持孙中山等人通过武装起义推翻清政府。在南洋，华侨捐资支持辛亥革命，大多以个人名义进行。

南洋华侨最早资助的是从国内南来的维新派人士。康有为在维新变法失败后，于1899年流亡香港，邱菽园即出资接济他。新加坡保皇会成立时，邱菽园自任会长，并经康有为之手捐助叻币25万元，作为唐才常在汉口组织“勤王武装自立军”之用。①

祖籍广东潮安淇园乡的暹罗华侨郑智勇，约13岁时只身到暹罗谋生，逐渐积财浩巨而成为南洋潮侨首富。他约16岁时加入暹罗华侨秘密组织，讲义气，守信用，人称“二哥丰”。他无私支持辛亥革命，在1907年黄冈起义时积极捐资，用作革命经费。孙中山1908年在暹罗宣传革命时曾亲临郑智勇的“大夫第”，两人结为挚友。1911年，郑智勇闻知中华民国成立，即向南京临时政府捐献5万银圆，并派其五公子带一对大象牙到南京，祝贺孙中山就任大总统。之后，他还从华暹通商轮船公司自己的股份中拨了100万铢捐给广东都督府。②

1860年生于福建永定下洋镇的胡子春，13岁即随乡人乘“大眼鸡”船远渡马来亚谋生，渐成巨富，人称“锡矿大王”。一方面，他在辛亥革命爆发前曾投资粤汉等三条铁路，被清廷加封荣禄大夫等衔，又因有功于马来亚的繁荣，被英国殖民当局封为太平局绅。另一方面，他多次暗中捐巨款支持孙中山在南洋开展革命活动，同时捐资托人购买武器，为光复永定做准备。1911年11月，同盟会怡保分会召开会员大会，胡子春被推为大会主席。他带头捐献叻币5 000元，用作支持革命的基金。同年12月，广东都督胡汉民让他领导南洋华侨社会筹款，以满足革命军北伐之需。③

黄仲涵，祖籍福建同安，1866年生于荷属东印度的爪哇三宝垅。其父黄志信，早年参加福建小刀会起义，失败后亡命爪哇，在当地经商渐而起家。黄仲涵得益于父亲相助在当地发迹。武昌起义前，黄仲涵为革命党人向海外筹募军饷，以“轩辕后人”名义捐献5万荷兰盾。④

1844年出生的广东鹤山人陆佑，自幼父母双亡，被卖到南洋，后因在当地开采锡矿而暴富，逐步成为大企业主。他对孙中山在南洋的革命活动慷慨解囊相助，还资助邓

---

① 黄建淳．晚清新马华侨对国家认同之研究［M］．台北：台湾海外华人研究学会，1993：342－344.

② 潮汕华侨对祖国桑梓的贡献［M］//（广东省）政协潮州市文史资料征集编写委员会．潮州文史资料：第7辑．1988：42－43.

③ 福建省地方志编纂委员会．福建省志·华侨志［M］．福州：福建人民出版社，1992：152.

④ 吉原久仁夫．黄宗才访谈录［M］//吉原久仁夫．黄仲涵财团：东南亚第一企业帝国．周南京，译．北京：中国华侨出版公司，1993：249；祝秀侠．黄仲涵［M］//华侨协会总会．华侨名人传．台北：台湾黎明文化事业股份有限公司，1984：42.

泽如办《星洲晨报》宣传革命。①

1859年出生在广东梅县的丘燮亭，十六七岁即随亲戚到荷属东印度的巴达维亚做杂工，一步步成长为华商巨富。慈禧太后在戊戌政变后囚禁光绪皇帝，丘燮亭致电清廷表示抗议。丘燮亭对孙中山领导的反清武装起义多有捐助，如资助黄兴率义军攻打广州。

陈楚楠在孙中山数度发动的反清起义中直接承担筹款的重要职责。1894年初秋，孙中山在东京致函陈楚楠，委托他在南洋各埠以招股方式筹款200万元，作革命之资。1906年孙中山来到新加坡，计划在闽粤边境发动潮州黄冈起义，嘱陈楚楠等人筹款。陈楚楠和张永福等十余人随即筹募了3万多元。1907年在惠州七女湖、钦廉防城、钦康上思、广西镇南关、云南河口等地举行武装起义时，陈楚楠均遵照孙中山指示，不遗余力地筹款接济。

武昌起义后，郑聘廷马上在新加坡书报社开会，发动华侨募款支持。当时，福建当局省库空虚，也电请新加坡侨领予以支援。陈楚楠随即联合侨领筹款20余万元，以保安会会长陈嘉庚的名义汇去。②

（三）日本华侨尽力捐款支持革命

日本华侨虽数量不多，捐款数额不多，但他们坚决支持孙中山的革命斗争，体现了对祖国的赤子之心。

1895年孙中山在日本成立兴中会后，急需钱财去美洲从事革命活动，冯镜如、冯紫珊兄弟给了孙中山一笔款。③ 同盟会成立后，神户华侨首富吴锦堂带头捐款，并出让其当地私邸的一部分作为同盟会神户支部的办公场地。④ 冯自由在香港主持《中国日报》报务期间，积极筹款支持武装起义。各次起义募集的海外资金，多以中国日报社和李煜堂（冯自由岳父）的金利源药行作为中转处。1911年武昌起义后，革命党人朱少穆向横滨侨商募集到一笔万元巨款携带回国，交给沪军都督府。⑤

武昌起义不久，革命军遭到清军的反扑和列强势力的破坏，特别缺乏军饷、军械。1911年11月，祖籍福建金门的神户华侨王敬祥组织华侨成立了“中华民国侨商统一联

---

① 李文．我所知道的南洋华侨陆佑［M］//中国人民政治协商会议广东省广州市委员会文史资料研究委员会．广州文史资料选辑：第23辑．1981：217－218；石君．鹤山籍华侨实业家陆佑事迹介述［M］//（广东省）江门市政协文史资料研究委员会．江门文史：第18辑．1989：80－81.

② 冯自由．革命逸史：第6集［M］．北京：中华书局，1981：183－184.

③ 市川信爱，戴一峰．近代旅日华侨与东亚沿海地区交易圈——长崎华商“泰益号”文书研究［M］．厦门：厦门大学出版社，1994：139.

④ 郭振芝．著名旅日爱国侨商吴锦堂［M］//暨南大学华侨研究所．华侨研究．广州：广东高等教育出版社，1988：175.

⑤ 冯自由．革命逸史：第6集［M］．北京：中华书局，1981：182.

合会”，还被推选为会长，经办华侨军资义捐事务。① 王敬祥等人为劝说募款而热心奔走，筹集了一笔银两。横滨华侨缪菊辰、黄卓民等人发起爱国捐款，成立了捐款办事处，缪菊辰的女儿缪宗王当劝捐宣传员。筹到款项后，他们即派人送交南京临时政府。

可以说，为了救国图强，广大爱国华侨在辛亥革命中不图丝粟之利，不慕尺寸之位，一片赤诚，无私忘我，积极捐款支持革命。正是有了他们提供的一批又一批经费，孙中山才得以一次次发动起义，且能在每一次起义失败后重新出发，越挫越勇，最终推翻了清王朝的统治。

1912 年 1 月 1 日南京临时政府成立，是全球华侨的大喜事。不过，临时政府从成立的第一天起，就面临着迫在眉睫的财政窘境，连孙中山赴任临时大总统头一天，也身无分文。当时西方列强拒绝承认临时政府，也拒绝借款，令临时政府雪上加霜。一些地方的华侨知道临时政府的财政困难后，马上捐款支援。这些捐助，对陷于财政枯竭的中华民国新政权来说，犹如苦旱中遇上了及时雨。

三、亲身回国参加反清武装起义的华侨义士

在 1911 年武昌起义成功前，孙中山以华侨洪门会党义军为骨干力量，组织了 10 次反清武装起义。第一次为 1895 年兴中会领导的广州起义，可惜未及发动便因泄密而失败，兴中会会员陆皓东和洪门首领均被捕遇难。第二次为 1900 年的惠州起义，起义高潮时投军者达 2 万多人，可惜因无弹药接济，不得不自行解散。第三次为 1907 年的潮州黄冈起义，因与清军激战而势渐不支，最后自行解散。第四次为 1907 年的惠州七女湖起义，终因无弹药接济而自行解散。第五次为 1907 年的钦廉防城起义，因攻钦州失利，被迫退入广西十万大山。第六次为 1907 年的镇南关起义，义军与清军鏖战 7 天，因来援清军众多，遂由镇南关退入越南境内。第七次为 1907 年黄兴领导的钦廉上思起义，与两万清军交战，因弹尽粮绝而自行解散，余众遣归十万大山。第八次为 1908 年的云南河口起义，孙中山派黄兴回国领导，因清军大举来援，义军退入越南。第九次为 1910 年的广州新军起义，终因防营、民军未能及时响应而失败。第十次为 1911 年 4 月 27 日的黄花岗起义，黄兴率部攻击两广总督府，回国参战的华侨浴血奋战，终因敌强我弱而失败。

10 次起义中，反清义军冲锋在前，前赴后继，慷慨捐躯，可歌可泣。其中数黄花岗起义影响最大，最为悲壮感人。战后，经人检收的革命军战死及就义者遗骨 72 具，多为华侨，葬于黄花岗。除 10 次起义外，还有革命志士刺杀清朝王公大吏之举。

余东雄是黄花岗七十二烈士中年纪最小的。他祖籍广东南海，1894 年出生于马来亚霹雳州。虽然父亲和嫡堂兄都是当地巨商，但余东雄少怀大志，常与友人共习拳

---

① 段云章．孙中山的革命斗争与日本华侨［J］．华侨华人历史研究，1989（2）：7.

术，练就了弹无虚发的本领。1908 年，余东雄得知郭应章为革命党人，便与友人一同恳求，让郭应章介绍他们加入同盟会。余东雄与革命党人多次策划回国暗杀清朝官吏，都因不了解内情而未能成行。1910 年冬，郭应章在槟城会见孙中山、黄兴等人，得知国内革命党人将有重大行动，便将这消息告诉余东雄及其友人三人。三人坚求郭应章修书介绍其回国，得到允许。1911 年 2 月 27 日，余东雄回国，行前未告知母亲，到广州住下后才给母亲去信。4 月 27 日下午五时半，余东雄与战友负责轰炸两广总督府，他们一马当先，为大队开路。撤出总督府时，余东雄不幸中弹牺牲，年仅 18 岁。实际上，在黄花岗起义前 4 天，余东雄就已给南洋友人写了一封绝笔信，信中说："弟之生命早已置诸度外……视死如归，弟之素志，但求马革裹尸以为荣耳。从此或与先生长别，此函请作最后之永诀观可也。"其一去不返以死明志的决心跃然纸上，令人动容。

同为黄花岗七十二烈士之一的李雁南为广东新会人，约生于 1880 年。他为人慷慨，行侠好义，在 1895 年广州起义失败后加入三合会，携眷赴南洋，起初居住在槟榔屿，在此见到孙中山，后来全家来到缅甸做小本生意。1908 年缅甸同盟会支部成立，李雁南随即加入。1910 年冬广州起义前，革命党人聚集香港，李雁南闻讯，决定回国参加起义。当时缅甸同盟会支部派出 16 名志士，为最坚决的革命先锋队（敢死队），其中就有李雁南。他毅然变卖了所有缅甸家产，回广州待命。1911 年 4 月 27 日广州起义爆发，南洋先锋队由黄兴统率进攻两广总督府。李雁南在战斗中左手拇指被击断，只得隐伏起来，两天后被清兵捕获。他在审讯中大义凛然，慷慨陈词，终被枪杀，年仅 31 岁。

图 2－2 广州黄花岗七十二烈士墓

图 2－3　1911 年武昌起义军政府旧址

罗福星是广东镇平人，1886 年生于荷属东印度巴达维亚，1906 年夏随祖父迁居广东，经过厦门时经人介绍加入福建同盟会。1906 年底，他被派到爪哇一带视察华侨教育，次年转赴新加坡任华侨中学校长。1908 年 1 月，他在河内见到孙中山，随后经同盟会安排重回荷属东印度，任巴达维亚中华学校校长。之后，他与其他革命志士为筹款而奔走于荷属东印度各岛。得到广州起义将举的消息后，罗福星随即集合 17 名义士先期抵达香港待命。随后，他们陆续抵穗。4 月 27 日下午，罗福星等第一路 30 余人随黄兴进攻两广总督府，激战中他因左腿中流弹而撤离，后经香港出境，先到暹罗，再回巴达维亚。武昌起义爆发后，巴达维亚机关部电令罗福星在当地招募义军回国声援，先到上海，后移师苏州。不久南北和议成，华侨义军奉命解散，返回原地。

邓荫南为美国华侨，1846 年生于广东开平。因在家中排行第三，他老年时被后人尊称为“三伯”。他热心革命，枪法准，深谙弹药制法，得到孙中山器重。1895 年初，邓荫南变卖其农场、商店等所有家产，所得款项大半充作革命经费；随后他到香港开办“乾亨行”，为革命筹款项、运枪械；他又策划了 10 月 26 日的广州起义，可惜因谋事不密而失败，不得不避居澳门。1898 年，邓荫南与日本志士宫崎寅藏等人在广州设立“东亚同文会广东支部”，暗中查探军情，测绘险要，并策反清军。1900 年，孙中山派邓荫南与史坚如在广州设立机关，相机策应惠州起义。为牵制清军，邓荫南协助史坚如运送装配炸药，欲炸死两广总督德寿。事发后，史坚如被捕牺牲，邓荫南逃到九龙，在新界青山经营一个农场，暗中从事革命活动。1903 年，邓荫南参与洪全福、谢缵泰等人谋划的“大明顺天国”起义，并资助经费。同盟会成立后，邓荫南的农场随即成了革命党人开会及武器试验场所。1911 年武昌起义爆发，邓荫南等人在广东新安首先起义。广东“独立”后，他任新安民军总监督，不久任开平民团总长。

图 2－4　“鉴湖女侠”秋瑾

武昌起义的消息传到海外后，美国华侨购置6架“寇蒂”式飞机，组成飞机队抵达上海、南京，声援革命军。华侨同盟会成员还直接发动和领导了广东普宁、惠州、新宁、四邑、新安、雷州以及福建福州、厦门等地的光复起义。加拿大华侨中有热血青年50多人返回祖国参加起义。广东新会人吴泽理组织了“华侨义勇救国军”，被编入粤军第一军许崇智部，任警卫营营长。

在日本，也有不少留学生和华侨积极支持或直接回国参加革命党人的多次武装起义。1907年，胡汉民随同孙中山策动两广起义，在武昌起义后担任一系列要职。辛亥革命爆发后，横滨、神户、长崎等地有110名日本华侨组成华侨敢死队回国参战。① 1911年10月30日，在云南起义的40位干部（以昆明之陆军高级干部为中心）中，留日学生多达31人，其中有蔡锷、李根源等人。②

辛亥革命中，出现了女子参加革命和起义之事。浙江的秋瑾是同盟会中最著名的革命女英烈。她自号“鉴湖女侠”，留学东京时就加入了同盟会，回国后在上海创办《中国女报》，宣传男女平等，积极从事反清斗争。她于1907年被捕，被杀害前留下了“秋风秋雨愁煞人”的名句。徐宗汉女士为广东香山北岭村人，1907年在槟榔屿加入同盟会，次年回到广州，开展革命活动。1909年夏秋之交，同盟会在香港建立支部，拟在广州发动新军起义，徐宗汉积极联络会党，参与偷运炸药枪弹。1910年初广州新军起义时，她负责在城内纵火，扰乱清军视线。起义失败后，她为躲避追捕而逃亡香港。黄花岗起义前，她负责运输枪械弹药，制造炸弹。

辛亥革命前革命派发动的数次起义中，很多失败将士被迫退到东南亚，受到当地侨领热情接待。例如，1907年5月黄冈起义失败后，革命军首领余既成逃到香港，被清政府陷害下狱。陈楚楠将诉讼费汇给香港的冯自由，让他代聘律师。因抗辩胜诉，余既成被囚禁8个月后出狱。1908年4月河口起义失败后，起义将士退入越南，被法国殖民当局缴械后移送新加坡，孙中山指示陈楚楠予以收留。陈楚楠、张永福和林义顺等人在新加坡蔡厝港开办中兴石山公司安置他们，或推荐他们到槟榔屿、吉隆坡、霹雳等地工厂、矿场和农场谋生。黄冈起义失败后，不少志士先后逃往南洋避难，被林义顺安置在

---

①　段云章．孙中山的革命斗争与日本华侨［J］．华侨华人历史研究，1989（2）：7.

②　实藤惠秀．中国人留学日本史［M］．修订译本．谭汝谦，林启彦，译．北京：北京大学出版社，2012：296－297.

自己经营的农场。1908 年 4 月云南河口起义失败，林义顺承担了孙中山与法国殖民当局交涉的电报费，并担负流亡志士进入新加坡的需费。随后他受孙中山之托，将流亡志士安置在蔡厝港中兴石山公司。林义顺对流亡志士仗义疏财，殷勤款待，使他们感到宾至如归，因此获得“往来大王”的称号。

阅读材料：林觉民《与妻书》（节选）

意映卿卿如晤：

吾今以此书与汝永别矣！吾作此书时，尚是世中一人；汝看此书时，吾已成为阴间一鬼。吾作此书，泪珠和笔墨齐下，不能竟书而欲搁笔，又恐汝不察吾衷，谓吾忍舍汝而死，谓吾不知汝之不欲吾死也，故遂忍悲为汝言之。

…………

吾平生未尝以吾所志语汝，是吾不是处；然语之，又恐汝日日为吾担忧。吾牺牲百死而不辞，而使汝担忧，的的非吾所忍。吾爱汝至，所以为汝谋者惟恐未尽。汝幸而偶我，又何不幸而生今日中国！吾幸而得汝，又何不幸而生今日之中国！卒不忍独善其身。嗟夫！巾短情长，所未尽者，尚有万千，汝可以模拟得之。吾今不能见汝矣！汝不能舍吾，其时时于梦中得我乎？一恸。

总的来说，华侨对辛亥革命的参与，开启了华侨与中国关系的新篇章。从此，海外华侨开始与祖国同呼吸、共命运，把自身命运与祖国联系在一起。而他们也在对祖国事务的参与中，民族主义思想得以孕育和发展，并形成对中国的国家认同。

思考题

1. 海外华侨是如何逐渐接受孙中山的革命思想并支持辛亥革命的？
2. 海外华侨通过哪些方式支持辛亥革命？
3. 不同地区的华侨在支持辛亥革命的过程中各有什么特点？

推荐阅读

1. 罗晃潮．日本华侨史［M］．广州：广东高等教育出版社，1994.

2. 庄国土，刘文正．东亚华人社会的形成和发展［M］．厦门：厦门大学出版社，2009.

3. 段云章．孙中山的革命斗争与日本华侨［J］．华侨华人历史研究，1989（2）．

第三章

华侨与中国共产党的创建及国民革命

辛亥革命的果实被以袁世凯为首的北洋军阀窃取，标志着辛亥革命失败、中国旧民主主义革命终结。“十月革命”一声炮响，给中国送来了马克思列宁主义；1919 年爆发的五四运动，促进了马克思主义的传播，成为新民主主义革命的开端；马列主义与中国工人运动相结合，诞生了中国共产党。中国共产党成立初期，由于力量弱小，难以独自承担领导中国革命的重任，遂与孙中山领导的中国国民党开展第一次国共合作，共同领导了五卅反帝爱国斗争、推翻军阀专制统治的北伐战争，掀起了反帝反封建的国民革命高潮。在传播马列主义、声援五四运动、创建中国共产党、推动国共合作、支援国民革命等一系列重要历史事件中，均有广大华侨直接或间接的参与。

第一节　声援五四运动　传播马列主义

五四运动爆发、马列主义传入中国，是中国共产党成立前的两件大事，也是促成中共诞生的重要国内外条件，海外华侨及中国留学生都是积极参与者。

一、华侨大力声援五四运动

（一）欧洲华侨和留学生阻止中国代表签约

1918 年 11 月，第一次世界大战以德、奥同盟国失败宣告结束。1919 年 1 月 18 日，战胜国在法国巴黎召开和平会议。中国以战胜国身份参加和会，提出废除外国列强在中国攫取的不合法权益，但遭到无理拒绝。4 月底，英、法、美代表在议定《凡尔赛和约》中关于山东问题的条款时，竟接受日本代表提出的把德国在中国山东的特权转让给日本的荒谬提议。对此，北洋政府屈服于帝国主义列强的压力，竟然准备在这个丧权辱国的和约上签字。消息传出，引起全国人民的极大愤慨。5 月 4 日，北京大学等 13 所大中学校的学生 3 000 多人，不顾军警阻拦，到天安门前集会游行，强烈要求拒绝在《凡尔赛和约》上签字，并惩办北洋政府亲日派官僚曹汝霖、章宗祥、陆宗舆。愤怒的学生痛打章宗祥、火烧曹汝霖的住宅赵家楼。北洋政府出动大批军警镇压逮捕学生。学生的爱国情绪持续高涨，并得到全国各界的大力支持及海外华侨和中国留学生的声援。6 月初，上海产业工人举行罢工，商人罢市。罢课、罢工、罢市迅速扩展到 20 多个省、100 多个城市，发展成为全国范围的群众性反帝爱国运动。在国内各界及海外华侨的反对和压力下，北洋政府最终被迫释放被捕学生，罢免曹、章、陆的职务。6 月 28 日，中国代表没有出席巴黎和会签字仪式，五四运动取得胜利。

关于五四运动已有诸多论著深入研究和广泛介绍，但对海外华侨和中国留学生大力声援五四运动之举则较少涉及。

五四运动的导火线是巴黎和会上英、法、美列强代表无视中国主权，支持日本提出的无理要求——取代德国在山东的特权，并强行要求中国接受。北洋政府竟然同意列强的决议并拟在条约上签字。当时欧洲华侨的主体是第一次世界大战期间被招募到战场上为战争服务的十几万华工，战后大部分人回国，仍有小部分人留在当地成为华侨；还有一千七八百名中国旅欧勤工俭学学生，以留法勤工俭学学生为主。华工和留学生思想敏锐，觉悟程度高。五四运动发生时，他们置身于巴黎和会所在地，较早参与了声援五四运动的爱国斗争。

1919 年初，旅居英、法等国的华侨、中国留学生等联合成立爱国团体——中国国际和平促进会（简称“和平促进会”），将“增进中华民国国际地位，抵御强权侵犯”作为宗旨之一，并“发表本会对于中国外交问题之主张”。该会成立不久，适逢巴黎和会召开，遂组织旅欧华侨积极开展爱国活动，与国内遥相呼应。当出席巴黎和会的美国总统威尔逊抵达巴黎后，和平促进会组织留学生和华侨多人到其住处请愿，他们虽被拒绝接见，但还是留下了请愿书。5 月 9 日，和平促进会召开国耻纪念会，与会 500 多人，其中有欧美各界名人。受孙中山派遣作为南方革命政府代表参加巴黎和会的华侨外交家陈友仁在会上用英语进行演讲，措辞激烈，“对于中日间利害关系，言之极为详尽”。留学生代表郑毓秀发表演说，大呼“协约胜利，吾人失败”“和约自达和平之前途，乃遗吾人以黑暗之前途！此等条件，吾人誓不能签字”。① 这次集会进一步激起了旅欧华

---

① 李宗侗. 巴黎中国留学生及工人反对德和约签字的经过［J］.（台湾）传记文学，1986（6）. 李宗侗为中国和平促进会主要发起人之一。1915 年 1 月，日本驻华公使向袁世凯提出二十一条无理要求，并于 5 月 7 日向中国政府发出通牒，限令于 5 月 9 日前答复，最终袁世凯除个别条款外，竟答应日本的要求。后因各界的强烈反对，日本的阴谋没有得逞。5 月 9 日因此被全国教育联合会定为国耻日，称“五九”国耻日。

侨的爱国热忱。和平促进会实际上已成为五四运动期间欧洲华侨开展爱国活动的领导组织。

《凡尔赛和约》签字日前夕，旅法华工和留学生密切关注会议动向，尤其关注有关中国问题的议案。6 月 27 日，即和约签字前一天，在和平促进会负责人的率领下，30 多名华工和留学生奔赴巴黎西郊圣克卢，包围了住在这里的中国政府首席代表陆徵祥的寓邸，威逼他承诺不在和约上签字。与此同时，万余名华工和留学生群情激愤地举行集会，向出席和会的中国代表紧急呼吁，要求他们拒绝出席第二天的签字仪式。他们警告中国代表，若在和约上签字，就像北京学生声讨卖国贼一样对待之。为坚决阻止中国代表签字，6 月 28 日，旅法华工和留学生共 3 万多人奔走呼吁，分别包围了中国专使的寓所，不准他们出门。愤怒的人群向中国代表团发出警告，如果他们有违众意，胆敢前去签约，“当捕杀之”，即准备以武力对付中国代表。旅法华工和留学生的这些爱国举动，对中国代表团产生了一定的威慑，使他们未敢轻易签字。

图 3－1 1919 年初召开的巴黎和会会场

据当事人李宗侗回忆，6 月 28 日清早，共有华工、留学生 40 多人包围了陆徵祥在圣克卢居住的寓邸，当时陆的汽车已停在门口。大家推举和平促进会的负责人李麟玉为代表进屋见陆。见面后，李质问陆是否在和约上签字。陆答不一定不签字。李一边拍口袋一边激愤地说：“你要签字，我裤袋里这支手枪亦不能宽恕你。”陆徵祥见局势危险，就不敢再到凡尔赛宫去签字，当天的晚报登出中国代表团在签字时缺席。①

① 李宗侗. 巴黎中国留学生及工人反对德和约签字的经过［J］.（台湾）传记文学，1986（6）.

图 3-2　出席巴黎和会的中国代表之一顾维钧

当时出席巴黎和会的中国代表之一顾维钧在回忆录中写道，会议期间，“中国学生各组织，还有华侨代表，他们全都每日必往中国代表团总部，不断要求代表团明确保证，不允保留即予拒签。他们还威胁道，如果代表团签字，他们将不择手段，加以制止”。6 月 27 日晚，中国代表团秘书长岳某从陆徵祥住处返回市里，路过一所医院的花园时受到中国留学生和华侨的袭击，“他们拦住了他，诘问他为何赞成签约。甚至在他保证说，他不过是代表团的秘书长，对签字与否并无发言权之后，人们还围住不放，并扬言要将他痛打一顿……人们威胁说要杀死他”。[①] 顾维钧的这些记述，如实地反映了巴黎和会期间法国华侨的表现，可以看出他们对于阻止中国代表与会签约的坚决性。

在国内外强大压力下，尤其是旅欧华侨对出席巴黎和会的中国代表团直接施加压力的特殊作用，迫使中国代表不敢出席《凡尔赛和约》的签字仪式，这标志着五四运动取得了实质性胜利。可以说，欧洲华工和留学生的爱国义举对于五四运动的胜利起到了釜底抽薪的作用。国民党要人张继在谈到中国代表未在巴黎和会上签约的原因时说：“其力乃在巴黎之华工及学生。”[②]

（二）北美、东南亚华侨声援五四运动

巴黎和会期间，远在大洋彼岸的美洲华侨尤其是美国华侨也非常关注和会的动向，特别留心和会有关中国问题的决议和中国代表的举动。1919 年 2 月初，中、日代表团在巴黎和会上因山东问题发生争执，日本公使遂向北洋政府施加压力，妄图迫其就范。2 月 8 日，美国最大的华侨社团之一——中华会馆召开会议，议决致电巴黎和会的中国代表，望其坚持到底。中华会馆还致电在法国出席巴黎和会的美国总统，请转各国代表主持公道，并致电北洋政府，要求不能退让，以免国格受损。为助祖国争取正义和主权，旧金山华侨组织了中华铁血少年演说团到街头开展宣传活动；檀香山华侨则组织了救国十人团，会员达千余人，向中外人士演讲并分发传单。

在巴黎和会上，日本代表不顾海内外中国人民的强烈反对和抗议，提出了有损中国

① 顾维钧. 顾维钧回忆录：第 1 分册［M］. 中国社会科学院近代史研究所，译. 北京：中华书局，1983：206-207.

② 刘永明. 国民党人与五四运动［M］. 北京：中国社会科学出版社，1990：383.

主权的《凡尔赛和约》，美国华侨得知消息后表达了强烈愤慨。7 月，旧金山中华会馆等华侨社团分别致电巴黎和会组织者、美国总统、各国代表以及美国国会议员，据理力争，反对和会决定。当美国总统威尔逊决定 9 月到旧金山演讲时，中华会馆议决派麦纳律师为代表，届时为《凡尔赛和约》一事向其质询。

美国华侨虽未能躬身于五四运动的行列，但他们力所能及地开展了上述声援活动，体现了他们对祖国的关心，其爱国精神同样难能可贵。

五四运动爆发后，日本华侨开展了各种形式的声援活动。5 月 4 日，旅日华侨领袖王希天等人在东京以留日学生救国团名义，分别致电北洋政府和南方革命政府，要求拒签和约，以保山东主权。5 月 7 日，东京千余名留日学生和华侨排成两列长队，分头向各国驻日使馆进发，他们高举着写有“五七国耻纪念”“直接收回青岛”“打倒军国主义”等大字的白布标语。队伍在行进途中遭到日本军警的阻拦，随即发生冲突。他们不畏强暴，继续前进，将呼吁收回山东主权及国际友人主持正义的宣言书呈递给美、英、法、俄等十几个国家的驻日使馆。此举引起日本民众和国际社会的关注，扩大了运动的影响。

与此同时，东南亚各地华侨纷纷致电北洋政府及国内各界，愤怒谴责卖国贼，支持学生的爱国义举。荷属东印度巴达维亚中华总商会华侨丘燮亭等人于 1919 年 5 月 20 日致电北洋政府：“北京学生为国除奸，海外闻之不胜钦佩……海外华侨愿为祖国之后盾。”① 暹罗学界、商界、工界华侨代表当地 300 万侨众致电北洋政府总统徐世昌：“务请将卖国贼罪魁明正典刑以谢天下。一面电饬欧和会专使据理力争，务达直接收回青岛目的而后已。不然，恐国人仍不为先生恕也。”② 5 月下旬，以马来亚槟榔屿原同盟会南洋支部负责人、侨商吴世荣为首的 47 名华侨，联名致电北洋政府，要求释放被捕的爱国学生。随后，当地华侨举行了游行示威活动，愤怒的侨众袭击了当地的日本商店，马路上的日本车辆也被游行者焚毁。连续数天的游行示威活动，致使商店歇业、工人停工、交通瘫痪。马来亚雪兰莪 24 所学校的华侨学生也致电国内学生会，主张“誓杀章、曹及其余卖国贼，取消密约，提倡国货，万众一心坚持到底”。③

东南亚各地华侨函电交驰，形成一股声援五四运动、声讨卖国贼的强大舆论力量，这是他们声援五四运动的重要方式之一。

在巴黎和会上，日本阴谋继承德国在中国山东的特权，以达到损人利己的卑鄙目的，于是东南亚各地华侨掀起抵制日货活动，成为反日斗争、声援五四运动的重要内容之一。五四运动期间，在新加坡、马来亚、荷属东印度、菲律宾、暹罗等地，华侨商店断绝与日本贸易，不进日货、不卖日货；华工拒绝运送日货。有些侨商为了抵制日货宁

---

① 晨报，1919－06－13；民国日报，1919－06－29.

② 暹罗华侨之卫国声［N］. 民国日报，1919－06－16.

③ 民国日报，1919－05－29.

愿自己蒙受损失，表现出了高尚的爱国情操。

海外华侨和留学生在五四运动期间开展的各种声援活动，有力地配合和支援了国内的五四运动，成为五四运动的重要组成部分，扩大了五四运动在国际上的声势和影响。尤其是欧洲华侨阻止北洋政府代表在《凡尔赛和约》上签字，更起到国内各界鞭长莫及的特殊作用。

五四运动是近代中国革命史上具有划时代意义的事件。它是一场不妥协的反帝爱国运动和思想解放运动，促进了马克思列宁主义在中国的传播，并与工人运动相结合，为中国共产党的成立在思想上、干部培养上做了准备。五四运动是新旧民主主义革命的分水岭，五四运动以后，华侨与中国革命的关系进入了一个新阶段。

二、向祖国传播马克思列宁主义

马克思列宁主义传入中国，与中国工人运动相结合，诞生了中国共产党。华侨侨居世界各地，有的侨居在发达的资本主义国家，有的侨居在这些国家的殖民地或其他独立国家，不少人甚至身居马、列的故乡。正如陈独秀所说："无论太阳走到何处，都照着中国人做工。"华侨利用自身的便利条件，与中国留学生一道积极传播马列主义。当时马列主义主要通过日本、欧洲、俄国三个渠道向国内传播。

（一）日本留学生、华侨传播马克思主义

图 3-3　中国同盟会机关报《民报》

日本是辛亥革命的主要策源地。1905 年 8 月，孙中山在东京发起创建中国同盟会，成为领导辛亥革命的大本营。日本的留学生和华侨思想活跃，创办了许多宣传革命思想的报刊，其中有的报刊直接或间接传播马克思主义。例如，留日学生创办的《译书汇编》上刊登的《近世政治史》《社会主义》等译文，就提到或介绍了马克思及其社会主义学说。又如，留日学生马君武的文章《社会主义与进化论》，介绍了社会主义学说的最早创始人圣西门、傅立叶、马克思等人，文中还提及马克思、恩格斯的《英国工人阶级状况》《哲学的贫困》《共产党宣言》《政治经济学批判》《资本论》五部著作。再如，留日学生、同盟会骨干朱执信在《民报》上发表文章宣传孙中山的"三民主义"

思想，并介绍了马、恩的革命活动及《共产党宣言》《资本论》等著作的内容。

中国同盟会的机关报《民报》创刊后，在大张旗鼓地宣传资产阶级民主思想的同时，还间接地介绍和传播了社会主义。其中同盟会骨干、华侨廖仲恺翻译的《社会主义史大纲》《无政府主义与社会主义》(《民报》第7、9号）等文章，比较系统地介绍了社会主义。《社会主义史大纲》将社会主义思想学说分为五大时期，第二时期为“麦喀氏、英盖尔（即马克思、恩格斯——引者注）等，导其先路，遂成一八四八年之《共产党宣言》”；“及第四时代，于一八六四年，万国劳动者同盟设立于伦敦，主此同盟者为麦喀氏，其宣言书之结尾绝叫曰：‘万国之劳动者团结！’人梦之夜已去，实行之日方来，革命的社会主义，遂如洪水时至，泛滥大陆”。[1] 这里介绍的是马克思、恩格斯撰写《共产党宣言》及创立第一国际的情况。《无政府主义与社会主义》介绍了无政府主义与社会主义的区别，“社会主义者所最厌恶者”为实行暗杀的无政府主义，“两者之间，真有黑暗与光明之别矣”。[2] 该文还介绍了1872 年在第一国际海牙代表大会上马克思的社会主义与巴枯宁的无政府主义的分裂。

图 3－4　陈望道译《共产党宣言》封面

小部分同盟会人士和留日学生直接或间接传播马克思主义，并非将其作为一种信仰，而是不自觉地将其作为一种学理和思潮，而陈独秀、李大钊等另一部分留日学生在先进知识分子中传播马克思主义，则是将其作为一种信仰的自觉行为。

中共主要创始人之一陈独秀早年曾经两次前往日本留学，在当地接触到马克思主义后逐步转变为马克思主义者。中共另一主要创始人李大钊曾在日本早稻田大学留学，接触了在日本时兴的马克思主义，回国后正值俄国“十月革命”爆发，遂成为传播马列主义的第一人。其发表的《法俄革命之比较观》《庶民的胜利》《布尔什维克主义的胜利》《我的马克思主义观》等一系列文章，成为传播马克思主义的主要文献。留日学生陈望道最早翻译《共产党宣言》，对马克思主义在中国的传播，对促进当时的先进知识分子接受共产主义，产生了重大影响。马克思主义理论家李达早年两次留学日本，翻译了《唯物史观解说》《马克思经济学说》《社会问题总览》等著作，

① 廖仲恺，何香凝，尚明轩，等. 双清文集：上［M］. 北京：人民出版社，1985：13－14.
② 廖仲恺，何香凝，尚明轩，等. 双清文集：上［M］. 北京：人民出版社，1985：26.

系统介绍了马克思主义。

（二）欧美留学生、华侨传播马克思主义

欧洲是近代资产阶级民主革命的发祥地，也是马克思主义的诞生地，欧洲的中国留学生和华侨对马克思主义的传播也作出了贡献。第一次世界大战期间，数十万华工被招募到欧洲战场，战后留下小部分华工，加上20世纪20年代前后旅欧的勤工俭学学生，在欧洲形成了一批有觉悟、思想敏锐的华侨和留学生，他们成为马克思主义的主要传播者，其中周恩来、赵世炎、蔡和森、邓小平等一批共产主义分子在这方面做了大量工作。他们的宣传活动往往是以华工独立创办或参与创办的《工人旬报》《华工杂志》《华工旬刊》《旅欧周刊》等刊物为载体进行的。宣传的内容主要有：旅欧华工要加强团结，为改变自己的命运而斗争；社会主义是改造世界乃至中国之良方，工人阶级是一个伟大的革命阶级，应在中国建立工人阶级的政党等。由于欧洲华工文化水平不高，马克思主义的传播主要是由部分追求进步思想的旅欧勤工俭学学生承担的。例如，周恩来通过对法国、英国、德国等资本主义国家的实地考察，以天津《益世报》记者身份写下大量考察报告和通讯报道，并创办杂志《少年》（后改名《赤光》），传播社会主义学说。经过对各种学说的比较，他从激进的民主主义者转变为共产主义者。蔡和森在法国如饥似渴地学习马克思的著作，并了解西方各种学说，和国内毛泽东、陈独秀等人保持书信往来，阐述了有关建党的理论、路线方针和组织原则，回国后成为党的早期理论家。

（三）旅俄华工现身说法向祖国传播马列主义

第一次世界大战期间，有二三十万华工千里迢迢赴俄，他们或参加前线作战，充当“炮灰”，或在后方从事极其繁重的劳动。

在俄国沙皇政府忙于应付“一战”之际，列宁领导的“十月革命”爆发。许多华工自觉地拿起武器和俄国工人一道参加各地武装起义，有成千上万旅俄华工踊跃加入红军的行列，不少人为革命英勇献身，并有部分先进华工经过革命洗礼加入了布尔什维克党，成长为党的干部和红军的中下级军官。处于俄国社会最底层的数万旅俄华工，从沙皇的“炮灰”到“送葬者”，从深受压迫者转变为解放者和受益者，他们以亲身经历呼吁中国人走俄国革命道路，是“十月革命”和列宁主义的宣传者。

“十月革命”取得胜利，建立了世界上第一个社会主义国家。为了使全俄华工和祖国同胞了解“十月革命”，在俄国华工组织——旅俄华工联合会的领导下，《华工》《旅俄华工大同报》《华工醒时报》先后创立。《华工》为周报，由波利万诺夫和张玉川（旅俄华工联合会副主席）任编辑，以宣传共产主义思想为宗旨，“不仅在俄国，而且

在中国，开展宣传活动，并与工农政府携手合作”①。据北洋政府有关档案记载，张玉川是“中国鼓吹广义派主义之首领”②，后被反革命分子暗杀。《旅俄华工大同报》由刘泽荣、孙言川任编辑，在彼得格勒石印出版。该报辟有“俄国新闻”专栏，报道俄国的重要消息，曾刊登过颂扬列宁的诗歌、齐切林给孙中山的信等。旅俄地方华工组织也出版过宣传刊物，如1920年5月，远东阿穆尔省创办了中文旬刊《共产主义之星》，约半年时间发行量多达58 000份。此间该省还散发了各种各样的中文宣传品和传单23 000份、中文小册子5 000份。阿穆尔地区的华工“专以传布共产主义于中国为主旨，声势逐渐扩充，已有不可收拾之势”③。俄国“十月革命”的喜讯及列宁主义的真理，通过包括旅俄华工在内的各种渠道传入中国大地。

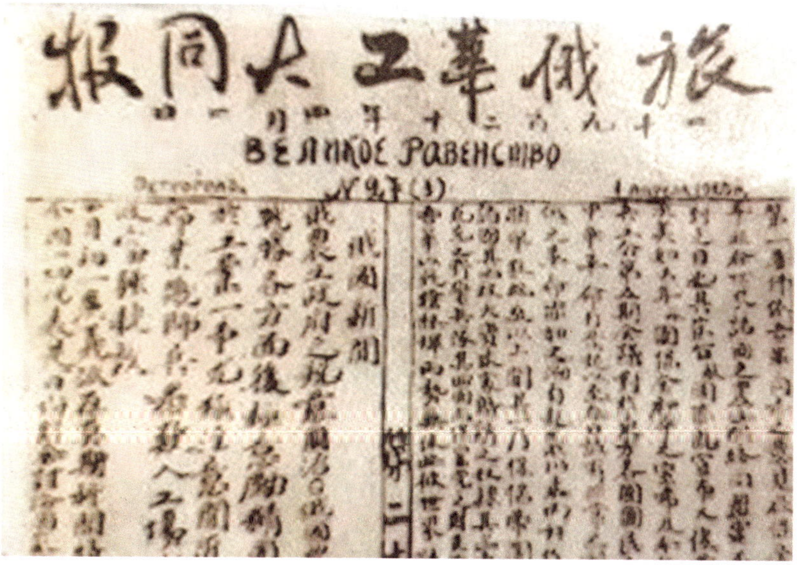
旅俄华工大同报

ВЕЛИКОЕ РАВЕНСТВО

俄国新闻

图3-5 俄国华工为传播马列主义创办的《旅俄华工大同报》

不但如此，旅俄华工组织还陆续派人回国宣传“十月革命”。约在1919年1月初，有一批华工代表从远东秘密回到中国东北宣传革命。据资料记载，“近日由俄国返国的华工开始在中国居民甚至在军队中进行布尔什维克主义的宣传”，其中“在沙河子煤矿出现了三个从西伯利亚回来的中国人，他们开始在中国工人中进行布尔什维克主义的宣

① 中共中央党史研究室第一研究部．共产国际、联共（布）与中国革命文献资料选辑（1917—1925）：2［M］．北京：北京图书馆出版社，1997：31.

② 李永昌．旅俄华工与十月革命［M］．石家庄：河北教育出版社，1988：256．“广义派主义”即布尔什维克主义。

③ 李永昌．旅俄华工与十月革命［M］．石家庄：河北教育出版社，1988：275－276.

传”。① 3月初，又有300多名旅俄华工准备回国开展革命活动。北洋政府获悉后，当即密电全国各地军政首脑“切实防范，弭患无形”。在河北开滦煤矿，也有华工传播马列主义的活动。1920年6月15日，开滦煤矿代总矿师戴莫的报告称：“我们也可以说从法国、俄国回来大批苦工，带来很激进思想，极近乎布尔什维克主义，把这种思想大大散布在矿上……”② 这说明了回国华工在开滦煤矿中传播马列主义的情况。旅俄华工联合会还积极设法同孙中山及其领导的南方革命政府取得联系，宣传并扩大“十月革命”在中国的影响。

另外，“十月革命”前后，个别留俄学生为宣传马列主义思想不遗余力。例如，曾在俄国符拉迪沃斯托克（原名海参崴）国立东方语言专科学校学习的张西曼，以笔名“希曼”翻译《俄国共产党党纲》，“对先进的中国人接受马克思主义和指导党的早期活动功不可没”。浙江留俄学生俞秀松曾作为中国社会主义青年团代表出席青年共产国际二大，为传播马列主义、推动青年团走上布尔什维克主义道路作出了贡献。

“十月革命”使大批旅俄华工获得了解放和新生，他们亲身感受到列宁主义对于解放被压迫人民的伟大作用，而此时自己的祖国正处于多灾多难之时、自己的同胞正处于水深火热之中，因此，他们以质朴的情感向祖国传播马列主义，呼吁祖国人民走俄国“十月革命”的道路。他们的革命活动带有现身说法的特点，并且侧重于列宁主义的传播。

图3-6 “一战”期间的欧洲华工

① 李永昌．旅俄华工与十月革命［M］．石家庄：河北教育出版社，1988：284.

② 中共开滦党委党史资料征集办公室．开滦工运史资料汇编：第1辑［M］．内部资料．1985：86.

第二节　协助共产国际来华创建中共

中国共产党是在共产国际的帮助下，按照列宁的建党原则建立的。而在共产国际帮助创建中共的过程中，旅俄华侨起到了桥梁与纽带作用。

一、助力中国与共产国际建立联系

“一战”期间，有二三十万华工在俄国艰难生存，孤苦无助，悲惨至极。为救助旅俄华工，华侨青年刘泽荣①放弃学业，于1917年4月在彼得格勒发起成立了中华旅俄联合会并任会长。该会毅然担负起救助濒临绝境的大批旅俄华工的重任。“十月革命”胜利后，为了适应形势的需要，中华旅俄联合会于1918年12月改名为“旅俄华工联合会”，并修改了章程，在各地建立分会，会员发展到约6万人。该会遂由一个救助华工的侨团转变为在俄共（布）关怀下开展革命活动、关心祖国命运的爱国侨团。该会认为，旅俄华工“处于世界革命先锋队的行列之中”，“中国革命的命运同俄国工人革命的命运息息相关”②，中国应走俄国革命的道路。

1920年6月，旅俄华工联合会召开第三次代表大会，刘泽荣再次当选联合会主席。大会闭幕第二天，即6月25日，在俄共（布）支持下，俄共中国党员中央组织局（简称“组织局”）成立，由已是俄共（布）党员的华工安恩学任主席，刘泽荣等人任中央委员。组织局一成立“就与共产国际建立了亲密无间的关系”③，为“加强同中国国内革命组织的联系起了很重要的作用”④。

为支持广东革命政府，组织局曾派刘谦（又译刘江，化名费多尔）回国同孙中山会谈及建立联系，并派出10名华人共产党员回国同国内的革命组织建立联系。他们前

---

① 刘泽荣，又名刘绍周，广东高要人。1897年随父刘兆彭（受俄国政府之聘到俄传授种茶技术）赴俄国，在俄国读小学、中学和大学，后目睹大量旅俄华工孤苦无助，遂弃学从事救助华工的活动。1920年11月因车祸受伤回国，后在中东铁路工作。新中国成立后在外交部任职，1956年加入中国共产党。

② 李永昌．旅俄华工与十月革命［M］．石家庄：河北教育出版社，1988：251.

③ 乌斯季洛夫．在苏维埃俄国的华人共产主义组织（1918—1920年）［M］//中共中央党史研究室第一研究部．共产国际、联共（布）与中国革命文献资料选辑（1917—1925）：2．北京：北京图书馆出版社，1997：34－36．俄共中国党员中央组织局又称“华人共产党员中央组织委员会”，参见：李永昌．旅俄华工与十月革命［M］．石家庄：河北教育出版社，1988：260，270；还称“旅俄华人共产党中央组织局”，参见：许肖生．华侨与祖国民族解放运动［M］．广州：暨南大学出版社，1992：50.

④ 李永昌．旅俄华工与十月革命［M］．石家庄：河北教育出版社，1988：260.

图 3－7　刘泽荣

往上海、天津、哈尔滨等地联系革命团体，探索建立共产党支部的问题。

1919 年 3 月上旬，共产国际第一次代表大会召开，由于当时中共尚未成立，苏俄政府外交部邀请刘泽荣和张永奎作为中国工人代表列席会议。刘在大会上以“中国社会主义工人党小组代表”名义致祝词。大会期间，列宁抽暇亲自接见了刘泽荣和张永奎，并与他们进行了会谈。

1919 年 11 月，刘泽荣因旅俄华工联合会的重要事务请求谒见列宁。列宁再次亲切接见了他，并与他进行了气氛热烈的谈话。

1920 年七八月间，共产国际第二次代表大会召开，刘泽荣和安恩学作为组织局代表出席会议。为了研究东方各国的革命问题，大会专门成立了有列宁亲自参加的民族和殖民地问题委员会，刘泽荣是委员之一，参加了列宁《民族和殖民地问题提纲初稿》等文件的讨论。在讨论民族与殖民地问题时，刘泽荣在第五次会议上发言，向大会呼吁：“目前中国是革命进行宣传的广阔天地。第三国际的代表大会应该极其严肃地注意这一事实。支持中国革命不仅是对中国本身，而且对全世界革命运动都有重要意义。”①

刘泽荣作为中国工人阶级代表参加了共产国际第一、二次代表大会，并受到列宁三次接见，这在国际共产主义运动史及中国工人运动史上有着特殊意义。这说明旅俄华侨中的先进代表已成为联结共产国际与中国革命的纽带；从共产国际成立时起，中国工人阶级及其先进分子就是它的组成部分。

二、杨明斋参加共产国际小组帮助创建中共

俄国华侨刘泽荣等人作为中国工人阶级代表与共产国际建立了联系，而俄国华侨杨明斋则为共产国际与中国共产主义者建立了沟通，成为共产国际帮助创建中国共产党的桥梁。

杨明斋（又名杨好德），山东平度县（今平度市）人，1901 年因生活所迫到俄国符拉迪沃斯托克谋生；1908 年以后到西伯利亚地区边做工边读书，与在那里从事开矿、

---

① 中国代表刘绍周在第五次会议上的发言（7 月 8 日）［M］//中共中央党史研究室第一研究部.共产国际、联共（布）与中国革命文献资料选辑（1917—1925）：2. 北京：北京图书馆出版社，1997：131.

修路的华工联系密切，积极参加布尔什维克党领导的工人运动，并被推选为华工代表。“十月革命”前，杨明斋加入布尔什维克党，曾被派到俄政府的外交机关当职员，秘密为党工作。“十月革命”胜利后，他参加了保卫苏维埃政权的斗争，后被俄共（布）党组织派到莫斯科东方劳动大学学习，完成学习任务后被派回符拉迪沃斯托克，以旅俄华工联合会负责人的身份从事党的秘密工作。

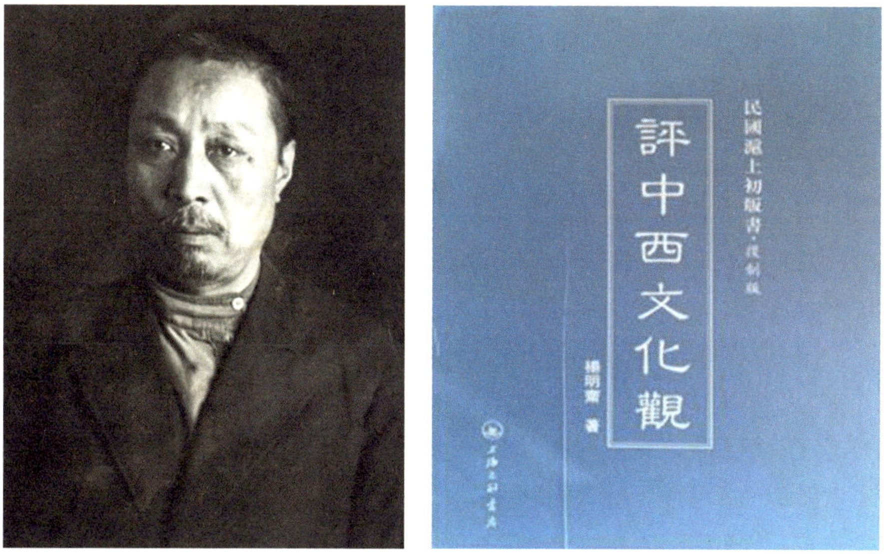

图 3－8　杨明斋及其著作《评中西文化观》

1920 年 1 月，俄共（布）远东党组织向共产国际报告，拟派一小组到中国考察并与中国进步力量建立联系，得到共产国际的批准，遂派出以维经斯基为负责人的共产国际工作组来华，杨明斋是该小组重要成员之一并担任翻译。同年 4 月，杨明斋陪同维经斯基一行首先来到北京。在北京大学，他们通过俄籍教师柏烈伟了解到李大钊的基本情况，并经柏的介绍，由杨明斋先与李大钊会见，接着安排李大钊与维经斯基进行会谈，由杨明斋任翻译。经过几次融洽的会谈，他们取得了在中国建党的共识。在李大钊的主持下，维经斯基和杨明斋还在北大图书馆同一些进步青年进行了交流座谈，并向他们介绍和捐赠了一些宣传“十月革命”的书刊，如《国际》《红旗》《国际通讯》《震撼世界的十天》等。5 月，杨明斋持李大钊的介绍信，陪同维经斯基赴上海会见陈独秀。随后，经陈独秀的介绍，他们又会见了戴季陶、李汉俊、沈玄庐等人，并同他们进行了多次接触和会谈。通过会谈，维经斯基和陈独秀、杨明斋、李汉俊、沈玄庐等人取得了共识，随即成立了上海马克思主义研究会，杨明斋参加了研究会的工作。8 月，杨明斋和陈独秀、李汉俊、李达、沈玄庐、陈望道、俞秀松、施存统等人成立中共上海发起组（即上海共产党小组）。杨明斋随即由俄共（布）党员转为上海党小组成员。对此，张闻天在《中国现代革命运动史》一书中有所介绍："一九二〇年春，共产国际派威经斯基和杨明斋（华侨山东人）来华建立党的组织。"他们找到陈独秀，"遂于一九二〇年五月在上海发起组织中国共产党"。① 胡乔木在谈中共党史时曾说："十月革命时，在俄国的华侨里面有一些人也是参加了斗争的，有些人在苏联加入了共产党，这里有杨明斋，还有一个人，后来回国在肃反时被肃掉了。中国（共产）党开始形成的时候，共产国际派他们到国内来，这样一些人的活动也要提到，不提好像就把他们抹煞了。"② 可见，杨明斋是俄共（布）早期的华侨党员和革命活动者，中国共产党创立时，他是唯一从俄共（布）党员转为中共党员的创始人，对俄共（布）及列宁的建党思想有深入了解，对党的创立起到了特殊的作用。

中共上海发起组成立后，杨明斋参加了《新青年》的编辑出版工作，同时参加了《共产党》（月刊）的创办发行工作，介绍宣传马列主义及"十月革命"的经验。同时，由他经办在上海渔阳里六号租赁一栋房子，开办中俄通讯社和外国语学社（中国社会主义青年团成立后，团中央机关也设在这里）并任社长，将京、沪等地发生的事件通告共产国际，将介绍苏俄革命情况的文稿拿给《新青年》《民国日报》等报刊发表。他经常在这些刊物上发表文章和译文，介绍"十月革命"的成功经验，宣传马列主义，为党的成立做了许多舆论准备工作。外国语学社的主要工作是培训进步青年赴俄深造，杨明斋亲自主讲俄语。1920 年冬至 1921 年春，上海党组织从该社学员中选派了刘少奇、任弼时、萧劲光、罗亦农、汪寿华、柯庆施等 20 多人，由杨明斋介绍分批赴俄学习。他还指导建立了党组织领导的上海机器工会。其间，杨明斋多次陪同维经斯基来往于京沪之间，为推动北京等地早期共产党组织的建立做了不少工作。杨明斋还到山东济南与王尽美、邓恩铭、王翔千等人进行了会谈，推动了济南地区共产主义运动的发展和共产党早期组织的建立。③

1921 年春，国内各地共产党早期组织相继建立，建立统一的中国共产党的条件日趋成熟。因工作安排，杨明斋和张太雷赴苏俄向共产国际汇报中国共产主义组织活动情况，以便共产国际进一步了解中国局势并直接与中共早期组织取得联系。抵苏俄后，杨明斋和张太雷先是到伊尔库茨克，向共产国际远东书记处中国支部汇报并送交报告，以提交共产国际第三次代表大会。6 月，他们赴莫斯科参加共产国际第三次代表大会。杨明斋虽然没有参加中国共产党成立的第一次代表大会，但他对中共的创建功不可没。

---

① 张闻天．中国现代革命运动史［M］．北京：中国人民大学出版社，1987：142.

② 胡乔木．从大革命到抗战时期党史的若干问题（1988 年 10 月 4 日）［M］//《胡乔木传记》编写组．胡乔木谈中共党史．北京：人民出版社，1999：335 –336.

③ 有关杨明斋回国从事建党活动的情况，参见：余世诚，张升善．杨明斋［M］．北京：中共党史资料出版社，1988：5 –9.

中国共产党成立后，杨明斋主要从事党的理论教育和宣传工作，并为传播马列主义做了大量实际工作。杨明斋深入考察社会、著书立说，深入阐释和研究马列主义理论，从1920年7月至1921年7月，他在上海各报刊发表文章140多篇。1921年9月，陈独秀由广州到上海任中共中央局书记，成立党的支部，杨明斋为支部成员。1922年7月，杨明斋参加中共二大，对于制定党的反帝反封建纲领积极建言；后任苏联顾问团翻译，在广州从事促进国共合作的相关工作。杨明斋是党的早期活动家和理论家。1924年6月，他撰写出版《评中西文化观》一书，批判了反对马克思主义在中国传播的复古主义思潮，后来，他通过调研又撰写了《中国社会改造原理》等著作。1925年10月，苏联在莫斯科建立中山大学，为中国革命和国共两党培养干部，杨明斋受党委托，在上海负责接收和选送党员。他不辞辛苦，培训选派两批党员100多人，其中包括张闻天、王稼祥、乌兰夫、伍修权、孙冶方等党的著名领导人，并亲自率领他们前往苏俄学习，他到苏俄后在中山大学负责总务工作。杨明斋为党培养了一大批重要的革命领导人。他在大革命失败后回国，在严重的白色恐怖下仍坚持从事党的工作。①

以上介绍充分说明，旅俄华侨中的部分先进分子搭起了共产国际与中共创建的桥梁，参与了中国共产党的创建活动。中国共产党的创建，是中华民族历史上开天辟地的大事件，以杨明斋等人为代表的先进华侨对党的创建起到了特殊的作用，书写了华侨与党的创建史不可或缺的一页，这也是华侨与中共关系的缘起。

三、旅欧中共组织中的先进华工

旅欧中共早期组织创立期间，旅欧勤工俭学学生中的周恩来、朱德、赵世炎等共产主义分子与欧洲华工建立了密切的联系，并以他们为基础开展了一系列反帝反封建斗争，成为中共早期历史的组成部分。

周恩来到欧洲勤工俭学后，曾到英、法、德、比等国家考察工人运动，与旅欧勤工俭学学生和华工进行广泛的接触交流，注重培养思想进步的华工，其中旅法华工总会主要负责人马志远、袁子贞，经培养被吸收为中共旅欧支部成员，袁还被选为旅欧共青团执行委员，华工陈彭年等人被发展入党。他们先后回国投身到革命斗争中，锻炼成为坚定的共产主义战士，有的为党领导的中国革命事业而英勇献身。

中共旅欧党组织的主要创始人之一赵世炎，“对到华工里面去活动感到非常大的兴趣”，积极与他们联络感情，用通俗易懂的语言向他们宣传革命道理，并为他们服务。每逢节假日，他亲自或组织同学们到各地华工中演讲，并在华工和勤工俭学学生中建立了华工组合书记部等团体。当时和赵世炎一起留法的傅钟回忆道：“世炎除一般的向华

---

① 有关杨明斋的简历，参见：廖盖隆．中国共产党历史大辞典：总论·人物卷［M］．增订本．北京：中共中央党校出版社，2001：230－231.

工进行宣传教育外，还培养了几个优秀分子，以后吸收入党。”① 赵世炎还深入法国最北部的华工中间，和华工一道从事艰苦的体力劳动，给华工们做饭、读报、讲时事政治等，和他们交朋友。经过启发教育，华工们打开心扉，把赵世炎当作自己的知心人。赵世炎“在华工中很有吸引力，大家都愿接近他”。

留法勤工俭学的李立三，也对华工做了一些工作。他和赵世炎在克鲁梭钢铁厂做工，该厂有2 000多名华工，两人与其中一些人建立了友好关系。他们还在留法学生中组织劳动学会，明确提出要革命“第一步应先把华工组织起来”。李立三曾回忆道：“我和世炎等同志认为，为了更好地在华工中进行工作，并加强对勤工俭学学生的领导，只有原来的劳动学会是不够的，而应该成立共产主义同盟会，来统一领导华工和学生的工作。为了这件事世炎给和森同志写信征求他的意见，和森同志表示同意，但主张名字叫‘少年共产党’，我们表示名字不计较，只希望有这么一个核心组织，把华工会和勤工俭学学会统一领导起来。记得当时还搞了一个华工俱乐部，出了一个刊物叫《华工周报》，是油印的。”② 这段回忆说明了他们在华工中开展了一些卓有成效的工作。

与周恩来等人同期在德国勤工俭学的朱德也与华侨有着密切交往，其中对暹罗华侨许包野的培养教育值得介绍。许包野是1920年赴法勤工俭学的，第二年转赴德国学习，思想积极要求进步，认真研究学习马克思主义著作。1923年，他经朱德介绍加入中国共产党，成为中共旅欧支部的一名先锋战士。大革命失败后，许包野回国参加革命斗争，先后任中共厦门市委书记，中共江苏、河南省委书记等要职，1935年因叛徒出卖被捕牺牲。

由上可见，周恩来、赵世炎、李立三、朱德等留欧勤工俭学的共产主义者，都很重视在华工中开展革命活动，使一些华工逐步觉悟，热情支持、积极参与了旅欧中共党团组织的建立，并成为后来中共旅欧支部开展革命活动的后盾。

---

① 中共中央党史研究室科研管理部．赵世炎百年诞辰纪念集［M］．北京：中共党史出版社，2001：129－130.

② 李立三．回忆赵世炎同志［M］//中共中央党史研究室科研管理部．赵世炎百年诞辰纪念集．北京：中共党史出版社，2001：81－82.

第三节　推动国共合作　支援国民革命

刚刚诞生的中国共产党年幼弱小，难以独自承担领导中国革命的重任，而孙中山领导的国民党在革命道路上屡遭挫折，终于认识到发动工农大众参加革命的重要性。于是，在中共和共产国际的助推下，孙中山改组了国民党，第一次国共合作得以建立，随即掀起了国民革命高潮。国共合作及国民革命均得到华侨的有力支持和声援。

一、推动建立第一次国共合作

孙中山改组国民党，确立“联俄、联共、扶助农工”三大政策，是第一次国共合作的关键所在。孙中山在酝酿、确立和实施三大政策过程中，得到了坚定的国民党左派归侨廖仲恺、陈友仁、彭泽民等人的鼎力支持和帮助。

图3－9　陈友仁

孙中山领导辛亥革命及后来讨袁护法期间，曾屡次向西方国家寻求援助，均未果。俄国“十月革命”胜利后成立的苏俄政府，则一再声明支持东方被压迫国家包括中国的革命运动。国民党骨干、外交家陈友仁（牙买加归侨）向孙中山建议，“国民党应该向俄国人寻求军事上和政治上的援助”①，认为这是一种双赢的选择。1922年4月至6月，当孙中山和苏俄代表达林就合作进行会谈之际，发生了陈炯明叛变事件，孙中山被困永丰舰，此时陈友仁便充当孙中山和达林之间的联络员。他穿梭于两者之间，传递信息和双方的主张，并向达林递交了孙中山给苏俄政府外交人民委员契切林的信。1923年1月18日傍晚，苏俄政府专使越飞一行拜访孙中山，陈友仁作为孙中山的助手参加了会见。20日，陈友仁代表孙中山到越飞下榻处礼节性回访，并就双方谈判中的一些具体问题进行了进一步磋商。26日，《孙文越飞联合宣言》（简称《宣言》）公开发表，标志着孙中山“联俄”政策的正式确立。随即陈友仁发表讲话，向外界宣布了孙中山对于国际问题的最新政治取向。可见，在孙中山确立“联俄”政策的关键时期，陈友仁实际上扮演了孙中山的联络员和代言人的

① 有关陈友仁在孙中山与达林、越飞会见时的活动，参见：钱玉莉．孙中山陈友仁关系初探［J］．党史研究与教学，2002（6）：52－57.

图 3－10　国民党左派归侨廖仲恺

角色。

国民党左派领袖、归侨廖仲恺也积极支持孙中山“联俄”政策。《宣言》发表后，孙中山派廖仲恺赴日本继续与越飞会谈，进一步磋商和实施《宣言》内容，针对《宣言》实施方案和具体问题达成协议。廖仲恺与越飞的会谈，对孙中山“联俄”政策的执行有重要意义。对孙中山“联俄”持反对态度的汪精卫表示：“做联俄的工作，当时许多同志怀疑，但廖同志却很勇敢、很坚决去干。”①

廖仲恺还大力协助孙中山加紧推进国民党的改组工作，积极参加孙中山召集的改组国民党的一些重要会议，并被孙中山任命为5名改组委员之一，负责办理改组事宜。后来，廖仲恺又被委任主持由9人组成的国民党临时中央执行委员会。他主持了临时中央执行委员会会议28次，通过有关改组国民党的决议案400多件，主要有《中国国民党改组大纲》，修订了国民党政纲、国民党党纲、党章草案等。经过一系列酝酿、宣传和准备，国民党改组工作筹备就绪。1923年11月25日，执委会发表《中国国民党改组宣言》，同时公布了党纲和党章草案。这些筹备活动，廖仲恺是孙中山倚重的得力助手，是孙中山改组国民党时“始终襄助最力的一人”。

经过认真准备，1924年1月20日至30日，中国国民党第一次全国代表大会在广东高等师范学堂开幕。孙中山亲自主持大会并致开幕词。海内外代表名额为196人，实际出席的代表有165人。其中由选举产生的海外国民党组织的华侨代表有34人，加上各省选出的代表（属于归侨的）共有40多人，约占代表名额的1/5，约占与会代表总数的1/4，可见华侨和归侨代表所占的比重还是相当大的。在大会上，孙中山及廖仲恺等国民党左派的坚定态度、出席大会的共产党人和华侨代表的有力支持，挫败了国民党右派的破坏和阻挠。在1月28日的大会上，多名国民党右派党员提案反对共产党员加入国民党。廖仲恺和共产党人一起予以反驳，对于否定反对“跨党案”、通过“联共案”起到至关重要的作用。大会最终通过了《中国国民党第一次全国代表大会宣言》，该宣言重新解释了“三民主义”，是国共合作的共同政治纲领；大会还顺利通过了《中国国民党总章》。1月30日，即大会闭幕这天，大会通过了

① 周兴梁．廖仲恺和何香凝［M］．郑州：河南人民出版社，1989：142.

《慰劳海外同志函》，函中说：

> 举凡国人足迹所至之区，即党帜飘扬之地。此中功业，端赖我海外同志牺牲奋斗，有以致之。即本会今日之盛集，亦莫非我海外同志之所赐……今我海外同志虽处恶劣环境之中，仍能结至坚至固之团体，为国家而牺牲，为主义而奋斗，不为利诱，不为威劫。溯辛亥覆清，癸丑讨袁，丁巳护法，以迄去年逐陈诸役，深荷我海外同志之群策群力，艰难共济，以有今日。此固同人等所钦佩莫名，即党史上亦留绝大之光荣也。①

上文对海外华侨自辛亥革命至国民党一大所作贡献给予了充分肯定，对其“为国家而牺牲，为主义而奋斗”的革命精神给予了高度评价。

国共合作建立后，周恩来与廖仲恺精诚合作，廖为黄埔军校党代表，周为政治部主任，共同支持工农革命运动，推动了国民革命的发展。1925 年廖仲恺遇刺身亡，周恩来作《勿忘党仇》的悼词沉痛悼念廖仲恺。周恩来还担任了国民政府审理廖案临时特别法庭检查委员。

图 3－11　国民党一大召开

① 荣孟源．中国国民党历次代表大会及中央全会资料［M］．北京：光明日报出版社，1985：54.

二、成立海外部推进国共合作

国民党一大通过的《中国国民党总章》第十八条规定："国外党部组织，总支部等于省，支部等于县，分部等于区，通讯处等于区分部。"此条规定明确了海外党部的级别，为海外党部的改组和活动制定了规范。

图 3－12　国民党中央海外部部长彭泽民

图 3－13　国民党中央海外部秘书长许甦魂

国民党一大闭幕不久，在孙中山亲自主持下，国民党中央执行委员会于1924年2月6日举行第三次会议。会议通过《海外党务方案》，"议决依据海外代表谈话之结果，于中央执行委员会增设海外部，统辖海外加拿大、三藩市、古巴、檀香山、墨西哥、澳洲、菲律宾、安南、暹罗、缅甸、日本、香港、南洋、英国、印度、南美、法国、南非等十八个总支部"。《海外部简章》规定，海外部为监督、指导海外党务之最高机关，主管海外党务工作，隶属于中央执行委员会。

1924年2月15日，国民党中央海外部（简称"海外部"）正式成立，林森担任第一任部长。在1926年1月召开的国民党二大上，辛亥革命元老、坚定的国民党左派、归侨彭泽民当选为海外部第二任部长，马来亚吉隆坡华侨、国民党党员（也是中共党员）许甦魂任秘书长。彭泽民、许甦魂任职海外部后，密切合作、大胆改组。海外部"吸纳了30余名共产党和一批爱国华侨青年参加工作，许甦魂并担任中共海外部总支部书记职务"①。由此可见，海外部是以国共合作为基础、具有统一战线组织形式、指导海外党务及华侨爱国运动的最高领导机构。海外部在彭泽民、许甦魂的领导下，争取和领导海外华侨支援与参加国民革命的成绩显著。

海外部成立之后，积极贯彻执行国民党一大决议，促进和推动海外国民党组织整顿和改造。为贯彻国民党一大精神，国民党中央组织部和海外部向

① 郭满．中共与华侨运动讲习所史事探析［J］．中共党史研究，2018（10）：81.

海外主要侨居地派出了一批党务特派员。在党务特派员的指导和推动下，各侨居地国民党组织纷纷改组和整顿。至1925年国民党中央执行委员会第三次全体会议止，改组后的国民党海外支部有61个，分部324个，区分部264个，党员总数43 966人，党报24家，学校59所，宣传机关75处。① 而同期国内国民党党员为20万人，海外党员人数占国内党员人数的1/5多。另据统计，截至1926年10月，经过整顿和改造以及新成立的国民党海外总支部有14个，所辖支部88个，分部524个，区分部875个，交通部1个，总分部1个，党员总数达97 455人。② 海外党员人数接近国内党员人数的1/2。这充分说明海外国民党组织的改组是积极的、富有成效的，由此带来海外国民党组织和党员人数的大发展，为海外华侨支持国民革命奠定了基础。

三、声援五卅反帝爱国运动

上海是20世纪20年代中国工人阶级力量最为集中的大城市。1925年5月在这里爆发了轰轰烈烈的五卅反帝爱国运动，并迅速形成了全国规模的反帝爱国浪潮，进而很快影响到海外华侨社会，海外华侨开展了各种形式的声援活动。

图3－14 五卅运动爆发时的上海总工会游行队伍

① 华侨革命史编纂委员会．华侨革命史：下［M］．台北：正中书局，1981：378－379.
② 许肖生．华侨与第一次国共合作［M］．广州：暨南大学出版社，1993：61－64，68.

法国巴黎是国共两党旅欧支部所在地，国民党旅欧支部负责人为国民党左派王京岐，共产党旅欧支部负责人为周恩来等。周恩来兼任国民党驻法支部执行部总务主任，与王京岐为推进国共合作进行了密切的合作并结为挚友。国共驻法党组织是国共合作后领导旅欧华侨声援国内反帝斗争的总指挥部。五卅运动爆发后，国民党驻法支部主办的《国民报》、中共旅欧支部的机关刊物《赤光》①，都连续报道国内反帝爱国运动的新闻消息，呼吁旅欧华侨奋起声援。

1925 年 6 月 7 日，在国共两党旅欧支部联合发动下，旅法华侨在巴黎召开声援国内反帝斗争大会。国共两党代表及法共代表等发表了慷慨激昂的演讲，声讨帝国主义屠杀中国人民的罪行，声援中国人民的正义斗争，并通过发表宣言、成立反帝爱国组织等多项决议。当晚，28 个旅法华侨团体的 3 000 多名代表再次集会，成立了“旅法华人援助上海反抗帝国主义行动委员会”，呼吁英国、德国、比利时、奥地利等国家的华侨奋起斗争。6 月 14 日，千余名华侨在巴黎举行示威游行活动，声援国内同胞的反帝斗争。法国华侨声援五卅反帝爱国斗争达到高潮。

在国共两党驻法党组织的带动影响下，英国、德国、苏俄等国家的华侨声援五卅运动的斗争此起彼伏、有声有色。其中共产党人朱德所在的国民党旅德支部，以中国旅德学生会的名义，致函柏林各大报纸，庄严地声明五卅运动是中国民族解放运动，反对帝国主义的桎梏和屠杀，中国人民的反抗是正义的、是自卫。德国各大报多以醒目位置刊登这一公开信。朱德还与“他的同志们，联同德国的工人阶级，在两个月内组织了十次大规模集会”②。

声援五卅反帝爱国斗争也得到东南亚和美洲华侨及中国留学生的广泛支持，除了集会游行、通电谴责日本、英国等屠杀、镇压祖国同胞的暴行制造者，声援罢工工人、群众外，各地华侨还为五卅运动及后来的省港大罢工捐献大量财物，其中汇款约 300 万元，使得反帝爱国运动得以坚持。当时省港罢工委员会主办的《工人之路》刊登的《华侨之爱国热》一文赞扬道：“助工最多者厥为华侨，大宗款项源源进来，历久不渝，诚足证华侨之救国热也。”③

四、大力支持北伐战争

国共合作统一战线建立后，随着反帝爱国运动的高涨，国内各界、国外国民党组织及

① 中共旅欧支部的机关刊物原为 1922 年 8 月创刊的《少年》杂志，由周恩来等人发起创办。1923 年 12 月，《少年》改名《赤光》。1924 年 7 月，周恩来因工作需要回国后，该杂志由邓小平任主编。

② 史沫特莱．史沫特莱文集：3［M］．北京：新华出版社，1985：191.

③ 广东省档案馆，广州华侨志编委办，广州华侨研究会，等．华侨与侨务史料选编：广东：1［M］．广州：广东人民出版社，1991：431.

华侨团体纷纷电请国民党中央出师北伐，推翻帝国主义在华工具，“除去列强在华势力”。

应海外国民党组织和华侨团体的要求和呼吁，1926 年 5 月，彭泽民和许甦魂以中央执行委员和候补执行委员的名义，代表海外党部及侨团，向国民党二届二中全会提出了《请迅速出师北伐》提案，文中指出“海外同志迭来函电，请迅速出师北伐”，“彼等并愿竭力为后盾，其情辞至恳切。我革命军犹迟疑不出师，海外同志将由失望而灰心，由灰心而解体”。① 6 月 4 日，国民党第二届中央执行委员会全体会议认为，国内各界“及海外侨胞皆渴望国民党早日出师北伐，代表请愿，络绎不绝”，应该顺应民意侨心，出师北伐。海外国民党组织和华侨团体对北伐的强烈要求和呼吁，对国民政府作出北伐的决定起到了推动作用。

1926 年 7 月 1 日，国民政府发布《北伐宣言》，10 日正式誓师北伐。国民党中央机关报《民国日报》发表《海外党员对革命军出师应负的责任》，文中指出：海外华侨尤其是本党海外党员对北伐“责无旁贷”，“海外各级党部同志，宜组织华侨革命军出师后援会，以为国民革命军的后盾”。② 同时，国民革命军发表了《出师北伐告海外侨胞书》，号召广大侨胞团结起来支援北伐。

为广泛配合和支持国民政府北伐，7 月 11 日，国民党中央海外部和华侨协会在广州联合召开华侨北伐后援会成立大会，通过了《华侨北伐后援会简章》并向海外发布。该简章共 12 条，其宗旨为“援助国民革命军出师北伐，以求中国之真正统一”；主要工作为“筹款接济北伐军饷”“宣传北伐之意义”“慰劳前敌将士”等。③ 该简章还对华侨北伐后援会的组织、经费、奖励等作了规定。彭泽民、许甦魂、周启刚等 7 人被选为华侨北伐后援会执行委员，彭泽民兼任筹款部部长，许甦魂兼任宣传部部长。7 月 16 日，彭泽民和许甦魂签署了《海外部通告华侨组织北伐后援会》，号召海外各级党部发动各地华侨团体建立华侨北伐后援会，“希各同志踊跃进行”，“以利出师北伐”。④ 国民党中央海外部从组织方面对海外党部和华侨支援北伐作出了具体部署与指示，提供了组织保障。

国民党中央海外部的号召，得到世界各地华侨的广泛响应，各侨居地建立的华侨北伐后援会如雨后春笋般涌现。据统计，截至 1926 年 10 月，仅 3 个月时间，世界各地建立的北伐后援组织达 524 个，成员有百万余人。各地华侨北伐后援会成立后，纷纷发表

---

① 华侨呼吁出师北伐及彭泽民等《请迅速出师北伐》的提案，均转引自：许肖生．华侨与第一次国共合作［M］．广州：暨南大学出版社，1993：130－131，133.

② 民国日报，1926－07－31.

③ 海外周刊，1926（18）．参见：广东省档案馆，广州华侨志编委办，广州华侨研究会，等．华侨与侨务史料选编：广东：1［M］．广州：广东人民出版社，1991：369. 华侨协会是由海外部发起成立的声援五卅运动和省港大罢工的华侨团体。

④ 广东省档案馆，广州华侨志编委办，广州华侨研究会，等．华侨与侨务史料选编：广东：1［M］．广州：广东人民出版社，1991：367.

宣言、简章等，阐述了对封建军阀祸国殃民及其与帝国主义的奴仆关系的深刻认识，阐明了国民政府发动北伐战争的重要意义。

在各地华侨北伐后援会及海外国民党组织的发动和领导下，广大华侨掀起了一股支援北伐战争的热潮，将国民革命的影响传播到世界各地。

日本神阪（神户、大阪）国民党支部致电广东革命政府拥护北伐。该电文历数吴佩孚、张作霖等万恶军阀在帝国主义支持下“丧心病狂，辱国殃民”的罪行，表示“本党部全体党员虽侨居海外，未能驰驱疆场，惟爱党爱国之心，岂后于人，对于此次北伐，自当聊尽绵薄，作实力之后援，以尽国民一分子之责任”①。东京、长崎等地华侨也纷纷集会庆祝北伐胜利进军，并通电谴责卖国军阀。

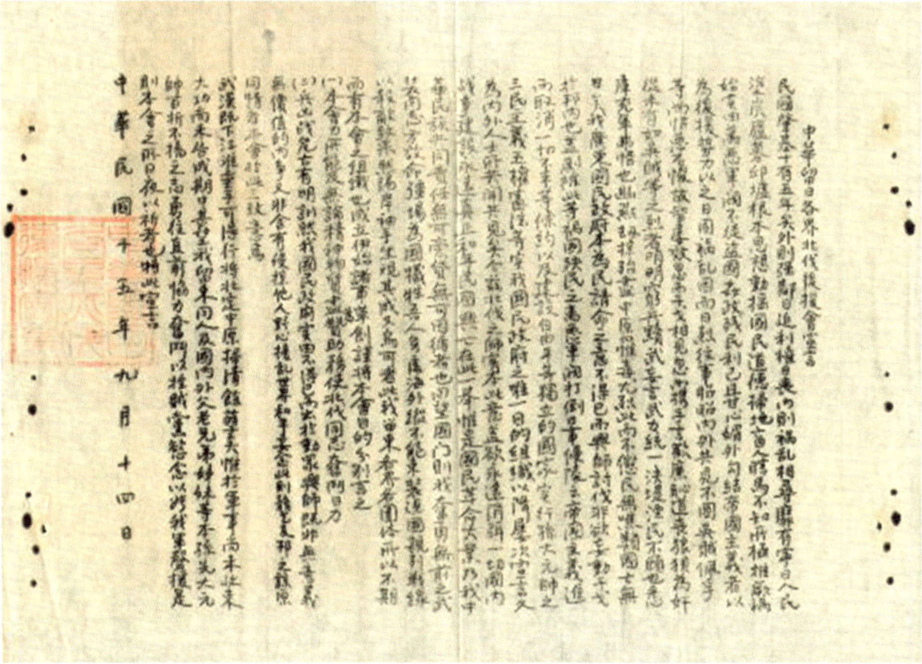
中华留日各界北伐后援会宣言

中华民国十五年九月十四日

图 3－15　日本华侨、留学生发表《中华留日各界北伐后援会宣言》声援北伐战争

（来源：中国华侨历史博物馆）

北伐战争打响后，国民党旅欧支部旗帜鲜明地对北伐战争表示支持。1926 年 8 月，国民党旅欧支部召开第六次代表大会。大会决定：为支持国民政府北伐通电国内，声讨吴佩孚、张作霖等军阀在帝国主义支持下“荼毒民众”，导致战祸频繁；全力拥护“国民革命军为全民族作战”；表示“本大会代表旅法比德三国全体党员，誓竭力为革命军

① 神阪华侨赞助北伐之热烈［N］. 民国日报，1926－07－23.

后盾，以完成国民革命之使命”。① 当北伐军即将攻下武汉时，法国里昂华侨北伐后援会召开庆祝大会，并将北伐捷报通告欧洲舆论界。比利时华侨为声援北伐发表宣言，对北洋军阀大加鞭挞，对北伐军的胜利大力赞扬。

除通电、宣言、祝捷等形式声援北伐战争外，“美洲南洋华侨纷寄北伐军饷”，捐献物资支援北伐军。北伐战争打响后，美国费城华侨北伐后援会发表宣言及简章，以“筹集义捐，提供国民政府北伐军费”为宗旨。加拿大华侨争先恐后地捐款支援北伐，自北伐战争爆发三个月来，全加有 43 个地区的华侨为北伐捐款，捐款阶层广泛。墨西哥各地华侨北伐后援会派人“沿门募捐军饷”，“慷慨捐输”。古巴、秘鲁华侨北伐后援会均以“为北伐军捐助军饷，尽国民责职”为宗旨，踊跃为北伐捐款。

荷属东印度的巴达维亚、万隆、爪哇、棉兰、坤甸、勿里洞等地的侨胞们，纷纷行动起来为北伐捐献财物。尽管华侨的爱国行动遭到荷兰殖民当局的野蛮干涉阻挠，但华侨并未因此退缩。菲律宾侨商李清泉领导的“菲律宾闽侨救乡会”（后改名为“国民协会”）积极筹募 13 万美元资助北伐；侨胞吴记藿不但动员华侨捐款，而且以身作则捐出大笔款项，在他的带动下，数日内便筹集了 10 万余元汇回国内作为北伐军费。自北伐战争打响后，国民党缅甸支部组织北伐红十字后援会募捐了缅币约 20 万盾给予北伐军，并派代表回国慰劳北伐军将士。

各地华侨踊跃为北伐捐款的同时，还纷纷捐献军用物资，如枪支弹药、医疗救护用品等。暹罗华侨捐献飞机 1 架；越南西贡华侨李栋等 7 人向当地殷商募款，向法国军火制造厂购买军用铁甲车 1 辆运回国，“以为北伐之助”。

各地华侨在当地国民党组织及华侨北伐后援会领导下组织的捐献活动如火如荼。1926 年 8 月 10 日《民国日报》报道：“日本政府接到华侨汇来巨款，赞助讨吴；海外国民党支部接济之巨款，现源源而来。”据不完全统计，截至 1926 年底，海外华侨为北伐捐款 100 多万大洋，数额庞大。

除了捐钱捐物支持北伐，不少华侨还万里迢迢回国参加北伐前线战争。早在北伐战争酝酿期间，暹罗华侨青年报名回国参加北伐军者就达 300 多人。越南华侨机械师宋黎，掌握制造武器的技术，得知北伐战争即将打响，遂辞职回到广州，到一座兵工厂出力献技。叶挺独立团出师北伐不久，从广州口岸回国从军的华侨有 318 人。侨居埃及的闽侨马火扬，原在一家公司任职，得知叶挺独立团北伐出征的消息后，当即辞职，将自己十多年来辛苦积攒的积蓄作路费，从遥远的非洲回国从军，“抱为党牺牲之决心”，“聊尽报国之激情”。

北伐战争激烈进行之际，在巴达维亚《新报》工作的华侨林善雄，发起组织由 150 多名华侨青年组成的义勇团回国，为北伐效力。北加浪岸中华学校校长张国基，在北伐

---

① 留法国民党愿为革命军后盾［N］. 民国日报，1926－08－23.

图 3－16　北伐战争独立团团长、共产党员叶挺

图 3－17　被誉为“铁军”的独立团徽章

期间帮助许多华侨学生回国参加斗争。1926 年底，他自己也回到祖国，在武汉农民运动讲习所从事教务工作。还有由东南亚各国 200 多名华侨青年联合组成的“华侨炸弹敢死队”回国，与北伐军一道冲锋陷阵，顽强战斗，立下战功。国内归侨则成立了“北伐军海外北伐工作团”“华侨特别宣传队”，追随北伐军，为战事服务。

回国参加北伐战争的华侨青年勇敢顽强，其中不少人血洒疆场。欧洲华侨李海涛回国参加中共领导的铁甲车队，并火线入党，后任叶挺独立团八连连长，是独立团的战斗骨干。1926 年 10 月 1 日，在攻打武昌城的战斗中，他身先士卒，奋勇杀敌，英勇献身。从新加坡回国参加北伐的 19 名华侨，在 1926 年 11 月攻打南昌城时，有 18 人先后捐躯。

为配合北伐战争，彭泽民、许甦魂以海外部名义，向国民党中央提出创办华侨运动讲习所并获得批准。1926 年 12 月至 1927 年 3 月，中国国民党党立华侨运动讲习所（简称“华侨运动讲习所”）在广州东皋大道开办，彭泽民兼任所长，共产党人张航声为教务主任并主持实际工作，教员多由中共党员和国民党左派人士担任，有邓演达、郭沫若、萧楚女、熊锐、恽代英、韩麟符、任卓宣、陈其瑗、许超循、甘乃光等人，其中不少人为毛泽东主持的第六届农民运动讲习所教员。《华侨运动讲习所简章》规定：讲习所的宗旨为“培养海外党务指导人才，引导华侨进行反帝爱国运动”，培养目标为“海外党务教育员、华侨运动监督员、报馆编辑及其他工作人员”。① 华侨运动讲习所招收学员 80 人，于 1927 年 3 月结业。他们大部分投入北伐战争，也有一部分人到海外从事革命活动。因 1927 年 4 月蒋介石发动四一二政变，讲习所只办了一期便被迫停办。开办华侨运动讲习所可谓国共两党携手共同培养华侨干部的有益尝试，是中共侨务人才培养的起步，也是中共早期侨务政策开端的标志性事件之

① 郭满．中共与华侨运动讲习所史事探析［J］．中共党史研究，2018（10）：76.

一。共产党人萧楚女在讲习所的讲义《帝国主义压迫下的华侨与革命》指出，侨居海外的华侨“大部分是‘无产阶级’，不但身受弱小民族的痛苦，而且亦新领资本主义剥削劳动者的味道”，“他们在海外备受欺凌，国家丝毫不能保护他们”，华侨所处悲惨地位说明华侨是要革命的，是爱国的。① 该讲义还阐述了华侨是爱国统一战线的组成部分。国共合作及国民革命高潮推动了中共与华侨关系的发展。

如果说国民革命军与北洋军阀作战是北伐战争的第一战场，那么海外华侨开展的各种形式的支援活动可谓是北伐战争的“海外战场”或者说“第二战场”。华侨对北伐战争的支援，是北伐战争的重要组成部分。

然而，正值国民革命高潮时，1927 年 4 月和 7 月，蒋介石、汪精卫等人先后发动反革命政变，叛变革命，国共合作破裂。国民党左派、归侨彭泽民、陈友仁等人坚定地捍卫国共合作，与宋庆龄、邓演达、何香凝等国民党左派一道，坚决反对国民党右派分裂国共合作的倒行逆施之举，为维护国共合作进行了最后的抗争。虽然他们力量有限，未能挽救国民革命，但他们为维护国共合作的艰辛努力值得充分肯定，也为抗日战争时期第二次国共合作提供了经验。

思考题

1. 旅俄华工向祖国传播马克思主义有何特点？

2. 哪位华侨协助共产国际小组来华帮助创建中国共产党？其撰写了哪两本研究传播马列主义的著作？

3. 第一次国共合作建立后，国民党中央成立了什么组织领导海外党务工作？该组织第二任主要领导人分别是哪两人？

推荐阅读

1. 刘永明. 国民党人与五四运动［M］. 北京：中国社会科学出版社，1990.

2. 李永昌. 旅俄华工与十月革命［M］. 石家庄：河北教育出版社，1988.

3. 任贵祥. 华侨与中国新民主主义革命——兼论民主革命时期华侨与中国共产党的关系［M］. 北京：中国华侨出版社，2006 年.

4. 广东省档案馆，广州华侨志编委办，广州华侨研究会，等. 华侨与侨务史料选编：广东：1［M］. 广州：广东人民出版社，1991.

① 中央党史研究室《萧楚女文存》编辑组，广东革命历史博物馆. 萧楚女文存［M］. 北京：中共党史出版社，1998：433.

第四章
华侨与抗日战争

1931 年“九·一八”事变后，日本开始发动大规模的侵华战争。国难当头，海外华侨以各种方式反抗日本侵略者的强盗行为，积极支持中国政府抗击日寇的侵略行径。全面抗战爆发后，中华民族面临生死存亡的紧要关头，海外华侨迸发出更加炽热的民族情怀，他们的爱国主义运动达到了高潮。

第一节　日本侵华与华侨救亡运动兴起

“九·一八”事变后，海外华侨随即掀起颇具声势的抗日救亡运动。他们组建各种救国团体，抵制日货，敦促中国政府奋起抗日。他们积极驰援十九路军淞沪抗战，并拥护抗日民主运动。

一、华侨对“九·一八”事变的反响

“九·一八”事变对海外华侨社会产生极大冲击和震动，反响强烈。“九·一八”事变次日，日本华侨纷纷返回国内，仅在事变发生的两个月内就有 7 000 多人弃职回国，以罢工的形式抗议日本侵华的野蛮暴行。①

海外华侨纷纷致电中国政府要求抗日，表示“誓为后盾”。暹罗曼谷中华总商会召集各同业公会研讨募捐及抵制日货，随即各界华侨组织了“暹罗华侨反日后援会”等救国团体。新加坡中华总商会召开紧急会议，定 9 月 23 日为“国耻日”；新加坡华侨迅速掀起抵制日货运动，并致电南京国民政府请求抗战，致电日内瓦国际联盟请主持正

① 七千留日华侨归国［N］. 申报，1931－11－16.

义，制止日本的侵略。到10月21日，新加坡华商及华侨已完全断绝与日商的关系，华侨学校的师生还组织特别委员会，以促进购用国货。马来亚槟榔屿华侨捐款购买飞机，拟作抗日宣传之用，并首先集资1万元，由华侨许生理带往南京，面交国民政府。

“九·一八”事变后，荷属东印度各地华侨开展了各种形式的募捐运动，包括长期的月捐、义卖（卖花或演剧等）、救济及献金等运动。泗水等56个地区一年内捐款达国币557 709.82元，另有毫银55 450两。先达华侨于1933年3月4日组织“赈济东北难民协会”，短短4天内即募得赈款1 800余盾，向银行购买汇票得白银2 300两，立即汇往上海东北难民救济会，转赈东北难胞。

在美国，纽约华侨中华公所相继召开紧急会议和全侨大会，决定成立纽约全侨抗日救国会，并发表救国宣言，痛斥日本的侵略行径，同时致电南京国民政府，要求抗战。9月24日，《中西日报》发表了社论，强烈谴责日寇的暴行，坚决主张对日开战。11月，三藩市（旧金山）中华会馆、侨团、留学生、同源会、教会皆纷纷通电声讨日本侵略，组织拒日会，抵制日货。侨团还组织捐款，慰劳马占山部抗战将士。11月16日，中华会馆电汇马占山将军大洋3.07万元。① 在加拿大，华侨商界发起大规模的抵制日货运动。温哥华黄云山总公所强调，其公所抵制日货，任何成员不得与日本人有交易。

在欧洲，10月4日，英国伦敦的华侨团体就“九·一八”事变发表宣言书，呼吁世界各国促使日本政府立即从中国撤走侵略军。比利时华侨成立反日救国总会，电请国民政府“对日宣战”，并表示旅比华侨抗日救国决心。此外，欧洲各国华侨纷纷创办宣传抗日救亡的报刊，其中最为活跃的是德国华侨，他们创办了《反帝斗争》《反帝战线》《尖哨》《海外论坛》等刊物。②

在澳大利亚，9月下旬，墨尔本华侨抗日救国会派出检查队走上街头，检查抵制日货情况。宣传队、募捐队向商家及华侨募捐，作为对日宣战的军费。华商组织的香蕉行业公会决定在公积金内提捐1 000镑。华侨商店每日营业额提捐1/20。许多华侨认捐100镑或200镑，一共募到5 000镑，折合国币10万元。③

总之，“九·一八”事变发生后，海外华侨痛斥日本的侵略行径，促请民国政府积极抵御外侮。他们通过各种方式积极支持中国抗击日寇的侵略，拉开了海外侨胞抗日救国的序幕。

---

① 刘伯骥．美国华侨史续编［M］．台北：黎明文化事业股份有限公司，1982：565.

② 张世均．欧美大国和华侨对“九一八”事变的反响［J］．世界历史，2001（4）：52－61.

③ 广州《民国日报》，1931年11月21日，转引自：黄昆章．澳大利亚华侨华人史［M］．广州：广东高等教育出版社，1998：185－186.

二、驰援十九路军抗战

1932 年 1 月 28 日，日军又在上海发动侵略战争。驻上海的国民革命军十九路军在军长蔡廷锴、总指挥蒋光鼐的指挥下，奋起抵抗日军，著名的“一·二八”淞沪抗战爆发。

海外华侨积极支持十九路军的英勇抗战，菲律宾华侨发电给蔡廷锴，赞扬十九路军英勇杀敌的光荣之举。旧金山、芝加哥等地“唐人街上之灯龙竞作大蹈步之舞，而中国锣鼓声、呼喊声，震耳欲聋”①。美洲华侨为表彰十九路军，制作“精神救国”金匾，赠送给蔡廷锴军长，其中还有 1 位华侨将 1 枚镶嵌着椭圆宝石的戒指赠给蒋光鼐。

除了精神上的积极支持和鼓励，海外华侨也从金钱和物质上援助淞沪抗战。2 月 2 日，第一笔华侨捐款由十九路军接收，之后，华侨捐款络绎不绝汇来。新加坡、马来亚华侨组织“救济上海伤兵难民筹赈委员会”，支援淞沪抗战国军，数月内募集捐款达 100 多万银圆。淞沪抗战期间，仅旅菲华侨的捐款就达国币 250 万元。菲律宾华侨国难后援会在侨领李清泉带领下，2 月先后两次为十九路军捐款达 25 万元。缅甸华侨梁金山（云南保山人）捐银 4 000 两，支持十九路军保卫上海。②

据统计，1932 年 2—7 月，美国旧金山、纽约、芝加哥等地华侨捐献 174. 5 万元，檀香山捐 23. 7 万元，加拿大捐 17. 8 万元，古巴捐 12. 5 万元，墨西哥捐 4 万多元，美洲华侨总捐约 232. 5 万元给十九路军。

爱国侨领和知名人士不仅捐献巨款，而且利用他们的地位和影响力，积极动员和组织广大侨胞开展抗日捐献活动。陈嘉庚深为十九路军浴血奋战所感动，极力向华侨筹捐巨款汇往上海。淞沪抗战刚刚爆发，著名缅甸侨领、新加坡侨商胡文虎电汇 1 万元，交上海《申报》馆转交十九路军，作为救护伤病员之用。2 月下旬，他再汇 1 万元。当时，何香凝女士正在上海组织救护队，因经费困难，致函胡文虎请求援助，胡文虎立即又汇去 1 万元，并寄去大量药品。

据蔡廷锴司令部统计，十九路军共收到捐款 1 068 万元，其中华侨捐款占 75%，达 801 万元。为了感谢海外华侨的支援，十九路军专门制作抗日纪念章，分赠给各地华侨。总指挥蒋光鼐、军长蔡廷锴还将他们的合影照片亲自签名盖印，分送海外各地侨团。

---

① 彭泽. 华侨对十九路军抗战的支援［J］. 福建党史月刊，1995（5）：18－19.

② 1934 年长城抗战期间，梁金山曾捐银 5 000 两给宋哲元部支持抗战。此外，全面抗战爆发前夕，梁金山低价出售两家商号和一家公司，筹款 20 万卢比，聘请英国工程师，费时三年，在怒江大峡谷建造了中国最早的钢索吊桥——惠通桥。该桥全长 123 米，桥面宽 6 米，作为滇缅公路的咽喉，它后来成为中国抗战的生命线。参见：云南省人民政府侨务办公室. 赤子丹心：华侨华人与云南抗战［M］. 2015：46.

华侨还积极捐献军需物资。美洲华侨捐献头盔 26 000 顶，其中加拿大温哥华华侨捐献 11 000 顶。在美国旧金山，女侨胞赶织绒衣寄赠十九路军官兵。越南华侨救国团体发动侨胞筹集 40 多箱衣物、药品，寄往十九路军和上海救济会。胡文虎先生也捐献一批药品。海外华侨知悉十九路军缺乏汽车和飞机后，仅菲律宾华侨就购捐了 15 架飞机助战，马尼拉粤侨出入口帮工界联合会和马尼拉粤侨工商联合会还联合捐赠载重汽车 2 辆。

许多华侨返国参战，报效祖国。“九·一八”事变发生后，一批华侨于 1931 年 11 月到达南京，回国参战。次年“一·二八”事变后，他们接受集中训练后开赴上海，编为华侨义勇军第一总队，吴越为总队长。华侨义勇军在淞沪抗战中发挥了很大的战斗作用，建立了卓越的战绩，国民政府侨务委员会为此专门电慰华侨义勇军。

在新加坡，同德书报社开设救伤培训班，培训救伤人员回国服务，受训者2 000余人。美国哥伦比亚大学的 50 名中国留学生于 1932 年 2 月 4 日急电南京国民党政府要求“准其离校返国从戎”。还有一些华侨在当地侨团和救国组织的资助下零散回国参战，如出生在苏门答腊邦加岛上的李益中来自家底殷实的华侨富贾之家，年仅 17 岁即告别父母，回国参加抗日救亡工作队。

美国波特兰美洲华侨航空救国会组织华侨航空义勇团，积极招训人员回国抗战。该团后扩至全美，共 6 个团，为中国抗战培养许多飞行员、工程人员等航空人才。

一些华侨志士甚至牺牲在淞沪抗战中。当日寇飞机在淞沪上空狂轰滥炸时，归侨飞行员黄毓全和战友们率领 9 架战斗机英勇迎战日寇机群，黄毓全先后击落数架敌机。2 月 5 日，日机再次来犯，驾机迎战的黄毓全遭到敌机围攻，后不幸牺牲，年仅 28 岁。黄毓全是中国空军抵抗外侮英勇献身的第一人。

三、拥护抗日民主运动

为挽救中华民族危亡，在中共领导下，1935 年 12 月，北平学生举行了规模较大的“一二·九”抗日救亡运动，反对华北“自治”，呼吁“停止内战，一致抗日”。海外华侨积极支持北平学生的爱国行动，他们召开大会，发表宣言、通电，海外华侨抗日救亡运动自此进入了新阶段。

新加坡、马来亚等地侨校师生成立了相关组织，配合国内学生救亡运动。英国伦敦中华学生会发表《为日本帝国主义在华北组织五省自治政府告全国同胞书》，支持“一二·九”学生运动，并向国民政府当局提出“立即停止中日秘密协商”“停止内战”“准备民族革命自卫战争”三项要求。美国纽约中国学生会致电国民政府，要求“出兵华北，对日宣战，收回失地”，并向世界各国发表宣言，呼吁同情中国的抗日救亡运动；随后又召开特别会议，串联并致电美国各大城市的中国学生会，呼吁海外学界同仁一致奋斗，声援国内学生，奋起保卫祖国，共为民族解放而斗争。① 在其影响下，旧金山、芝加哥等地的侨校学生纷纷声援国内学生运动。

马来亚、荷属东印度、缅甸、越南等国家和地区的侨团或个人，纷纷通电国民政府和北平当局，谴责其镇压学生运动的暴行，呼吁以民族利益为重，一致抵制外侮。德国华侨致电国内一些学校，称赞学生在国破家亡之际做民族革命的先锋，认为当局“摧残青年的爱国热忱”“痛心发指”，表达海外侨胞“对于冰天风雨之中，正在奔走号呼、惨遭牺牲之青年，实深十二万分的敬慰，而尽可能地勉致精神与物质之援助”。② 英国华侨也发表宣言和通电，支持国内学生的爱国民主运动。美国旧金山、费城、芝加哥、纽约、华盛顿等城市的华侨纷纷以各种不同的形式支持国内学生的爱国运动。1935 年 12 月 28 日，纽约华侨各界、各党派、各社团、各报馆等联合起来成立纽约华侨抗日救国会，宗旨是“联合海内外民众，实行武装自卫，反对一党专制，促成国防政府，积极抗日”③。华盛顿华侨抗日后援会则发出通电，表示愿做“全国学生运动的后盾”。

1936 年 11 月，国民政府将主张开放民主、停止内战、一致抗日的全国各界救国会领袖沈钧儒等七人逮捕，制造了震惊中外的“七君子”事件。

海外华侨对“七君子”事件深感震惊，他们立即声援和营救“七君子”，对国民政府当局迫害抗日民主力量深表愤慨。新加坡华侨各界联名致电蒋介石、林森、冯玉祥、宋庆龄等人，痛陈国难当头之际，沪市当局竟逮捕救国会领袖，实在是“助敌摧残救国力量，徒使‘敌快我痛’，伏恳即行释放，以息侨情”。法国华侨在巴黎成立营救“七君子”的专门委员会，一致议决致电国民政府，要求释放“七君子”，向大使馆请愿，联络法国知名人士设法营救，致函上海各界救国会表示慰问等事项。会后，该会派人到中国驻法使馆请愿并递交请愿书，谴责当局迫害民主领袖的行径，要求使馆立即向国内政府转达侨情，使馆人员答应了华侨代表的要求。在美国，纽约中华公所及华侨抗日救国会联合致电国民政府，认为逮捕“七君子”是“自毁长城”，请立即释放，并“惩办陷害主犯；以示抗日决心”。

华侨声援“一二·九”学生爱国运动和抗日民主人士“七君子”，反映了他们鲜明的是非观念和强烈的正义感。

总之，从 1931 年“九·一八”事变到 1937 年“七·七”事变之前，海外华侨表

---

① 法国《救国时报》，1936 年 1 月 9 日，转引自：任贵祥．华侨与中国民族民主革命［M］．北京：中央编译出版社，2006：287.

② 北平《学联日报》，1936 年 2 月 6 日，转引自：任贵祥．华侨与中国新民主主义革命：兼论民主革命时期华侨与中国共产党的关系［M］．北京：中国华侨出版社，2006：288.

③ 纽约侨胞抗日救国会成立［M］//广东省档案馆．华侨与侨务史料选编（广东）：1. 广州：广东人民出版社，1991：475.

现出炽热的爱国情怀，以多种方式积极支持祖国抗击日寇侵略，参与波澜壮阔的抗日救亡运动。

第二节 华侨抗战的组织与思想动员

全面抗战爆发后，海外华侨建立了数量众多的抗日救国团体，以更有效开展抗日活动。抗战期间，为了争取华侨支持抗战工作，国民政府和中国共产党都做了多方面的组织和动员工作。

一、抗日救亡团体的创建

国难当前，海外华侨联合起来，组织大规模、全侨性的救国组织，它们打破地域、血缘、职业等的隔阂，整合力量，共同声援祖国抗战。

抗战初期，华侨就在海外自发地组织了不少救国团体和组织，支援祖国抗战，其中最具代表性的有南洋华侨筹赈祖国难民总会（简称“南侨总会”）、欧洲华侨抗日救国联合会（简称“全欧华侨抗联会”）和旅美华侨统一义捐救国总会（简称“旅美华侨救国会”）。

1936 年初，新加坡华侨已经成立了各界抗日救国会。1937 年“七·七”事变发生后，马来亚华侨的抗日救国运动就冲破英国殖民当局的禁阻，迅速开展起来。“八·一三”事变爆发后，在陈嘉庚等人的共同努力下，8 月 15 日，新加坡 118 个华侨社团的 1 000多名代表召开大会，成立“马来亚新加坡华侨筹赈祖国伤兵难民大会委员会”。筹赈会设委员 32 名，陈嘉庚被选为主席。该会的宗旨是发动华侨以最大牺牲，协助祖国抗战，为祖国的伤兵难民筹赈。

1938 年 10 月 10 日，南洋华侨筹赈祖国难民总会代表大会在新加坡隆重召开。出席大会的南洋各地 168 名代表中，新加坡、马来亚的代表 97 人。① 经过热烈讨论，与会代表一致同意成立南侨总会，作为东南亚地区华侨抗日救国运动的最高领导机关。大会发表了宣言，并制定了抗日救国的三大任务：①联络南洋各属华侨研究筹赈方法，策动救亡工作；②筹款助赈祖国难民，并倡导集资发展祖国实业，以维持难民生计；③积极劝募公债及推销国货。②

大会选举陈嘉庚、庄西言、李清泉、侯西反、李铁民等 16 人为南侨总会常务委员，推举陈嘉庚为主席，李清泉、庄西言为副主席。会上，各国各地代表认捐救国捐款，每

① 傅无闷．南洋年鉴［M］．新加坡：南洋商报出版部，1939：166－167.
② 南洋华侨的救亡运动［M］//文汇年刊，1939：5.

月国币 400 万元。

南侨总会将南洋 800 万华侨首次凝聚起来，它冲破帮派地域观念，不分政治倾向，不分阶级，真正做到“工农商学兵，一起来救亡”。到 1940 年，南侨总会领导的基层组织达 702 个。南侨总会的成立是南洋华侨共同抗日救国大团结、大联合的标志。南侨总会由有威望的侨领发起，并经由国民政府批准成立，有严密的组织纲领和组织机构，在国内外具有相当的权威性。从 1938 年 10 月成立到 1941 年 12 月太平洋战争爆发的三年多时间里，南侨总会积极开展抗日活动，带领南洋广大华侨为支援祖国抗战作出了重大贡献。

图 4－1　陈嘉庚在南洋华侨筹赈祖国难民总会成立大会上讲话

在欧洲，“九・一八”事变后，英国、法国、德国、瑞士、苏联、意大利、比利时、荷兰等国华侨便陆续开展抗日救亡运动，自发建立许多抗日救亡组织，但较为分散。1936 年 9 月下旬，在救国联合会代表陶行知、钱俊瑞，学联代表陆璀等人的大力倡导下，全欧华侨抗联会成立，欧洲华侨抗日救国联合战线正式形成，并发表成立宣言，提出了全欧华侨的政治主张。

“七・七”事变之前，美国各地华侨纷纷组织救亡团体，当时在纽约就有美洲反帝大同盟、纽约华侨衣馆联合会、纽约华侨失业会、纽约中国学生会等救亡团体。1936 年 1 月 19 日，它们联合成立了纽约全体华侨抗日救国会。该会积极从事宣传中国抗战事业的正义性和艰苦性，争取美国朝野对中华民族抗日斗争的同情和支持。在旧金山，旅美华侨组织了旅美华侨救国会，由当地著名侨领邝炳舜等人领导，其下属有 47 个分会，遍布全美大、中、小城市，加上其他的救亡团体组织，共有 95 个华侨救亡团体。

为了加强各抗日救亡团体之间的团结，1943 年 9 月，全美华侨筹饷机关代表大会在纽约举行，出席大会的 67 位代表，分别来自全美 36 个大中城市。大会选举邝炳舜、梅友卓、刘思初、陈泽民、谭赞为主席团成员，赵鼎荣为大会秘书长。会议决定统一全美各埠华侨救国会的名称，并在波士顿、圣安东尼、西雅图另外设立执行机关，负责美国东南部、南部和北部华侨的抗日救国工作。会议讨论通过了《旅美华侨普遍捐款细则》，规定美国华侨，不论男女老少，均负有抗日救国之责，凡16岁以上者，均须交纳抗日救国月捐。①

华侨在非洲、大洋洲等人数较少的地区也成立很多抗日救国组织。在非洲，在“七·七”事变以后抗日救国组织也纷纷成立。据国民政府侨务委员会的统计，抗战时期，非洲华侨共成立了25个救国团体，计南非联邦5个，葡属东非5个，法属东非14个，毛里求斯1个。实际数字更多。② 在大洋洲，有澳大利亚悉尼华侨抗敌救国后援会、新西兰华侨联合总会等华侨抗日救国团体。

总之，抗战时期，海外华侨以南侨总会、全欧华侨抗联会、旅美华侨救国会三大洲际侨团为核心，在全世界建立了3 541个爱国团体（另有说法为3 940个）③，积极支援祖国抗战。

二、抗战时期的华侨动员

组织、动员海外华侨参加抗日救国工作，是战时国民政府和中国共产党的重要纲领之一。

“九·一八”事变以来，在南京国民政府的全民总动员中，广泛分布于世界各地的海外华侨也是其积极争取的对象。全面抗战爆发后，国民政府侨务工作的重心，即在于争取华侨的财力、人力等资源，援助祖国抗战。

“七·七”事变后，蒋介石在庐山发表谈话，标志着国民政府正式对日宣战。不久，国民政府侨务委员会发表《告海外侨胞书》，强调华侨具有中国国民身份属性，当履行毁家纾难、报效国家的责任。

“八·一三”事变发生后，国民政府开始积极备战。为了更好地发展海外党务和侨务，国民党于1938年重新恢复了中央海外部，以作为处理海外华侨党务之总机关，并颁发《战时海外工作纲领》。到1938年10月，日军大举入侵华南，武汉、广州相继沦陷。值此危急时刻，国民党政府最高首脑蒋介石电示海外部、侨委会，动员海外各地侨胞积极支持抗战。

为扩大宣传，充分调动华侨全面参与抗战，国民政府先后制定了很多法规和条例，

① 黄慰慈，许肖生．华侨对祖国抗战的贡献［M］．广州：广东人民出版社，1991：28.

② 李安山．试论抗日战争中非洲华侨的贡献［J］．世界历史，2000（3）：21－29.

③ 参见：潮龙起．历史丰碑：海外华侨与抗日战争［M］．广州：暨南大学出版社，2015：69. 另有说法认为，当时海外华侨创建的爱国团体达3 940个。参见转引：任贵祥．华侨与中国民族民主革命［M］．北京：中央编译出版社，2006：312.

通过侨委会、外交部及驻外使馆、海外部等组织机构，以及相关华侨刊物，对华侨进行大量的抗日宣传和组织工作。其中，侨委会先后成立了现代华侨出版社、华侨通讯社，发行《华侨动员》《侨务特刊》《华侨先锋》等刊物，刊登华侨动态、华侨抗声、侨史漫谈、专题报道、国际要闻等栏目，随时报道祖国的抗战消息、华侨募捐成绩及感人事迹等侨胞支援祖国抗战的消息，这对华侨爱国热情的鼓动，海外侨胞与祖国的沟通，各地侨社的相互了解，发挥了很好的宣传和教育作用。此外，侨委会还经常翻印或转发各项抗日宣传品，分寄海外各地。①

为促进海外华侨抗日运动的发展，国民政府及国民党中央先后派要员赴海外指导侨胞捐款献物、认购救国公债、开展抵制日货行动等。

爱国华侨是中国共产党统一战线的重要组成部分。抗战时期，以毛泽东为首的中共中央全方位展开对华侨的统战工作，取得了显著成绩。同时，华侨也在经济上、物资上和道义上支援中国共产党，甚至直接参加中国共产党领导的抗日武装斗争，为抗战胜利作出了巨大贡献。

中国共产党历来重视对华侨的抗日民族统一战线工作。中共中央和中国工农红军长征胜利到达陕北后，华侨作为中国民主革命运动中的一支重要力量，受到中共的特别关注。在1935年的《八一宣言》中，中共提出了“停止内战、一致抗日”的主张，并号召“一切关心祖国的侨胞们”支援祖国抗战。

为了能使广大海外华侨真正及时了解党的抗日救国主张和政策，1935年12月，中共派李立三、吴玉章、廖焕星等人赴法国宣传抗日主张，并在巴黎创办了由吴玉章任主编的《救国时报》，宗旨是“不分党派，不问信仰，团结全民，共同救国”，向海外侨胞广泛宣传中共的抗日民族统一战线的政策与方针。该报是抗战时期中国共产党对外宣传的主要媒介，为在抗日战争中争取海外各界华侨和国际社会对中国的支持，以及呼吁全民族团结一致、抗日救国作出了重要贡献。报社还应欧洲各国华侨社团的要求，请著名平民教育家陶行知等人发表演讲，有力地推动欧洲华侨抗日救国统一战线的建立。

1938年3月，毛泽东、周恩来在延安会见马来亚华侨各界抗敌后援会代表团，毛泽东号召“全体华侨同志应该好好团结起来，援助祖国，战胜日寇”，同时表明“共产党是关心海外侨胞的，愿意与全体侨胞建立抗日统一战线”。中共中央指示党驻香港、武汉和西安等办事处积极与回国的华侨青年联系，鼓励他们到延安参加抗日战争事业。其中，八路军驻香港办事处作为对外联系的桥头堡，发挥了尤其重要的作用。它除了印刷刊物宣传中共的抗日主张和抗日民族统一战线的方针、政策之外，还频繁地向各侨居地派出人员，直接开展对华侨的统战工作，并尽其所能鼓励和支持华侨奔赴延安参加抗战，同时开展募捐活动，为八路军购置医疗设备和医药品。比如，1939—1940年，香

① 参见：潮龙起．历史丰碑：海外华侨与抗日战争［M］．广州：暨南大学出版社，2015：14.

港“八办”派杜埃等人前往菲律宾，杜埃担任菲律宾华侨进步团体各劳工团体联合会创办的《建国报》编辑部主任，使该报成为一份抗战进步立场鲜明、深受华侨欢迎、动员华侨支持中国抗日战争的菲律宾华文周报。

中国共产党除了由香港办事处开展各项活动外，还通过其领导下的青年爱国组织——中华民族解放先锋队，在海外侨胞中做了大量的统一战线工作。在各办事处的努力组织下，从1938年5月至1939年8月，经西安先后奔赴延安的华侨青年达300多人。

1942年，中共中央为了加强海外抗日统一战线，在延安成立了中共中央海外工作委员会。中国共产党正是通过做华侨的统战工作，使得许多华侨青年络绎不绝地回国参加抗战，其中有部分人奔赴中共领导的各抗日根据地。

为了更有效团结华侨开展各种抗日事业的活动，在中共中央统战部和边区政府的领导组织下，1939年7月，边区政府成立了南洋华侨回国服务团驻延办事处。

1940年9月，留驻延安的170多名华侨代表举行了延安华侨第一次代表大会，大会决议正式成立延安华侨救国联合会（简称“延安侨联”），并通过了延安侨联简章。简章规定延安侨联的宗旨是加强对海外侨胞的宣传和联系，组织华侨回国抗战并参加边区建设。延安侨联成立后，密切团结与联系海外侨胞，积极开展抗日救亡活动和华侨统战工作，为陕甘宁边区的文化宣传、科教卫生和经济建设作出了重大贡献。1940年5月，陈嘉庚先生率南洋华侨“回国慰劳视察团”抵延安慰问视察，侨联协助做了许多接待工作，并向海外亲友和众多侨胞介绍中共的抗日主张与政策，扩大了中共的影响。在党中央海外工作委员会的领导下，延安侨联还开展了对侨居国的宣传和研究工作等。

中共中央和边区政府为了提高延安归侨的革命素质，以便更好地为抗战事业作出更大的贡献，有计划地组织他们报名参加各种干部学校的学习。这些归国华侨大多被送入抗日军政大学、中央党校、马列学院、鲁迅艺术学院、延安女子大学、陕北公学等院校学习。在延安学习后，他们大部分都自愿报名到前方各抗日根据地进行抗日工作。

中共中央鼓励和支持海外华侨与延安归侨在边区兴办实业。1941年2月，中共在《1941年的陕甘宁边区经济建设计划》中提出，政府提倡保护并帮助私人商业的发展，“尤其欢迎边区以外及华侨等实业家、商业家来边区投资”。1941年5月1日，陕甘宁边区政府在《陕甘宁边区政纲》中明确规定：“欢迎海外华侨来边区求学，参加抗日工作，或兴办实业。”这是中共首次颁发的有关华侨投资的正式文件。在边区政府的支持下，越南归侨在延安创办了第一个制药厂——光华制药厂。延安侨联发起组织西北华侨实业公司，开办了华侨毛织工厂，对边区经济的发展和工商业的繁荣起了很大的作用。

总之，抗日战争时期，中国共产党通过制定正确的侨务政策和做了较为深入的统战工作，使广大侨胞能够积极参加抗日民族统一战线。

抗战时期，国内一些精英人士不断对海外华侨进行组织、宣传和动员，希望通过他们个人的作用来凝聚侨心、加强团结、开展侨务公共外交，从而支援祖国抗战。

“福建事变”后，蔡廷锴率部属访问海外华侨。因十九路军在淞沪抗战中的英勇表现，海外华侨热烈欢迎蔡廷锴一行，尤其赞赏他们英勇抗日的正义举动。1934 年 8 月底，蔡廷锴一行来到美国纽约，8 月 30 日，在美国华侨举行的欢迎大会上，蔡廷锴对淞沪抗战中十九路军英勇抗战的经过和国内的局势做了详细的报告，号召侨胞要“尽一分责任，努力向日本帝国主义者发起进攻”。演讲完毕后，蔡又草拟了一份《告全体侨胞书》，表其抗战的决心和希望。

之后，在美国侨领司徒美堂等人的安排下，蔡廷锴一行又访问了美国 20 多个城镇。蔡将军在美国华侨社会发表演讲，宣传抗日救亡主张，讲述祖国民众英勇抗战的事迹，有力促进了美国华侨支援祖国抗战。

著名教育家陶行知也前往美国，进行游说，宣传其联合战线、抗日救国的主张。1936 年 11 月，陶行知抵达美国。同年底，陶行知先后在波士顿、纽约等地对华侨们发表演讲，宣传抗日救国主张。

1938 年 5 月 4 日，陶行知在洛杉矶 5 000 人群众大会上发表演讲，将近两年来世界各主要国运往日本的战略物资和自美国运去的商品形成数据报告，公之于众。这在美国朝野和华侨中引起了巨大的轰动，也为华侨后来展开公共外交活动提供了资料基础。①

华侨社团和精英人士有效地填补了政府宣传工作的不足，也为华侨投身祖国救亡运动发挥了十分重要的作用。

经过共同努力，海外华侨社会在抗战时期空前团结起来，华侨们的爱国热忱高涨，争先恐后地从人力、物力、财力上支援祖国抗战、充实祖国经济实力，这些举动对中国维持经济的稳定和持久抗战发挥了十分重要的作用，为接下来华侨在美国开展侨务公共外交活动奠定了思想和组织基础。

第三节　华侨对抗战的贡献

抗战时期，爱国华侨不惜财力、物力支持祖国抗击外侮。许多华侨返回国内，亲赴抗日前线，涌现出众多可歌可泣的爱国壮举。爱国华侨还在住在国积极展开公共外交，争取住在国政府和民众支持中国抗战。

一、对祖国抗战的财力捐输

抗战时期，广大华侨积极开展形式多样的捐款，为当时财政拮据的中国坚持长期

① 何洪明．抗战时期中国对美侨务公共外交研究（1931—1945）［D］．广州：暨南大学，2017：36.

抗战提供了有力的财力支援，为祖国赢得抗日战争的最后胜利起到了非常重要的作用。

（一）捐款

战时华侨社会进行了广泛而深入的捐款活动。华侨捐款持续的时间长，人数多，范围广，数量大。从时间来看，华侨为祖国抗战的捐款从“九·一八”事变开始，一直持续到抗战胜利，长达 14 年。从人数和范围来看，当时全世界五大洲共有华侨约 800 万人，其中有约 400 万人为祖国抗战捐过款，占华侨总人数的一半。从数量来看，据当时国民政府财政部统计，整个抗战期间华侨捐款总数为国币1 322 592 652元。但这个数据并不是全部，因为华侨捐款的途径是多元的，有的捐款直接汇寄给各军队，有的交给红十字会，有的则寄给侨务委员会。①

抗战期间，世界各地华侨无论是男女、老幼、贫富都参加了这场规模庞大的募捐活动。在规模浩大的捐赠运动中，侨胞们创造了灵活多样的募捐方式。主要有：①月捐，或称作常月捐；②认购债券，包括救国公债、金公债、国防公债、军需建设公债、节约建国储蓄券；③义卖；④义演；⑤特别捐：婚丧费用、筵席费用、伤兵之友捐；⑥寒衣捐；⑦汽车捐；⑧飞机捐；⑨捐献物品：药品、军用物品；⑩难童捐；⑪机工捐；⑫节日捐，如七七献金、双十献金；⑬医药金；⑭货物捐；⑮节食捐。②

在马来亚，从 1937 年 7 月至 1941 年，华侨义捐和购债总额为国币 1.612 亿元。其中，南侨总会成立前为 2 000 万元，其后为 1.512 亿元，平均每人义捐 74 元。据统计，1937—1941 年，南洋惠侨救乡会共捐献、筹募国币 3.8 亿元，全部支援祖国抗战。③

阅读材料：武汉合唱团巡演募捐

1938 年 12 月，由音乐家夏之秋率领的武汉合唱团去马来亚各地为祖国募集救灾等款项，陈嘉庚以南侨总会的名义，给予多方面的支持和帮助。12 月 18 日晚，合唱团在“星华各侨团学校”组织的欢迎大会上首次亮相，引起轰动，观众和各报章交相赞誉。12 月 22 日，他们正式在新加坡的卡必都戏院公演，一连 8 晚，场场满座。在市民的要求下，合唱团又加演了 8 场。此后，合

① 李盈慧．抗战中的华侨：开展波澜壮阔的救亡运动［N］．社会科学报，2015－09－05.

② 李盈慧．抗战中的华侨：开展波澜壮阔的救亡运动［N］．社会科学报，2015－09－05.

③ 惠州市志（网络版）［EB/OL］．http：//www.gd-info.gov.cn/books/dtree/showSJBookContent.jsp？bookId＝16145&partId＝102&artId＝74121.

唱团在新加坡的“大世界”“新世界”“快乐世界”三大艺场轮流演出。直到1939年5月，才开始转到马来亚各地巡回演出。

马来亚华侨对于合唱团的募捐演出，反应非常热烈。无论是在繁华的都市，还是在偏僻的渔港，每当演出完毕，观众捐款都十分踊跃。仅在马来亚巡演的第一站柔佛，合唱团就募得40万元。在麻坡的一次义卖演出中，一只花篮曾卖得20多万元。该团于1939年7月7日在吉隆坡演出爱国话剧《逃难到雪兰莪》时，侨胞大受震动，当场捐款27 300余元。

合唱团在演出的一年多里，募到捐款达叻币200多万元，折合当时国币近2 000万元。①

图4-2　马来亚煤炭山华侨欢迎武汉合唱团巡演（1939年9月11日）

菲律宾华侨的捐款活动较为广泛，遍及整个华侨社会。无论富商巨贾还是升斗小民，无论男女老少，都热情地克己捐输。侨领更是以身作则，捐资纾难。侨领李清泉先生尤为表率，甚至在他弥留之际，仍嘱托将10万美元送中国政府作为救济难民之用。②菲律宾华侨踊跃捐献，作出了卓著的成绩，人均捐献数居东南亚各侨社前列。菲律宾华侨最明显的特征是，不论在人口的绝对数方面，还是在人口比重方面，都比东南亚绝大多数国家低得多，但以人均捐献数计，在东南亚地区乃至全世界各地华侨中，菲律宾华侨却位居前列。

① 武汉合唱团南来筹赈［M］//许云樵，蔡史君．新马华人抗日史料：1937—1945. 新加坡：文史出版私人有限公司，1984：112-113.

② 阳阳. 华侨巨擘，爱国楷模［N］. 华声报，1955-02-19.

据不完全统计，世界各地华侨在财力方面对祖国抗战的贡献约达国币 50 亿元。1939 年 8 月，美联社发表的《海外华侨救国捐款统计》指出，截至 1938 年，海外华侨捐输祖国、充实国库之抗日救国捐款额，共达 12 亿元。① 1940 年 7 月 11 日，路透社发表了国民党中央海外部部长吴铁城谈关于华侨抗日救国捐款情况的消息。吴指出：过去 3 年间（指 1937 年至 1940 年），华侨汇达祖国之战费，共计国币 20 万万元。②

图 4 – 3　南洋华侨学生筹款救国

图 4 – 4　南洋华侨学生筹款救国

① 华侨日报，1939 – 08 – 19.
② 印尼商报，1940 – 07 – 12.

太平洋战争爆发后，华侨的义捐和侨汇受到严重的影响，但并没有完全断绝。从1941年下半年至1945年8月日本投降期间，仅国民政府财政部核收的华侨捐款已达国币9.5亿元以上。所以，在1937—1945年，包括义捐和救国公债在内，华侨对祖国捐资助战的总数达国币50亿元之巨是可信的。而另据当时国民政府统计，抗战期间，海外华侨捐款总计超过13亿元，侨汇达到95亿元以上，占当时中国军费的43%。①

在各地华侨抗日社团和侨领的组织领导下，旨在捐资助战的各地华侨抗日筹赈运动轰轰烈烈，为支持祖国抗战，作出了巨大的贡献。华侨捐款是抗日战争期间国民政府财政经济的主要补充，也是中国抗战能够取得最后胜利的重要保证。

（二）购买国债

在国难当头之际，为了解决中国在军事和财力等方面巨大的困难，国民政府向海外发行救国公债、国防公债、金公债和储蓄券，号召海外华侨社会各界为抗战购债。抗战爆发时，国民政府成立战时公债劝募委员会，以政府最高军事首脑蒋介石为主任委员，著名侨领和侨界知名人士陈嘉庚、庄西言、陈守明、胡文虎、李国钦等被聘为常务委员。1937年8、9月，国民政府先后颁布《救国公债条例》《救国公债募集办法》《修整救国公债募集办法》和《购募救国公债奖励条例》。规定“本公债自战事结束后第三年起，由国库指拨基金，分二十年还清”，凡侨胞团体承购救国公债200万元以上至500万元或劝募救国公债500万元以上至1 000万元的，明令褒奖并颁给匾额；凡侨胞个人承购救国公债1万元以上至200万元或劝募救国公债5万元以上至500万元者，则明令褒奖并颁给勋章或给予奖章。

国民政府号召和发动国内外各界为抗战购买公债。广大华侨积极响应祖国政府的号召，他们在海外各地成立了华侨公债劝募委员会，在踊跃捐款的同时，掀起了广泛的购债运动。抗战期间，国民政府发行六期公债，总额约达30亿元。政府每次发行公债，华侨都踊跃认购，且认购数额相当巨大。如，国民政府发行第一期救国公债5亿元，海外各地侨胞就认购了半数以上。1937—1939年，华侨认购的各种公债包括：救国公债51 150 346元，国防公债6 265 138元，金公债2 915 880元又22 924金镑；还有储蓄券，马来亚各地华侨购买了240万余元。② 到1941年夏，华侨购债总额为6.82亿元。③至1942年，华侨购债总额为11亿元。④ 1942年华侨购债额约占国民政府发行公债总数

① 旦增桑周．侨办副主任：战时华侨捐汇总额占当时中国军费43%［EB/OL］．（2015－08－25）．http：//www.chinanews.com/shipin/2015/08－25/news593868.shtml.

② 陈树人．四年来的华侨爱国运动［J］．现代华侨，1940，1（8）.

③ 解放日报，1941－08－04.

④ 华侨抗战的真实写照：中国人民革命军事博物馆抗日战争侧记［N］．华声报，1985－08－20.

的1/3①，可见其数量和比重之大。而且，这些救国公债实际上最后又都全部无偿地贡献给祖国。

在菲律宾，当地华侨积极展开救国捐献，捐献种类包括救国公债、常月捐、义捐、航空建设捐、救济难民捐等。1938 年，菲律宾华侨购债总额为 550 万元。1937 年 7 月至 1939 年 5 月，菲律宾华侨支援抗战的各种捐款中，有救国公债 3 260 872.05 比索（国币 5 517 550 元）。著名侨领李清泉先生 1933 年已独捐战斗侦察机一架，抗战时在认购救国公债中，又带头购买救国公债 40 万元。

图 4－5 抗战时期救国公债

名扬海外的华侨爱国巨商胡文虎为在国内设立残废军人疗养院和阵亡将士遗孤教养院，一次就捐款 200 万元。首次购买 20 万元救国公债后，1937 年 10 月，他写信给新加坡中国银行经理，谈到自己认购公债的意义和认识："强邻压境，国势阽危，毁家纾难，此其时矣，文虎远离南邦，责不敢忽，除前已购救国公债 20 万元外，兹恳再认购 30 万元，聊尽国民天职。"1938 年 9 月，他将存于国内各银行的建校余款 200 万元移购了救国公债，前后三次共计 300 万元，并且说："他日还本与否，尚未计及，苟得归还，即吾祖国复兴之时，届时仍将一本初志，将该款举办国家公益事业。"

认购公债也是美国华侨支持祖国抗战的又一重要形式。在抗战期间，美国华侨救国团体帮助中国政府推销了 1937 年和 1938 年第一、二期救国公债，而且华侨每次认购都争先恐后，如开平籍侨领周锐一人认购 1 万美元，是全美华侨中认购公债数额达 1 万美元的三人之一。抗战期间，仅新会籍旅美华侨认购的救国公债、航空公债就达 3 630 万美元。②

总之，华侨募捐活动全面、多样、规模庞大，就华侨购买公债而言，抗日战争期间，国民政府发行的公债有 22 种之多，包括救国公债、金公债、国防公债、军需建设公债、节约建国储蓄券等，都有华侨认购。

---

① 李盈慧．抗战中的华侨：开展波澜壮阔的救亡运动［N］．社会科学报，2015－09－05.

② 潮龙起．美国华人史［M］．济南：山东画报出版社，2010：184.

二、对祖国抗战的物力支援

据国民政府侨务委员会委员长陈树人统计，从1937年至1940年初，华侨为祖国抗战捐献的各种物品总数达3 000批以上，平均每月100批左右。华侨的物资捐献，从飞机、坦克、各种车辆到被褥毛毯、冬夏服装，乃至各类药品、金银首饰，甚至献出自己的热血来救死扶伤。①

东南亚地区华侨最多，其物力捐输也最大。据统计，从1937年到1940年，东南亚地区华侨捐献的各种棉衣多达700余万件，另有夏装30万套、军用蚊帐8万床，以及寒衣捐款400万元。

“七·七”事变爆发后的不到半年时间里，海外华侨捐药棉5 600公斤又40箱。设在新加坡的南侨总会委托侨领侯西反等为国内前线捐赠阿司匹林药片350万粒。据统计，广大侨胞在1937年至1940年，就捐献飞机217架、救护汽车1 000余辆、坦克23辆。国内各地都可以看到飞机、汽车上醒目的“某某华侨号”“某某华侨精神号”或“某地华侨捐献”等字样。

为祖国抗战军民捐献冬夏服装，是战时华侨物资捐献的一项重要内容。

1939年9月下旬，宋美龄以全国妇女慰劳会的名义致电南侨总会主席陈嘉庚，希望南洋华侨为国内抗战将士募捐棉大衣30万件、棉背心20万件。陈嘉庚收到电报后，立即发布《南洋华侨筹赈祖国难民总会通告第二四号》，通告对南洋各住在国华侨的捐献数额作了分配。各地华侨筹赈团体接到通告后，迅速行动起来，广泛动员，深入发动，仅月余即募捐500多万元，超额完成任务。各地捐衣数额如下：新马12万、婆罗洲2万、缅甸1万、荷属东印度6万、菲律宾4万、越南1万、泰国2万、中国香港2万。南侨总会在两年内就募缴寒衣700余万件、暑衣30万套及蚊帐8万床，分赠各地新兵、伤病将士及难民难童。后因衣物寄运不便，改募寒衣代金汇回祖国。

胡文虎捐献了大量的战需物资，支援祖国抗战。“七·七”事变前几个月，胡文虎拨款8 000多元，从英国购置大批纱布，存放于香港永安堂分行。淞沪抗战爆发后，即将这批纱布运沪，由宋庆龄交给何香凝所办的抗日救护队使用。同年9月，他再次从美国购买纱布数万筒、药棉7 000余磅、绒布8大捆，共计74件，运至香港，然后转发给江苏、上海、北平、天津、福建、广东等地救护团体使用。抗战中，胡文虎把大量虎标良药捐赠给祖国的各个慈善机关和救护团体。1937年底，胡文虎还捐献新式六轮救护车两辆，由中国红十字会转交给长沙救护当局。1938年春，他又捐车2辆给福州卫生处。同年5月厦门失陷后，福建缺粮严重，他立即组织在海外购米，运往漳州、泉州平粜，合计一共运去大米10万余包。

---

① 任贵祥．华侨与中国民族民主革命［M］．北京：中央编译出版社，2006：335.

1938年和1939年，缅甸华侨通过中国航空建设协会仰光支会，先后向祖国购献两批共14架战斗歼击机，后被编为“缅甸华侨号”。“二战”期间，缅甸华侨共捐献飞机19架。

金鸡纳霜（即奎宁）是产于荷属东印度的治疗疟疾特效药。荷属东印度华侨得知国内各地疟疾流行，遂多次捐献这种药品。1937年下半年，荷属东印度华侨即募捐金鸡纳霜1 900万粒，此后爪哇华侨又捐5 000万粒。1940年，巴达维亚华侨捐助祖国慈善事业委员会捐献奎宁丸1 300万大粒，并代荷属东印度其他各地华侨慈善会购运1 900万大粒。1941年10月，该会再捐金鸡纳霜2 895万粒，可供130万人服用。据初步统计，荷属东印度华侨在抗战期间共捐金鸡纳霜1亿多粒，够500万人服用，基本解除了中国抗战时治疗疟疾及防止其传播的困扰。

图4－6 胡文虎与抗日将领李宗仁合影

飞机和坦克是驱敌卫国的重要武器。为了增强国防力量，美国华侨多次掀起捐款购机高潮。在1937年至1941年，华侨捐款购机达630多万美元，献机63架，其中还不包括1938年美国和古巴粤籍华侨为支持广东抗战捐赠给家乡的战斗机15架。1941年，美国加州北部20个华侨社团又购置美国陆军运输机8架，派往中缅战场服务，各机被命名为“北加州华侨精神号”。①

据统计，从1937年至1942年，海外华侨共捐献各种飞机217架。这对当时力量薄弱的中国空军来说，是一个不小的数量，为打击日本空军力量提供了很大的帮助。

华侨的大批赠物，在一定程度上缓解了抗战时期物资紧缺的状况，赈济了战区和后方部分伤兵难民，提供了抗击日本帝国主义的重要物质力量。②

三、亲赴祖国抗日战场

卢沟桥事变后，海外华侨怀着“国家兴亡，匹夫有责”的满腔热血，纷纷抛家舍

① 许肖生．华侨与祖国民族解放运动［M］．广州：暨南大学出版社，1992：101.

② 李景光．华侨对中国抗日战争的贡献［EB/OL］．http：//www.zg.org.cn/zthd/2015nzt/jnkz70zn/dbnr/201506/t20150602_23938.html.

业、历尽艰辛，毅然回国参军参战，或到后方为战争服务。华侨回国亲赴祖国抗日战场，为祖国抗战的最后胜利作出了重要贡献。

在东南亚，仅回国抗战的粤籍华侨就有 4 万余人。美国、加拿大、菲律宾等国航校大批华裔学员回国参战，仅美国一地就有 200 人左右，全国歼击机飞行员中华侨占 3/4，成为中国空军作战主力。东南亚各地华侨子弟还组成“南洋华侨机工回国服务团”，从各个地区先后回到祖国，奋战在条件险恶的滇缅公路上，为保证国际援助物资及时运到祖国前线付出了巨大的牺牲。菲律宾华侨青年成立抗战服务团回国报效，缅甸、吉隆坡等地侨胞组织华侨义勇工程队、救护队、回乡服务团等参与战地救护并配合作战。此外，还有众多华侨青年回国报考军校，毕业后奔赴前线杀敌报国。

华侨亲身效命祖国抗战，南侨机工的事迹尤其可歌可泣。

1938 年 10 月，广州、武汉沦陷之后，抗日战争进入艰苦的相持阶段。当时，华北、华中和东南大部分沦于日寇魔爪，中国对外的水陆交通大部分被截断，滇缅公路成为运送援华物资的交通命脉。而这条交通线是新开辟的，崎岖难越，需要技术较高的司机，但国内非常缺乏这方面的人才。为此，设在昆明的西南运输处主任宋子良电请南侨总会支持解决。1939 年 2 月 7 日，南侨总会根据西南运输处的要求，在报上发布南侨总会第六号通告，并另发公函给各地的筹赈会，征募回国机工。

南侨总会一声号召，马来亚各地的华侨热烈响应。陈嘉庚直接领导的新加坡筹赈会行动最迅速，第一批回国的机工从动员、集训，到整装出发，仅用了 1 个月的时间。3 月 8 日，新加坡第一批华侨机工 207 人告别了亲友，乘丰祥轮经越南西贡回国。3 月下旬，第一批回国机工就在西南运输线上服务。

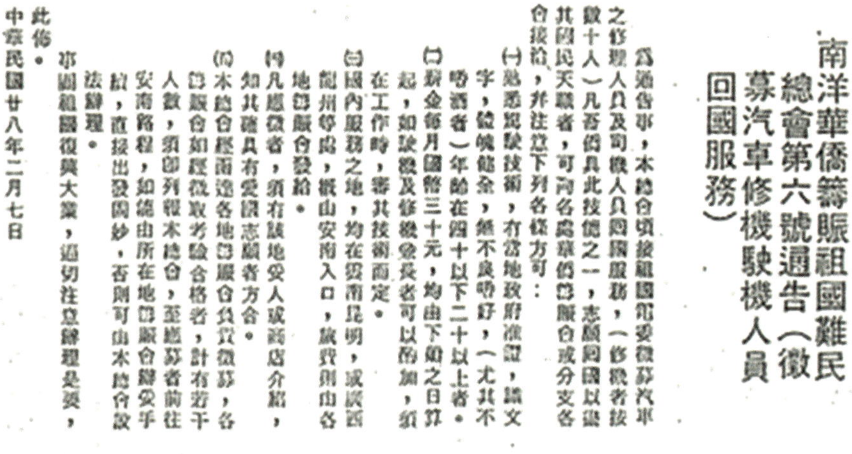
南洋華僑籌賑祖國難民總會第六號通告（徵募汽車修機駛機人員回國服務）

為通告事，本總會頃接祖國電要徵募汽車之修理人員及司機人員回國服務，（修機者數十人）凡吾僑具此技能之一，志願回國以盡其國民天職者，可向各處華僑籌賑會或分支各會接洽，并注意下列各條方可：

(一)熟悉駕駛技術，有當地政府准證，識文字，體魄健全，無不良嗜好，（尤其不嗜酒者）年齡在四十以下二十以上者。

(二)薪金每月國幣三十元，均由下船之日算起，如技術及修機優長者可以酌加，須在工作時，審其技術而定。

(三)國內服務之地，均在雲南昆明，或廣西龍州等處，概由安南入口，旅費則由各地籌賑會發給。

(四)凡應徵者，須有該地殷人或商店介紹，如其確具有愛國志願者方合。

(五)本總會經函達各地籌賑會負責徵募，各籌賑會如經徵取考驗合格者，計有若干人數，須即列報本總會，至應募者前往安南路程，如係由所在地籌賑會辦妥手續，直接出發回國，否則可由本總會設法辦理。

事關祖國復興大業，迫切注意辦理是要，此佈。

中華民國廿八年二月七日

图 4－7　南侨总会招募机工通告

图 4 – 8　第二批南侨机工归国服务团归国时在新加坡的集体留念照

从 1939 年 3 月 8 日新加坡第一批华侨机工启程回国，到 1939 年 8 月 8 日最后一批机工 600 多人被送上归途这 5 个月的时间，由南侨总会征募回国抗战的华侨机工共 15 批 3 192 人①，他们被统称为“机工”或“南侨机工”。其中，大多数是新加坡和马来亚各地抗敌后援会的成员。

阅读材料：南侨机工《运输救国歌》

同学们，别忘了我们的口号，
运输救国，安全第一条。
车辆的生命，同样地重要。
好好保养，好好驾驶。
快把运输任务达到，
再把新的中国来建造。
同学们，别忘了我们的口号，

① 南侨机工的人数，一般认为是 3 192 人，但也有其他说法，如 3 226 人之说：第一批 80 人、第二批 400 人、第三批 400 人、第四批 480 人、第五批 503 人，直到第九批回国抗战的华侨共 3 226 人。参见：南侨机工翁家贵：国家兴亡匹夫有责［EB/OL］. http：//www. chinaqw. com/node2/node2796/node2882/node2896/node3248/node3251/userobject6ai240349. html.

生活要简朴，人格要高超，
不许赌钱不许嫖，快把烟酒齐戒掉。
听呵，哪怕到处敌机大炮，
宁愿死，不屈挠，
努力保家，忍苦要耐劳，要耐劳。
同学们，别忘了我们的口号，
唤醒着同胞，团结着华侨，
不怕山高，不怕路遥。
收复失地，赶走强盗，
把民族的敌人快打倒，快打倒。

很多南侨机工的事迹感人至深，甚至气壮山河。其中，李月美女扮男装参加南侨机工的故事，尤其令人印象深刻。

阅读材料：女扮男装救祖国

李月美，又名李月眉，1918 年生于马来亚槟城一个华侨家庭，原籍广东台山。父亲李荣基是一位华侨商人，为人豪爽正直。母亲梁凤蝉，善良贤惠。李月美自幼在当地华侨学校读书，接受中华优秀传统文化的熏陶，学习成绩优异。

“七·七”事变后，中华民族面临空前的危难，侨居海外的炎黄子孙忧心如焚。在爱国热情的驱使下，李月美和同学们热血沸腾，积极行动起来，组织宣传队进行义演，上街卖花，抵制日货。她们还组织女子篮球赛，将募捐的款项交给筹赈会，支援祖国抗日救亡。

1939 年 2 月，南侨总会发布招收回国机工的通告，号召华侨青年回国服务。南洋广大华侨青年闻风而动，踊跃报名参加，掀起了抗日救国的热潮。

李月美被这股爱国热潮所鼓舞，也兴致勃勃地前往筹赈会报名，却被拒绝，原来南侨总会不招收女机工。怎么办呢？李月美心里不服气。她想起在华侨学校读到的中国古代“木兰从军”的历史故事，自古就有女扮男装上战场的巾帼英雄，千古流芳，难道不值得后人效法吗？最终，她穿上弟弟李锦容的衣服，女扮男装到另一处埠头报名应征，结果姐弟俩双双入选机工服务团。李月美没有把回国的事告诉家人，她悄悄离开家，踏上抗日救国征途。

临行前，她留下了一封家书，写道：“亲爱的父母双亲，别了，现在什么也不能阻挠我投笔从戎了，此去虽然千山万水，未卜安危，但是在祖国危难时刻，正是青年奋发效力的时机，自己能为祖国做点事，我感到此生无负于祖国。”

图 4－9　李月美照片（右为女扮男装的李月美）

1939 年 2 月，李月美到达祖国大西南重镇——昆明。在昆明经受军训后，被分配到总部设在贵州的红十字会当司机。她在战场抢救伤病员，在军运线上抢运医药、武器。1940 年，李月美因在滇缅公路一急转弯处不慎翻车，身负重伤，被南侨机工车队及时发现，送到医院急救。伤愈后，身还“女儿装”的李月美改当护士，成为一名白衣天使，并被机工们赞誉为“当代花木兰”。

抗战胜利后，为表彰李月美，国民政府侨委会特颁发了奖状，文为：“华侨机工李月美，热心爱国，敌忾同仇，抗战军兴，应募服务，前后其载，备致勤劳，应予嘉奖……”

侨居马来亚槟城的华侨女青年教师白雪娇（白雪樵），为了参加南侨机工回国抗日，怕父母不同意，就瞒着父母化名报了名，到临别时才给父母留下告别信，成为当时轰动槟城的一封抗战家书，并在马来亚华文报纸《光华日报》刊发。在信中，她写道：“家是我所恋的，双亲弟妹是我所爱的，但是破碎的祖国，更是我所怀念热爱的。所以虽然几次的犹疑踌躇，到底我是怀着悲伤的情绪，含着辛酸的眼泪踏上征途了。虽然我的力简直够不上沧海一粟，可是集天下的水滴汇成大洋。我希望我能在救亡的洪流中，竭我一滴之微力。”信

图 4－10　青年白雪娇

中流露出深沉的爱国心。

1939 年 5 月 18 日，新一批南侨机工在槟城集中准备出发。出发前，白雪娇的父母还是知道了她的秘密，也曾加以阻止，但是见她意志坚决，语言行动急切感人，便同意她回国。白雪娇含泪告别父母，登上丰庆轮前往新加坡汇合回国。

白雪娇等女南侨机工回国后，多次要求上前线抗战，没有得到同意。后在邓颖超的建议下，白雪娇转到四川成都就读齐鲁大学，参加大学生抗日宣传队，从川北徒步沿途宣传抗日，最后抵达陕西省。

白雪嬌的一封信

劉德表捐款

生死會議與華僑

图 4－11　白雪娇给父母的告别信（马来亚槟榔屿《光华日报》，1939 年 5 月 19 日）

南侨机工沐雨栉风，披星戴月，历尽千难万险，确保了滇缅公路这条抗日生命线的畅通，被誉为“粉碎敌人封锁战略的急先锋”。①

图 4－12　南侨机工在运输途中

南侨机工对祖国抗日战争的贡献是巨大的。从 1939 年 3 月至 1942 年 5 月，他们与国内的机工一道，不仅运送 10 万名中国远征军入缅作战，而且抢运 45 万吨军火。此外还在西南运输线上，抢修了上千辆军、民用车。

南侨机工为祖国抗战做出了很大的牺牲。1942 年 3 月，日军在缅甸仰光登陆，4 月底，腊戍沦陷，随后日军占领云南的腾冲等地，滇缅公路被切断，机工们被迫辗转各地，生活十分艰辛。抗战胜利后，当年约 3 200 名南洋机工，约有 1 000 人复员返回南洋，约 1 000 人留在国内，而 1 000

① 南洋商报，1939－12－04.

多人则为国捐躯。

在美洲地区华侨回国参加抗战的人数中，美国华侨居首位，共计 618 人①，有医务人员、机电人员、青年学生以及航空人员。训练和输送航空人才回国参加抗战，是美国华侨回国抗战的一大特点，也是美国华侨支持国内革命的有效行动之一。

抗日战争后期，由美国退休飞行教官陈纳德在中国创立的“中国空军美国志愿援华航空队”打得日本侵略者魂飞魄散，被人们亲切地称为“飞虎队”。在这支威震四海的“飞虎队”中，有九成左右属美籍华裔。威震沙场的“飞虎队”，在 31 次空战中，以 5 至 20 架可用的 P－40 型战斗机共击毁敌机 217 架，自己仅损失了 14 架，“飞虎队”的绰号也名闻天下，家喻户晓。1943 年，志愿航空队改为第 14 航空队。此后，“飞虎队”越战越勇，不仅在中国的天空中打击日军，而且远赴东南亚和日军作战，还飞越喜马拉雅山，开辟了著名的“驼峰航线”，把大量军用物资从印度送到中国。至抗日战争结束，第 14 航空队共击落敌机 2 600 架，击沉或重创 223 万吨敌商船、44 艘军舰、13 000 艘 100 吨以下的内河船只，击毙日军官兵 667 000 名，功勋卓著。

这些华侨子弟飞行员在参与抗日战争各次战役中，表现出以身殉国、英勇杀敌的大无畏精神，建立了赫赫功勋。不少人在空战或执行战时任务时，献出了宝贵的生命。

华侨青年还参加了八路军、新四军等抗日部队，直接同日军作战。李林是其中突出的一位。李林是爪哇华侨，1916 年出生于福建省闽侯县农民家庭。因生活所迫，父母把她送给厦门一李姓印尼侨商为养女，改名李秀若，后随养父母到印尼生活。1930 年，14 岁的李林回到祖国，在集美中学、杭州中学和上海爱国女中就读。1936 年 8 月，她转到北平民国大学政经系。她在救亡工作中的积极表现，引起地下党员的注意，吸收她加入了中国共产党。同年 12 月，她响应中共北平市委号召，和许多平津青年学生一起去山西抗日前线，在这里接受军训。通过军训，她练就了一身杀敌本领，来到大同前线组织宣传抗日。不久因大同沦陷，她只好回到太原。但她几次坚决请示雁北特委要上前线杀日寇，终于获得了批准。她身背六五步枪，成了游击队的一名女战士，后来又成了八支队的政治委员。她曾带领 30 多名战士打散一个村里一个排的伪军，缴获战马 100 多匹。为了训练战士成为骑兵更好地抗击日寇，她身先士卒，学会了骑烈马，从此率领这一队骑兵与敌英勇战斗。李林为人正直和蔼，受到大家的敬爱，群众中流传着她的许多传奇故事。由于李林对敌作战战果赫赫，人们称之为“双枪女英雄”，日本侵略军悬赏 5 000 元缉捕她。贺龙将军称誉她是“我们的女英雄”，国内各地的报刊多次宣传她救亡抗日的感人事迹。

1940 年 4 月 26 日，在一次“反扫荡”战斗中，李林带领边区第一行政专署政卫连

---

① 华侨革命史编纂委员会．华侨革命史：上［M］．台北：正中书局，1981：639.

担任后卫，负责掩护部队的转移。在连续重创敌人后，李林的战马中弹倒地，但她和伤重的战友继续抗击敌人。在两名战友相继牺牲后，李林也中弹受伤，但她忍住剧痛，一手驳壳枪，一手小手枪，继续向敌人猛射，直到驳壳枪的子弹打光，小手枪中也仅剩下了一粒子弹。眼见突围已无望，李林宁死不当俘虏，她用最后一粒子弹打进了自己的头部，壮烈牺牲，年仅24岁。

图4－13　1940年1月，李林（前排右二）在山西临县参加粉碎“十二月事变”祝捷大会

海外华侨以各种方式回国参战，奋战在祖国抗日战争的第一线，不仅直接增强了祖国的抗战能力，也以自己为民族存亡而奋斗献身的壮举，鼓舞了广大人民群众的意志和信心，给受难的同胞带来了温暖，给英勇杀敌的将士带来了力量，进一步推动了祖国的全民族团结抗战。

四、华侨与战时国民外交

“九·一八”事变后，海外华侨积极开展富有成效的国民外交（公共外交），在另一条战线有力支援了祖国抗战。广大华侨在海外积极揭露日本侵华暴行，宣传中国抗战，争取各国及各地区对中国的支持和援助。同时，他们号召抵制日货、罢工罢运，沉重打击了日本的战时经济。

“九·一八”事变发生后，菲律宾华商会作为侨界代表致电美国总统、国务卿和美驻菲总督，揭露日本侵华的罪行，请其主持公道。9月22日，新加坡中华总商会召开紧急会议，决定通电呼吁国际联盟主持公道，要求国民政府全力抗日。古巴华侨致电国联，表明他们要求制裁日本侵略行为的正义呼声。欧美华侨一方面要求南京国民政府积极抵抗日本的侵略，一方面又在国际上呼吁国际联盟制止日本的侵略行动。

古巴侨领朱家兆参与工作的《开明公报》、缅甸华侨主办的《新知周报》都为抗战救国做了大量的宣传工作。

东南亚是日本进出口贸易的生命线。日本发动全面侵华战争后，为了争取庞大的战争开支，对东南亚的贸易量急剧增大。当时东南亚600万华侨中，经商者占一半多，东南亚地区和欧美、日本及中国的进出口贸易必须经华侨转手。抗战期间，东南亚华侨开展的抵制日货运动，给予日本贸易沉重的打击。

东南亚地区抵制日货最突出的是马来亚。1938年8月，马来亚华侨各商号联合订立契约，誓不贩卖日货，华商们将所存的日货自行标封，订货全数取消，宁可自己蒙受损失，甚至破产也在所不惜。当地侨团积极参与，凡私卖日货的商店都要被处罚，罚金300~2 000元当地货币，所有罚款拨充救国捐款。爱国华侨青年整日守在街头巷尾和码头上，如发现有日货到了，立即调查承购的商店，先给予书面警告，随即到商会去告发。商会即派代表去和该商号交涉，如该商号老板置之不理，其招牌便会被群众涂上黑煤油，无人再去买他的东西。著名华文报纸《星洲日报》将新加坡贩卖日货的30余家侨商店名刊出，形成社会压力。经过侨胞的抵制行动，买卖日货者日渐减少。以东南亚为经济侵略根据地的三菱洋行和三井洋行，在当地先后宣布倒闭。日货在世界市场上损失最大的地区就是马来半岛，约减少75%。

在东南亚众多的华侨中，工人占有相当大的比例。他们在日资或有涉日贸易的企业掀起了大规模罢工浪潮。

日本发动大规模侵略战争需要大量的军事物资，除掠夺东南亚的资源之外，还向国外搜购战略物资。当时，英、美、法、荷等国的垄断资本集团大发战争财，把大批军火及战略物资输送给日本。各地华侨海员无比愤怒，纷纷罢工罢运。如1937年7月8日，日本日清轮船公司2 000名华侨海员一致罢工。

在日本人开的铁矿中，有许多华工。据1937年马来亚矿务局的报告，全马矿工总数为10万多人，其中华工占了80.3%。中日开战不久，东南亚日资矿山的华工就发起了声势浩大的离矿罢工事件。龙运是日本在东南亚经营的两家规模最大的铁矿公司之一，全矿有华工2 700多人。矿工们首先在同事中秘密鼓动抵抗，当地侨校师生也深入华工中进行宣传。尽管日本资本家千方百计阻挠破坏，还提高了工资待遇，但华工一批一批地离矿，矿山一下子陷入了瘫痪。当龙运铁矿的大批华工离矿抵达新加坡时，当地侨胞几千人举行盛大欢迎会，对罢工的工友致以“民族敬礼”。当时，罢工华工面临着很大困难，一方面要同日本人的疯狂报复作斗争，另一方面还要解决因失业带来的家庭生活问题。各地侨胞给予罢工华工大力支援，捐赠食品和生活用品。由于广大华工罢工，马来亚日营钢铁生产遭受致命打击。日本每月从马来亚运走的铁矿石由原来的12万吨剧跌到1.24万吨，几乎掐断了其所急需的军火原料来源，沉重打击了其军事工业和战时经济。

在加拿大温哥华，华侨抗日救国会组织了“禁运军械赴日周”活动，8 000 名华侨和国际友人在给加拿大政府的禁运军械赴日的请愿书上签名。

抗战期间，海外华侨所开展的国民外交中，成效最显著的是美国华侨。他们创办报纸、杂志，宣传报道祖国的抗战情况，开展广泛的舆论宣传。“九·一八”事变当天，美国华侨创办的《商报》《中国杂志》详细地报道了马占山将军领导抗日的英勇事迹，使东北义勇军的抗日事迹在美国华侨和国际友人中传播开来。美国众多的华文侨刊传播国内抗战讯息、动态，鼓励、呼吁广大侨胞、侨居地人民以各种方式支援中国抗战，对唤起国际同情、争取外援、充实抗战起到了不可替代的功用。

美国华侨与美国政府积极进行交涉，如“九·一八”事变后，纽约华侨土生会致函美政府及新旧总统（胡佛和罗斯福），要求执行非战公约与九国条约，制裁日本在中国的侵略暴行。为使美国社会各界充分了解中国抗战的真实情况，不少华侨纷纷走出华埠，四处讲演，发表抗战宣言。自 1941 年起，旧金山爱国侨领邝炳舜走访美国 26 州的广大城乡，向各地侨胞和友人宣传祖国抗战的实情。

为拓展侨务公共外交，赢得美国民众对深受侵略苦害的中国人民的同情，争取他们对中国抗战事业的支持，美国华侨社团开展了大量组织动员工作。在这其中，以“一碗饭”运动最具代表性。

阅读材料：“一碗饭”运动

“一碗饭”运动由美国最具声望的慈善募捐机构之一——美国医药援华会和旅美华侨团体共同发起，旨在向美国民众和华侨募集捐款，购买医药和医疗设备，以募款支援中国抗战。美国医药援华会由罗斯福总统之子小西奥多·罗斯福任会长，董事会成员由中美名士担任。1938 年，“一碗饭”运动在旧金山发源（自 1939 年起规范为每年举行一次），后辐及美国全境，在多地产生了联动效应，掀起美国社会支援中国抗日的浪潮。这一运动不仅为中国募集了大量捐款，而且在美国上层和美国广大民众中起到国际统战作用。

侨务公共外交的开展，一定程度上弥补了中国政府外交的不足，为壮大中国抗战实力、孤立和打击日本侵略者、赢得国际舆论同情以及争取外援发挥了至关重要的作用。

概而言之，海外华侨对祖国抗战作出了巨大贡献，他们可歌可泣的爱国壮举在海外华侨爱国主义历史画卷上书写出了最为浓墨重彩的一笔，在中国抗战史上铸就了一座巍峨耸立的历史丰碑，永远值得后人铭记。

思考题

1. 简述海外华侨支持中国抗战的主要方式。
2. 南侨机工对中国抗战的贡献主要体现在哪些方面？
3. 简述抗战时期华侨开展侨务公共外交的主要方式。

推荐阅读

1. 蔡仁龙，郭梁. 华侨抗日救国史料选辑［M］. 中共福建省委党史工作委员会、中国华侨历史学会，1987.

2. 陈嘉庚. 南侨回忆录［M］. 新加坡：怡和轩，1946.

3. 华侨革命史编纂委员会. 华侨革命史［M］. 台北：正中书局，1981.

4. 黄慰慈，许肖生. 华侨对祖国抗战的贡献［M］. 广州：广东人民出版社，1991.

5. 任贵祥. 海外华侨与祖国抗日战争［M］. 北京：团结出版社，2015.

6. 许云樵，蔡史君. 新马华人抗日史料：1937—1945［M］. 新加坡：文史出版私人有限公司，1984.

7. 云南省人民政府侨务办公室. 赤子丹心：华侨华人与云南抗战［M］. 2015.

第五章

华侨与中国近代经济发展

中国近现代史表明，追求中华民族伟大复兴的“中国梦”正是从晚清时期开始的，无论是在推翻封建王朝和开展民主主义革命当中，还是在近代以来中国民族经济建设发展当中，海外华侨都扮演了不可替代的独特角色，发挥了重要作用。晚清以来，中国的经济基础与思想环境开始发生重大变化，外部资本主义经济和国内资本主义萌芽不断冲击传统的封建农耕经济，广大华侨在“实业救国”思想的影响下，带着他们在国外学到的先进技术和长期勤劳工作积累的资本，回到祖国兴办实业，引进国外先进生产技术和管理经验，促进中国民族企业乃至侨乡城市经济的兴起，抵制西方垄断资本的经济侵略，维护近代民族经济独立。他们通过侨汇、投资、购买债券等形式推动中国经济发展，实现互利共赢，将中国与住在国发展联系起来，① 为中国民主主义革命的胜利提供了重要的经济保障。

第一节　晚清时期华侨与中国民族经济萌芽

1840 年鸦片战争以前，中国人移民海外的较少，且多为小商人，他们与中国的经济联系主要是贸易往来，经济方式相对单调，活动范围较小。鸦片战争后，西方列强敲开了中国大门，封建经济体系逐步瓦解，中国被迫卷入资本主义世界市场，成千上万的华工流散到美洲、欧洲、大洋洲、非洲、东南亚等地，此阶段成为中国历史上规模最大、分布最广、影响最深的海外移民时期。海外华侨经过数代人艰苦努力，逐步在住在

① NEWLAND K，PLAZA S. What we know about diaspora and economic development［J］. Policy brief，2013（5）.

国立足，发展壮大，并在世界各国尤其是东南亚地区经济中占有重要地位。至晚清时期，海外华侨已经具备相当的经济实力。随着清政府海外使领馆设置的增多，政府也逐渐认识到海外华侨的经济力量。1898 年戊戌变法失败后，维新派流亡海外及孙中山在海外华人社会的活动更令清政府觉得有必要采取积极的侨务政策。

一、晚清政府主要涉侨经济政策与举措

清政府利用华侨资本的思想萌发于洋务运动初期。19 世纪 60 年代，清政府发起洋务运动，但资金短缺成为主要发展桎梏。由于清政府对西方垄断资本存有敌视与恐惧心理，不愿让其进入中国，故而把目光瞄准另一种海外资本即华侨资本。当时的洋务派官僚在与西方各国交往中，逐渐对华侨经济实力有了一定认识。在华侨政策方面，清政府在 19 世纪 60 年代正式允许华工出国，1893 年正式废除华侨回国的禁令，而且采取多种措施，保护华侨和招徕华侨，其目的正是利用华侨的经济力量。① 1877 年，晚清政府在新加坡设立了第一个领事馆，之后在华侨旅居的主要国家和地区相继设立系列领事馆，领事官员定期向总理衙门通报华侨经济状况和住在国经贸信息。此外，为全面详细了解东南亚和大洋洲华侨的经济状况，1886 年清政府还派出以王荣和、余瓗为首的特使团，赴南洋和大洋洲考察。②

甲午战争后，清政府进一步意识到海外华侨对推动中国社会经济发展以及国家民族富强的重要性，态度逐步从之前的“弃侨”转向“护侨”，开始以积极主动的态度，制定了一系列保护华侨投资的政策与措施，包括《华商办理实业爵赏章程》《华商兴办实业条例》《推广农林简明章程》等鼓励华侨回国投资的法令。1895 年 8 月，光绪帝颁布振兴工商的谕令，劝令南洋和美国等处华侨集股，同时规定引进侨资“一切仿照西例，商总其事，官为保护”。③ 1898 年，福建、广东等地设立保商局，规定华侨回国“振兴商政，讲求商务”，一切应办事宜，各级官吏要“加意护惜华商利益”。1901 年清政府推行新政后，又相继颁布《奖励公司章程》《奖给商勋章程》等便利华侨回国投资的规定。1903 年，清政府成立商部，进一步劝导华侨回国投资，实现全国统一管理与协调的制度。

具体而言，清政府引进侨资政策的措施主要体现在以下方面。第一，提高华侨政治地位。清末新政给海外华侨以一席之地，让他们选举自己的咨议局参议员，参与政府活动，做华侨的代言人。例如，1909 年 9 月，爪哇日惹以中华商会为阵地，投票选举了叶鸿材、郑延藩、周廷管、李金泉、高养得、傅仰山、杨景旎、周斡才等八人为福建广

---

① 庄国土．中国封建政府的华侨政策［M］．厦门：厦门大学出版社，1989：338－339.

② 派员周历南洋各埠筹议保护折［M］//苑书义，等．张之洞全集：第 1 册．石家庄：河北人民出版社，1998：608.

③ 朱寿朋．光绪朝东华录［M］．北京：中华书局，1958：3637.

东咨议局议员。① 第二，实行奖励商勋和惠商政策，按照投资多少给予一定功名与官职。这项措施既不需要政府以实际位置相待，又能满足华侨光宗耀祖的心理。比如华商集股2 000万元以上者拟请特赏为一等子爵，并拟准作为本部头等顾问，官加头品顶戴，并仿宝星式样赐双龙金碑，准其子孙世袭四等顾问官至三代为止。第三，利用海外知名侨领影响力，宣传政府引资政策。例如，侨商张振勋在1903年、1904年曾两次奉召进京，得慈禧、光绪的亲自垂询，勉以“招徕华商，振兴商务之命”，并特谕其赴南洋各埠动员华侨回国投资，办理福建、广东农工路矿。第四，派遣招商使团赴海外华侨聚居地进行招商引资活动，组织海外华侨商会，维护侨商利益。第五，给予华侨投资其他方面的广泛优惠政策。例如，在举办路矿、振兴渔业、垦作农植、工艺制造等方面给予侨商以国民待遇，对华侨的投资企业给予专利和免税优惠，等等。

总之，晚清政府出于发展自身经济和抵制西方国家资本需要，日益重视吸引华侨资本。同时，在政策制定与具体实施中，将引进侨资与保护海外华侨利益紧密结合，注重从政治、经济上激励、拉拢华侨领袖，发挥其示范引导作用。从关注华侨经济实力到吸引侨资投资政策的出台，既是清政府观念转化的认知过程，也是用华侨资本抵制西方列强资本、维护民族经济独立的具体实践过程。②

二、晚清华侨回国主要投资经济领域

海外华侨资本的形成壮大和华侨的爱国情怀是晚清引进侨资政策形成的客观社会条件，而政府对海外华侨的保护与重视则更加激发了海外华侨的民族主义热情，增强了他们的中国意识和家国情怀。中国近代民族工业形成与发展中的许多纪录都是由当时的华侨创造的。1862年，秘鲁华侨黎氏在广东创办万兴隆商行，揭开了华侨投资中国的序幕。南洋商人陈启沅1872年在广东南海创办的继昌隆缫丝厂则被认为是中国民族资本主义的发端。③

从1862年至1895年，华侨投资国内企业有67家，投资总额447.11万元，年均13.55万元。就地区的分布来看，这个时期投资大多局限于广州、南海以及厦门一带，规模小，一个企业只不过三五万元。就行业结构来看，这个时期的投资主要是工业中的缫丝业、商业中的进出口行业、服务业中的旅栈、金融业中的侨批业、交通运输业中的轮船公司等。④ 甲午战争之后，各帝国主义国家加紧对中国的经济侵略，促使清政府进

① 《政治官报》册26，宣统元年9月30日，转引自：黄小用. 晚清华侨政策研究［D］. 长沙：湖南师范大学，2003.

② 丁永刚，王凤霞. 论晚清政府吸引侨资政策及其特征分析［J］. 中州学刊，2009（5）：186－188.

③ 孙建. 中国经济通史［M］. 北京：中国人民大学出版社，1999：801.

④ 林金枝. 近代华侨投资国内企业的几个问题［J］. 近代史研究，1980（1）：199－230.

一步转变对华侨的态度，利用华侨资本来“振兴事业”。同时，甲午战争也惊醒了中国民族资产阶级，他们主张通过“收回利权”“提倡国货”进行“实业救国”，以发展中国资本主义来反抗帝国主义，于是在“实业救国”思想的影响下，海外华侨纷纷筹集资本回国投资于诸多行业领域。

（一）工厂矿产

华侨投资国内实业，主要以小型工厂为多，其中轻工业及市政工程领域尤受华侨资本青睐。这些投资所需资本额小、技术水平低且收益回报快。当时最具代表性的继昌隆缫丝厂就是由东南亚华侨陈启沅于1872年在家乡广东南海创立。这是中国第一家近代民族资本工厂，标志着中国民族资本主义的兴起。工厂采用当时世界上先进的机器技术，实行半机械化生产，以蒸汽机为动力，使用机器缫丝，雇用女工达六七百人。这种新法所缫之丝粗细均匀，丝色洁净，弹性也较好，行销欧美，获利丰厚。陈启沅后来制作简单缫丝小机，成本低廉，以便小资本者经营。之后当地风气日开，群相仿效，从业者达十数万之众，广州丝货出口激增。

图 5－1　华侨陈启沅

图 5－2　继昌隆缫丝厂

图 5－3　缫丝厂工作现场

除工业外，华侨还响应政府号召，积极投资矿业，以挽回被列强控制的矿权。例如，1888 年，侨商何献犀创办海南儋州银矿，成为第一位投资国内矿业的华侨。1897 年，广东大埔籍华侨叶恩接办华兴公司开采广西三岔银矿。1907 年，槟榔屿华商胡国廉集股 200 万元开办福建安溪县矿务，此后，胡又在惠州府永安县开采铁矿，在番禺县老昆仑岭开采煤矿。马来亚矿业巨商梁廷芳办理海南儋州等处锡矿。

（二）公共交通

19 世纪末期，帝国主义列强控制着中国铁路建设，收复矿山和铁路建设权利的运动成为当时中国发展民族经济、抵御帝国主义经济侵略的重中之重。广大华侨正是在这一时代背景下参与中国铁路建设的。据记载，清代有官办铁路十二条，大多靠借外债修筑；商办铁路五条，其中有三条依赖于华侨投资。这三条铁路——潮汕铁路、新宁铁路、漳厦铁路中有一条（新宁铁路）为美国华侨参与投资兴建，两条（潮汕铁路、漳厦铁路）为东南亚华侨投资兴建（见表 5－1）。

1. 张氏兄弟与潮汕铁路

潮汕铁路是中国历史上第一条民营铁路，南起汕头，北迄潮安，共 42 公里，由广东梅州张煜南和张鸿南兄弟筹股 300 多万元建设完成。张煜南早年投奔于知名侨商张振勋门下任职，后自立门户。1878 年，他与张振勋合资开办笠旺公司，垦荒种植橡胶、咖啡、椰子和茶叶，后又合伙开设日里银行及万永昌商号，经营各种商品。1903 年，张振勋提出招商兴办铁路计划，并邀张煜南回国兴办铁路。他向清政府提出在韩江下游修建潮汕铁路的计划和潮汕铁路公司章程，获得批准。这条铁路的资金主要来自东南亚，特别是英属马来亚和荷属东印度的华侨，资金总额超过 300 万银圆。1904 年 2 月，潮汕铁路有限公司设于香港永乐西街。张煜南准备兴建的潮汕铁路南起汕头，北迄潮安，全长 39 公里，后来又加筑了意溪支线，共 42 公里。清政府派著名工程师詹天佑实地勘测。1904 年动工兴建，1906 年 10 月全部干线完工，同年 11 月 16 日正式通车，成为中国近代史上第一条由华侨投资兴建的商办铁路。潮汕铁路从 1906 年通车开始，至 1939 年被日本侵略军破坏、拆毁为止，共存在了 33 年。在这期间，它对韩江中上游和闽赣边区的华侨、侨眷进出汕头，繁荣当地的客货运输和城乡经济等都发挥了重要作用。

图 5－4　百年前的潮汕铁路

2. 陈宜禧与新宁铁路

新宁铁路是美国华侨陈宜禧筹资创办的中国近代史上第二条商办铁路。1894 年甲午战争后，中国被迫签订了丧权辱国的《马关条约》，中国社会的半殖民地半封建程度进一步加深。陈宜禧抱着“实业救国”的思想准备回国投资开办织造业。此时帝国主义列强在中国掀起了一场掠夺中国铁路权利的狂潮，中国各省爆发了争回铁路权的斗争运动。于是，他毅然放弃兴办织造业，决心以振兴铁路事业来报效祖国。① 1904 年夏，陈宜禧携兴建新宁铁路的倡议书到香港争取同胞支持。1905 年春，陈宜禧前往美国集股，得宁阳会馆和侨胞广泛支持。到 1905 年夏离美回国时，已集得股银 150 多万元。②此外，宁阳铁路公司还在中外各地开展集股活动。截至 1905 年底，公司已在世界各地集得股银共 276 万元，③ 超出原拟集资总额四倍多。1905 年 11 月间，新宁地方官绅一起商议，公推陈宜禧为总理，余灼为副总理，奏请清政府批准新宁铁路实行商办。1909 年 4 月，工程第一期完成，引起了海外的强烈反响。《西雅图星期日时报》用整版篇幅刊登陈宜禧修筑铁路的巨幅宣传画，画中题词曰“陈宜禧——中国的詹姆斯·希尔”。至 1920 年，新宁铁路全线通车里程为 133 公里，以台城为中心，北通公益，从牛湾过江入新会至江门北街，南至斗山，西抵白沙，分三期工程，前后历时 14 年。铁路沿线有车站 46 个、大小桥梁 215 座、涵洞 236 个，还建成公益码头、北街码头，并建有公益新宁机器厂、新宁印刷厂和牛湾铁船等一大批交通运输点和工业点。当时，新宁铁路火车客运量每年达 300 万人次，货运量达 10 万余吨。④

图 5－5　百年前的新宁铁路

① 莫秀萍．陈宜禧传略［M］//广东省台山县政协文史委员会．台山文史：第 5 辑．1986.

② 林金枝，庄为玑．近代华侨投资国内企业史资料选辑：广东卷［M］．福州：福建人民出版社，1989：430－431.

③ 交通部交通史编纂委员会．交通史·路政篇：第 16 册［M］．1935：410.

④ 莫秀萍．陈宜禧传略［M］//广东省台山县政协文史委员会．台山文史：第 5 辑．1986.

3. 南洋华侨与漳厦铁路

鸦片战争后，福建的厦门被辟为通商口岸之一，西方的现代工业由沿海逐渐向内地渗透。为振兴民族工业，促进福建交通事业的发展，许多海外华侨和有识之士纷纷呼吁修建铁路。1905 年，闽籍京官张亨嘉等人公举前内阁学士陈宝琛为总理，筹建福建铁路。1906 年，在福州设立官商合办的福建全省铁路有限公司，讨论建造福州至马尾、泉州至安海、漳州至厦门三条铁路。陈宝琛亲赴南洋各岛募股，各埠中华商会全力相助，共募集华侨股本 170 余万元，其中以胡国廉出资最多。① 1907 年，漳厦铁路开始动工兴建，1909 年建成，全长 28 公里。1911 年通车营运。

图 5－6 漳厦铁路

表 5－1 清末民初三大侨资铁路基本情况比较表

铁路名称	潮汕铁路	新宁铁路	漳厦铁路
招募者	张煜南、张鸿南	陈宜禧	陈宝琛
招股原则	事权自掌，利不外溢	不收洋股，不借外债，不雇洋工	专招华股，不收外股
华侨认股	张氏兄弟自认股为主，总投资 325 万元	美国、新加坡和中国香港侨商股款 276 万元	东南亚侨资 170 多万元
承建公司	潮汕铁路有限公司	新宁铁路有限公司	商办福建全省铁路有限公司
外国势力干涉	有	无	无
筹议起始	1903 年 10 月	1903 年底	1905 年 9 月
筑路地区	广东潮汕	广东台山	福建

① 政治官报：第 6 册［M］. 台北：文海出版社，1965：154－155. 转引自：黄小用. 晚清华侨政策研究［D］. 长沙：湖南师范大学，2003.

（续上表）

铁路名称	潮汕铁路	新宁铁路	漳厦铁路
总工程师	初为詹天佑，后为日本人	陈宜禧	陈庆平
干线里程	39 公里	133 公里	28 公里
历史地位	首条侨资铁路	第二条侨资铁路	福建省第一条铁路
最后命运	1939 年拆毁	1939 年拆毁	1930 年拆毁

资料来源：徐华炳．近代侨资铁路研究：学术史与范式思考［J］．福建论坛（人文社会科学版），2015（7）．

此外，华侨还投资航运业。1872 年，轮船招商局在上海开办，是中国第一家民族资本的大型近代航运企业。1879 年，轮船招商局委派张鸿禄、温宗彦到东南亚一带考察航运事宜，同时招集华侨资本，为轮船招商局集到一批华侨股金，总计白银 5 万两。1911 年 5 月，张振勋与周金箴、沈仲礼等人在上海筹办中美轮船公司。此外，还有一些侨资航运公司设于海外华埠，在国内口岸设办事处。随着东南亚、美国各地侨商轮船公司的创立，侨资轮船穿行于侨乡厦门、汕头、广州、江门、海口等埠与海外新加坡、暹罗、美国港口之间，促进了移民、商贸和侨汇的发展。

（三）农牧种植

晚清时期，美洲、非洲等处海外殖民者大量招募华工前往垦荒。广大华侨远渡重洋，遭遇虐待，获利微薄，但各地贫民仍趋之若鹜。当时清政府反思，如果华工能在国内垦荒，不但省去跋涉之苦，而且一旦垦领，即同己业。于是效仿海外招工方法，由商部及各省督抚推动，招徕海外侨商投资农牧事业。其间，代表性的公司主要有：

（1）乐会琼安垦务有限公司。1906 年，马来西亚华侨何麟书成立了中国最早的橡胶股份公司。创办之初，公司发展并不顺利。直至 1915 年，琼安胶园历经近 10 年磨难才成功获益。当年采胶 500 市斤，收入 789 大洋。以后每年产量都在 180 市担左右（约 18 000 市斤），年收入约 4 200 大洋。何麟书成功的消息在海内外引起轰动，激起了众多华侨回海南投资办胶园的热情。之后，石壁的南兴公司、那大的侨植公司、加赖园的茂兴公司、铁炉港的农发利公司相继成立。到抗战前止，全岛共有大小胶园 94 家，垦荒植胶面积 10 574 亩，共 216 500 株，是旧中国橡胶种植业的鼎盛时期。

（2）张裕酿酒公司。1892 年 8 月，南洋华侨张振勋斥资银 300 万两，在山东烟台设立张裕公司生产葡萄酒，是晚清华侨投资种植业和制造业规模最大的工厂。公司先后购买烟台东部和西南部两座 3 000 亩荒山，雇用 2 000 多人，开辟 1 000 多亩葡萄园。公司 2 666 平方米地下酒窖为当时远东最大酒窖。公司还附设玻璃料器厂，制作酒瓶以及各种玻璃器皿。此后，张裕酒先后获南京首次南洋劝业会超等文凭奖、巴拿马万国博览会金质奖章和最优质奖状。

此外，1909 年，南洋华侨郭祯祥成立华祥糖厂后，在福建龙溪、同安等地设立甘蔗栽培场，购入土地 300 亩，由爪哇购入蔗苗 250 万株，改善甘蔗品种并用于制糖，全面与洋糖竞争。1910 年，爪哇侨商梁祖禄承垦江苏后湖淤地，兴办江宁富饶垦牧场，为期 50 年，以浚湖修堤、种植畜牧为主，雇当地贫民劳作，并在三年之后，于附近筹设小学堂，发展教育。① 梁后来还创办江浦县江华垦荒公司和句容县暨南垦牧公司。句容县暨南垦牧公司取得成功后，海内外华商群起仿效。一年间，当地创立 16 家垦牧公司。

（四）商品贸易

华侨出国多从事经商贸易行业。经过多年创业积累，部分经营者发展成富甲一方的商界巨贾。在清政府的变革和号召下，部分侨商也看到了国内发展商机，进而开始回国投资。

1851 年，泰国华侨陈步銮与族人合资设乾泰隆行于香港南北行街，为华侨在港设立最早的出入口商行。1862 年，秘鲁黎姓华侨携资回国，在广州创办万兴隆出口行，成为晚清内地第一家侨资商号。该行资本约 10 000 两白银，股东 30 人，多为古巴、秘鲁、美国华侨，主要经营商业、汇兑和药材。②

图 5－7　马应彪（1864—1944）

1899 年 12 月，澳大利亚华商马应彪等 12 人集资港币 25 000 元在香港设立先施百货公司，③ 这是华侨在国内所设第一家百货公司。公司直接从国外进货，不经洋商代办，货品花色新颖，以“环球百货”及“不二价”为口号。1909 年，先施股份有限公司成立，随后十多年间先施公司蒸蒸日上，先后在中国广州、上海及新加坡、泰国等地开设分公司或分店，还在英国伦敦开设分庄，后来又投资保险信托，办起了化妆品厂和其他十多间工厂，产品行销海内外，逐步形成颇具规模的“先施帝国”。

① 政治官报：第 40 册［M］．台北：文海出版社，1965：70.

② 李春辉，杨生茂．美洲华侨华人史［M］．北京：东方出版社，1990：727.

③ 姜豪．上海先施公司［M］//上海市文史馆，上海市人民政府参事室文史资料工作委员会．上海地方史资料：三．上海：上海社会科学院出版社，1984：142－148.

图 5－8　先施股份有限公司环球货品粤行

图 5－9　先施公司的绸缎柜台

1907 年，澳大利亚华商郭乐在香港创办永安百货公司，以经营“环球百货”为主，兼营金山钱庄业务。1909 年郭乐亲赴香港，增资至港币 60 万元，改公司为股份制。① 翌年，在香山石岐设立银业部，专营储蓄和侨汇业务（即永安银号）。辛亥革命后，郭氏兄弟在广州、香港、上海等地先后经营大东酒店、永安水火保险公司、维新织造厂、大东旅社和天韵楼等，发展为民国时期著名的永安集团。②

（五）金融服务

银行为实业之母，为经济发展提供重要资金来源。晚清时期，部分侨商业已在外埠开设银行，具有一定经验。因此，清政府希望招募海外侨商参办银行，振兴国内经济。

天一总局系由旅菲华侨郭有品于 1880 年在家乡漳州府龙溪县二十八都流传社创办，时称“天一批郊”。1892 年，在厦门、安海、吕宋设立分号。1896 年，大清邮政局正式对外营业，并规定民间批局登记注册，郭有品则将天一批郊正式注册为“郭有品天一信局”，设总局于龙溪县流传社，外设厦门、安海、吕宋、宿务、怡朗、三宝等分局，后又增设香港、安南分局，专为海内外华侨和侨属办理书信投递和钱币汇兑接收，提供服务和方便。

1896 年，清政府筹办中国通商银行，力邀侨商张振勋共同筹办。张振勋参照南洋英、荷银行的运作特点，呈上银行经营条例，强调必须去除官场气习，尽量用熟悉商务之人。第二年，中国通商银行成立。张振勋担任总董，招集海外华股，并入股本金 10 万两。之后，张又在上海、南洋、广东等地设立分行经营。

---

① 谭仁杰. 永安公司创始人郭乐［M］//广东文史资料：第 62 辑. 广州：广东人民出版社，1990：33－40.

② 林金枝. 郭乐、郭顺与永安纺织印染公司［M］//政协广东省中山市委员会文史委员会. 中山文史：第 24 辑. 1992：198－218.

图 5－10　天一总局

图 5－11　中国通商银行

1904 年，侨商张煜南及梁廷芳等人目睹外国银号（即银行）充斥内地，于是策划在北京集股试办银号，以挽回权利。张煜南等人筹本银 200 万两，募集海外各华商股份 400 万两，在京城试办银号，然后推及上海、香港等地，派员出洋招集商股，办理银行事宜。

1907 年，新加坡华侨黄寿山等在上海创办四海通银行，资本为叻币 200 万元，主营押汇、汇兑，并大量吸收华侨汇款，兼营保险。① 第二年，厦门名绅林尔嘉创办福建信用银行，集股 125 万元，多为侨资，并在北京等地设立分行。

除以上行业外，当时广东、福建侨乡的很多市政工程，如电灯、自来水、电话电报、日用品等多为华侨投资或合资经营。华侨投资不仅改善了侨乡人民生活质量，而且推动了中国近代经济的发展。

图 5－12　1890 年创立的广州电灯公司

① 转引自：林金枝．近代华侨投资国内企业史资料选辑：上海卷［M］．厦门：厦门大学出版社，1994：420.

图 5－13　1879 年创立的广州巧明火柴厂产品

三、晚清华侨回国投资的主要影响

晚清政府废除海禁旧例，从法律上由不准华侨归国转为保护归国华侨，实施华侨来去自由政策，有利于招徕海外侨商回国投资兴办实业，筹赈筹防，巩固了清朝统治的经济和社会基础。华侨投资遍及工、农、矿等各行各业，投资数额较大，对中国近代产业发展起到了引领性作用。

（一）促进了中国民族企业的兴起与发展，改变了中国封建经济体系

从 1862 年至 1911 年的近 50 年间，海外华侨投资国内企业约 351 家，主要集中在闽粤两地，分布在工厂矿产、交通运输、农牧种植、商业贸易、金融服务等行业。这些华侨企业对于抵制西方垄断资本的经济侵略、维护近代民族经济独立具有一定意义。同时，海外华侨资本的注入促使中国封建经济结构体系向资本主义性质转变，激发了中国民族企业的兴起与发展。此外，侨资企业给现代工业提供了技术基础和动力来源，并培养了一定数量的工人。华侨资本所装备起来的新式企业，给原有的封建性工场手工业或农民家庭手工业带来巨大影响，进而推动了中国近代化的历史进程。①

（二）改善了侨乡人民的生活水平，推动了侨乡经济和社会事业的发展

一方面，海外华侨大量侨汇的汇回对于改善侨乡人民生活具有重要意义。据统

---

① 林金枝．近代华侨投资国内企业的几个问题［J］．近代史研究，1980（1）：199－230.

计，1871 年至 1911 年的华侨汇款总数达到 12. 74 亿两。① 侨汇的积极作用得到充分而广泛的肯定，它不仅极大地改善侨乡人们的日常生活，也有助于平衡国家贸易收支和冲销贸易逆差。另一方面，侨汇也反映了海外华侨群体的经济水平，实力雄厚的华侨不仅给家人数额巨大的侨汇，而且对家乡各种事业的发展投资也非常关注，包括交通设施、资源开发、公共事业、教育医疗等方面，不同程度地推动了侨乡经济和社会事业的发展。

第二节　民国前期华侨与中国经济兴起

民国以来，由于华侨对国家建设贡献巨大，政府在政策上对华侨甚为宽容，也使得广大华侨支持祖国和家乡事业发展的热情大为高涨。至 20 世纪初，海外华侨民族主义意识进一步兴起，对中国的认同感大大加强，尤其在孙中山出任中华民国总统后达到高潮。在这种政治和经济背景下，海外华商抓住机会，争先恐后地踊跃投资，各种侨资企业得到蓬勃发展。同时，华侨社会各类亲缘、地缘等社团组织快速发展，凝聚力增强，一批华侨华人实业巨子有能力也有热情为家乡发展和社会公益事业多作贡献。另外，当时国外资本主义遭遇世界经济危机，发展不景气，客观上也促成华侨工商业者回国投资。因此，民国以来华侨华人在投资捐赠和祖国建设方面发挥了更大作用。②

一、民国前期政府主要涉侨经济政策与举措

北洋政府延续了晚清政府侨务政策的许多理念与做法，重视海外华侨资本的引进及其权益保护。一是设置专职侨务机构，保护海外华工和侨胞合法权益。1917 年 10 月，北洋政府国务院设立侨工事务局，监督赴海外华工的招募与保护事项；1922 年 1 月，改设侨务局，掌管海外侨民一切事务。二是颁布新《国籍法》，增设驻外使领，维护华侨权益。1912 年 11 月，北洋政府颁布了中华民国《国籍法》，采取血统主义兼属地主义的原则，为民国政府制定华侨政策、妥善解决对外交涉、保护海外侨胞权益提供了法律依据。同时，因海外华侨请求和外交事务需要，北洋政府先后在丹麦、瑞典、瑞士、挪威、巴拿马、智利等国家增设使领馆，以进一步沟通内外、了解侨情、保护侨胞。三是提倡、鼓励和奖励爱国华侨回国投资实业，并通令各省区切实保护归侨和侨资企业，给予优待和奖励。

---

① 孙谦．清代华侨与闽粤社会变迁［M］．厦门：厦门大学出版社，1999：74.

② 庄国土．华侨华人与港澳同胞对厦门捐赠的分析［J］．华侨华人历史研究，1999（4）：24－32.

1927 年南京国民政府建立后，继续重视海外华侨资本的引进及其权益保护。1926 年 10 月国民党通过的《国民党最近政纲》第九部分特别指出，“华侨回国兴办实业者，须予以特别保护”。[①] 1929 年 2 月，立法院制定了《华侨回国兴办实业奖励法》，这是国民政府第一部奖励华侨回国投资的法规，规定回国兴办工、商、电、矿、农、林、渔、牧、交通以及其他经政府准许的事业，可给予以下奖励：“（一）安全之保障；（二）资本及债票之保息；（三）补助金之给与；（四）运费之减免；（五）公有土地之优先租用或公有荒地之优先承垦；（六）技术上及经营上之指导与协助；（七）特殊困难之救济；（八）承购国营公营事业工厂之优待；（九）荣誉纪念品之颁发。”[②] 1930 年前后，世界经济危机爆发，南京国民政府抓住时机，先后制定《华侨投资国内矿冶业奖励条例》《华侨回国兴办实业奖励法》和《特种工业奖励法》等法规，对华侨在国内兴办实业和公益事业给予奖励和保护。即使在抗战期间，中国的工业受到毁灭性打击，东南沿海地区的工业丧失殆尽，国民政府仍然通告海外侨胞，欢迎华侨投资西南大后方，开发国家矿产资源，鼓励并协助他们回国兴办实业。

二、民国前期华侨回国主要投资经济领域

民国前期国内政治动荡，但华侨并未中断回国投资，而是积极参与中国民族经济建设。这一时期的经济关系可以分为这样几个阶段：①初步发展阶段（1912—1919 年）；②继续发展阶段（1919—1927 年）；③高潮阶段（1927—1937 年）。[③] 从当时华侨回国投资的发展变化来看，华侨民族主义情绪高涨，回国投资积极，但国内政局稳定与否涉及投资回报等根本利益，对华侨投资也有一定影响。

其中，1912 年至 1919 年间，华侨投资国内企业 1 042 家，投资金额约 7 100 万元，涉及工业、商业、交通运输、房地产等领域。[④] “一战”结束后，帝国主义为了弥补战争损失，加紧掠夺落后国家和殖民地半殖民地国家，特别是日本趁机在中国扩张其政治、经济势力，抢夺其他国家在中国的市场。不过，尽管面临帝国主义资本的压力，北洋政府通过吸引华侨回国投资政策，还是取得了较大成效。1919 年至 1927 年是华侨投资国内的黄金时期，投资总额为 167 769 万元，年平均约 2 100 万元。[⑤] 华侨投资地区主要是福建、广东、上海等地，投资去向主要包括房地产业、金融业、工业、商业等领域，其中此四行业共占该时期投资总数的 88%。[⑥] 1927 年至 1937

① 华侨革命史编纂委员会．华侨革命史：上［M］．台北：正中书局，1981：106.

② 华侨革命史编纂委员会．华侨革命史：上［M］．台北：正中书局，1981：119.

③ 谭天星．华侨华人与中国社会经济发展［J］．八桂侨刊，1994（4）：29－34.

④ 庄国土．世界华侨华人简史［M］．广州：暨南大学出版社，2014：142.

⑤ 庄国土．世界华侨华人简史［M］．广州：暨南大学出版社，2014：142.

⑥ 林金枝．近代华侨投资国内企业史研究［M］．福州：福建人民出版社，1983：9.

年，在国民政府涉侨政策的吸引下，华侨投资国内企业达 12 253 家，投资金额达 250 655 092元，主要投向房地产业、商业、工业和交通业等领域，堪称近代华侨投资国内企业的高潮期。①

（一）房地产业

海外华侨当时已经意识到世界经济危机即将来临，回国投资也是为自身资本寻找出路。他们多投资风险较小且利润较高的房地产业。原因一是当时闽粤交通和工商业的发展带来了市镇建设的加快，二是华侨在国内投资和与中国联系增多也促使他们乐于在家乡营造现代化的居留和生活环境。这一时期，广州、汕头、江门、海口、厦门五地就占了全部房地产业投资的 82. 9% 。此前，1919—1927 年间，广东、福建华侨在房地产业的投资占第一位，分别占该期投资总额的 56% 和 48% 。主要是因为广州、江门、厦门、泉州等地市政当局进行市政建设，吸收华侨资本来投资房地产业。1927—1937 年间，华侨投资的中心仍然是在房地产业，占全部投资额的 59. 58% 。一些华侨还组成房地产公司，投资额较大。如厦门的李民兴公司投资房地产业的资本达 190 万银圆，汕头的陈黉利拥有 400 座店铺的房地产业权。②

图 5 - 14　广州长堤一条街③

① 林金枝. 近代华侨投资国内企业史研究［M］. 福州：福建人民出版社，1983：10.

② 林金枝. 近代华侨投资国内企业史研究［M］. 福州：福建人民出版社，1983：9 - 11.

③ 华侨建筑从西至东有塔影楼、大新公司（南方大厦）、新华大酒店、新亚大酒店、东亚大酒店、先施公司、爱群大酒店、嘉华建筑群、永安堂等。

（二）商业、金融业

除房地产业外，华侨在上海、福建、广东等地商业性的投资占第二位。其中上海市的比例最高，商业投资占全部投资的30.18%，如闻名中外的上海四大百货公司——永安、先施、新新、大新都是华侨投资的。如果再加上钱庄、汇兑庄、银行等金融业，以及戏院、酒家、旅社等服务业，那么所占全部投资比重就更大。① 金融业中，印尼华侨黄奕住1921年在上海创办的中南银行在当时全国侨资企业中规模最大，并被特准发行钞票。为保障发行信用，中南银行还邀集当时的盐业、金城、大陆三家银行，建立“四行准备库”，广聚四行的资力，进行发行和储蓄业务的联营。该行先后在北京、天津、汉口、南京、苏州、杭州、厦门、广州及香港等地都设有分支行，陆续投资国内各项事业。②

图5－15　1934年兴建的广州爱群大厦

图5－16　20世纪30年代的永安堂

图5－17　1932年兴建的广州新华戏院

（三）工业、农业等行业

相比而言，华侨投资于工业、农业及矿业等生产性行业不多，三者约占总投资额的18.16%，其中上海一地又占了生产性投资的一半，其他也只局限于如广州、汕头、江门、厦门等城市。至于一般的侨乡县城、农村，基本谈不上有工业投资，而且工业投资主要还是轻工业，如纺织、卷烟、制糖以及食品加工等，重工业很少，有的也只是几家机器修配工厂而已。以福建而论，近代华侨投资的工业企业共有159家，投资总额1 920万元。其中电力工业5家，投资330万元，占投资总额的17.19%；自来水工业一家，投资290万

① 林金枝．近代华侨投资国内企业的几个问题［J］．近代史研究，1980（1）：199－230.

② 林金枝．近代华侨投资国内企业的几个问题（续）［J］．近代史研究，1980（2）：217－238.

元，占投资总额的15.10%；造纸工业一家，投资245万元，占投资总额的12.76%；纺织工业12家，投资240万元，占投资总额的12.50%；食品加工业25家，投资210万元，占投资总额的10.94%；日用品工业13家，投资140万元，占投资总额的7.29%；卷烟工业14家，投资100万元，占投资总额的5.20%；粮食加工业25家，投资80万元，占投资总额的4.17%；而机械工业只有3家，投资38万元，占投资总额的1.98%。①

三、民国前期华侨回国投资的主要影响

民国前期，华侨民族主义情绪兴起，回国投资热情高涨。尽管国内政局不太稳定，华侨投资存在一定风险，但华侨投资依然活跃，不断涌入的侨资对国内经济发展产生了一定的积极影响。

（一）推进了中国资本主义的工业化、商业化和农业专业化

1911年辛亥革命推动了中国资本主义的发展，加上1914年以后帝国主义列强纷纷卷入第一次世界大战而无暇东顾，北洋政府的政策措施迎来了华侨回国投资实业的兴盛时代，国内民族资本主义企业得到较快发展。1927年至1937年国民党统治相对稳定，国民政府政策相对得力，华侨投资发展较快，但之后受日本侵华和国共内战等政局不稳定因素的影响，急剧收缩。总体而言，这一时期的华侨投资集中于资本主义发展较快的上海、广东、福建等沿海省市，涉及行业广泛，为当时国内经济复苏，推进中国资本主义的工业化、商业化、都市化以及农业专业化起到了一定的积极作用。但由于北洋政府时期军阀割据混战，内阁更迭频繁，国力大量内耗，对外软弱无能，更有袁世凯阴谋复辟帝制，引起革命党人和海外华侨反对，爆发“二次革命”。因此，北洋政府虽创设和实施了一些新的侨务政策法规措施，努力保护华侨权益，吸引回国投资实业，但实际效果还是受到政局动乱等环境因素的影响。

（二）奠定中国现代工业基础，改善侨乡经济发展和生活环境

民国华侨回国投资，一定程度上促进了国内生产力的发展，尤其是给中国现代工业发展提供了技术基础和动力来源，培养了一批早期的产业技术工人。此外，值得一提的是，华侨资本大大改善了侨乡的交通运输和其他基础设施条件。福建的闽南，广东的潮汕、四邑、梅县以及海南岛东部一带的公路，有50%～70%是华侨投资建设的。交通设施改善后，侨乡交通便利了，大大促进了城乡之间的物资交流，推动了侨乡经济发展。

---

① 林金枝．近代华侨投资国内企业史研究［M］．福州：福建人民出版社，1983：27－28.

图 5－18　广州花都区建于二十世纪二三十年代的华侨建筑群

第三节　抗战时期华侨与国内经济发展

抗战爆发后，东南沿海省市相继沦陷，南京国民政府被迫迁都重庆。内陆地区工厂也因日军的经济封锁和狂轰滥炸而遭受巨大摧残，加之西南大后方经济基础薄弱，产业布局不合理，无法满足战时生产的需求。农业生产也因战争而停滞不前，粮食供给、军需用品、军费开支等问题不断涌现。此时，国民政府加大涉侨引资力度，海外华侨也满怀爱国热情回国投资，成为抗战时期华侨回国投资的特殊背景。

一、抗战时期政府主要涉侨经济政策与举措

抗战时期，爱国华侨为保家卫国，除广泛捐献、汇款和购买公债外，还积极投身于祖国的经济建设。投资中国，增强祖国抗战经济实力，成为广大爱国侨胞的一种共识。与此同时，“二战”全面爆发后，部分国家对华侨抗战捐款加以限制，华侨只好变换方式，携款回国投资以代替捐款。① 加上战时中国国内法币不断贬值，对侨资有一定的吸引力。这些都为国民政府吸引华侨回国投资创造了有利条件。

首先，不断制定出台政策法规，大力惠及华侨回国投资抗战。吸引侨资是晚清以来历届政府的一贯传统。抗战初期，国民政府同样将引进侨资作为重要的施政纲领之一。1938 年 4 月，国民党临时全国大会通过了《抗战建国纲领决议案》，相关条款强调“奖励海内外人民投资，扩大战时生产”。② 同年 10 月，政府发布《关于非常时期华侨投资国内经济事业奖助办法》，对于凡经指定之农矿工商及国防经济事业，华侨资金占资本

① 张赛群．抗日战争期间华侨在国内投资分析［J］．八桂侨刊，2008（4）：14－19.

② 荣孟源．中国国民党历次代表大会及中央全会资料：下册［M］．北京：光明日报出版社，1985：486.

总额60%以上者，予以下列奖助：“1. 经营上及技术上之指导与协助；2. 捐税之减免；3. 运输之便利及运费之减低；4. 公有土地之使用；5. 资本及债票之保息；6. 补助金之给予；7. 安全之保障；8. 荣誉纪念品之颁给。”1939年9月，欧洲战争爆发，日本南进政策推进，国民政府进一步加紧吸引侨资。11月，国民党五届六中全会通过了《订定优待保障侨胞投资条例》《协助侨胞投资之具体方案》以及《奖励海外华侨回国投资案》等条例，对华侨投资于垦殖、工业、金融等方面的奖助做了更为详细的规定。1940年7月，国民党五届七中全会又通过了《鼓励海外华侨回国投资案》，进一步筹划投资的具体事项。太平洋战争爆发后，1942年财政部还特别规定：凡华侨依照中央银行挂牌价格汇回国内之款项作为投资实业之用，战后准其照牌价汇出。① 1942年8月，蒋介石亲自致电侨务委员会，要求大力吸收南洋侨资。② 此后出台的一些政策法规中也多次提到要引进侨资，发展生产。

其次，扶助和指导回国侨民事业发展。1942年1月3日，行政院颁布《紧急时期护侨指导纲要》规定，侨民寄居地域如遇紧急时期，其安全及财产之保护应由驻外使领事依照本纲要之规定办理。凡侨民移居时，其无法移动之资产，向本国使领馆登记，由政府统筹有效保护办法，回国侨民事业之经营及发展由政府设立专管机关扶助指导。1941年3月，为具体筹划侨民回国投资事项，国民政府侨务委员会设立了回国侨民事业辅导委员会，负责扶助和指导回国侨民事业的发展事宜。在配合华侨投资国内方面，侨务委员会开展了大量工作，不仅令各侨务处及各驻外领馆、侨团对侨胞回国投资优惠政策广作宣传，指导侨界领袖组织团体回国考察，还与湖南、广东、广西、四川等省政府会商，拟定吸引华侨归国兴办实业办法，编印实业介绍，并附物产调查表通告海外各领馆侨团，分发海内外侨胞，使之明了国内各种实业概况，选择投资。而对于海外侨民因兴办实业而提出的各种请求，侨务委员会也尽可能地提供方便。③ 此时在海外，侨居地政府陆续实施各种统制政策和措施。以东南亚为例，各殖民政府在汇兑、对外贸易、本地商业和移民等方面，均有严格限制。1940年初，新加坡政府在新贸易条例上，限制所谓“非金镑本位”地带的货物，禁止中国棉织品的输入。另外，由于日本南进政策日益明显，东南亚一些政府当局开始实施排华政策，华侨在东南亚的生存和发展更是举步维艰。④ 更严重的是，由于日本把东南亚作为“以战养战”的重要基地，肆意推行经济垄断政策，逼迫华侨捐

① 福建省档案馆．福建华侨档案史料：上［M］．北京：档案出版社，1990：424.

② 中国第二历史档案馆．中华民国史档案资料汇编：第五辑：第二编 政治：四［M］．南京：江苏古籍出版社，1999：728－729.

③ 中国第二历史档案馆．中华民国史档案资料汇编：第五辑：第二编 政治：四［M］．南京：江苏古籍出版社，1999：725－736.

④ 中国第二历史档案馆．中华民国史档案资料汇编：第五辑：第二编 政治：五［M］．南京：江苏古籍出版社，1999：549－522.

献财物，华侨经济也遭到严重打击，侨资转移问题显得更加紧迫。①

图 5－19　抗战时期华侨在海外募捐投资祖国

最后，通过侨领侨团引导带动海外华侨回国投资。面对当时国内外的动荡局势，很多华侨对回国投资感到迷茫。此时，一些著名的侨领侨团发挥了非常重要的引领作用。例如，南洋侨领胡文虎、菲律宾侨领王泉笙、缅华总商会及仰光华侨等先后组织考察团回国了解国内实业情况，大力倡导侨资内移。新加坡侨领侯西反回国考察后，号召华侨“将经营事业以外的余资尽量拿回祖国投资”。泰国华侨参政员陈守明 1939 年回国赴西南考察后说道：“西南财资之雄厚，自然条件之优秀，实为支持抗战，争取最后胜利之基础”，“今后开发内地，尤愿踊跃投资”②。1940 年，陈嘉庚更是组织庞大的南侨慰问团回国到西南、西北、东南视察，根据国内和南洋华侨的实际情况进行投资，等等。

总之，在抗战时期的特殊背景下，政府积极有效地开展侨务工作，鼓励华侨回国投资，再加上华侨本身强烈的爱国主义热情以及侨领的积极推动，奠定了抗战时期华侨回国投资的基础。

---

① 张赛群．抗日战争期间华侨在国内投资分析［J］．八桂侨刊，2008（4）：14－19.

② 曾瑞炎．华侨与抗日战争［M］．成都：四川大学出版社，1988：142.

图 5－20　抗战时期爱国华侨陈嘉庚等回国考察

二、抗战时期华侨回国主要投资经济领域

抗战时期，国民政府坚持一面抗战、一面建国的政策，以经济发展配合建国，同时重视国防工业与民生工业的建设，资金来源主要就是利用侨资，因此，鼓励侨民回国投资成为抗战建国政策中重要的一环。华侨投资同捐款、购债一样，构成了华侨对祖国抗战经济援助的组成部分。其间，战时华侨回国投资主要分布在工矿企业、垦殖业、医药业和金融业等方面。

（一）工矿企业

工矿企业是战时华侨投资的一个重要方面，地域主要集中在大西南后方。例如，胡文虎投资 1 000 万元兴办云南矿物公司，并投资 200 万元创办资中糖厂，之后他又与国内实业家合办华侨企业公司，投资 1 000 万元；马来亚侨商投资 100 万元，协助改良广西锡矿；[①] 新加坡侨商谢吉安在渝建立华侨实业公司，开发川康农工矿业并设炼油厂，等等。[②]

除投资工矿领域外，华侨投资也关注一些轻工业生产加工行业。例如，1940 年春，马来亚侨商王振相等随南侨回国慰劳团回国慰劳时，目睹国内各地行驶车辆轮胎用到脱

① 现代华侨，1940，1（8）．

② 任贵祥．华侨与中国民族民主革命［M］．北京：中央编译出版社，2006：355.

胶见布而废弃，不能翻新利用，于是动议创设中南橡胶厂，专营旧胶轮翻新复制。4月14日，他们在重庆成立中南橡胶股份有限公司，投资国币200万元，聘请南洋雷教干等12人为技术员回国，并由马来亚运回首批机器和原料至昆明，在贵阳、重庆、曲江等地建立工厂。经营业务先是翻新旧轮胎，后扩展到制造新轮胎及各种机器橡胶配件、日用品等，为抗战作出积极贡献。① 另一个例子是延安华侨毛织厂。1942年，菲律宾华侨投资100万元在延安创办华侨毛织厂，该厂有5架织布机、6架织毯机、6架合股机，每天生产毛毯15条、洋白布1匹。在边区经济最困难的时期，毛织厂的华侨同边区人民一道参加了轰轰烈烈的大生产运动。仅1942年，该厂即生产出毛毯3 300条、纺毛线4 000余磅、毛呢100匹，为边区建设添砖加瓦，支援了全国抗战。②

此外，当时国民党统治区和边区还掀起了一场重建被日本侵略毁灭的工业而产生的小规模合作社式的工业自救运动，简称“工合”运动。作为抗日民族统一战线的一环，运动得到海外华侨的大力支持，在西北、西南、东南各省偏远内地急速组织发展，生产大量军需和民用物资，是抗战工业生产的有力支柱之一。③

（二）垦殖业

华侨投资垦殖业主要是开发西南荒山荒地，种粮植树，发展农副业生产，解决战争粮食物资补给困难。早在抗战之前，海外华侨就相继在东南沿海一带投资兴办垦殖业，考虑到经济效益，投资对象更多集中在诸如橡胶、甘蔗等经济作物上。抗日战争爆发后，国内时局动荡不安，华侨对垦殖业的投资一度中断。1938年10月，广州、武汉相继失守，国民政府西迁重庆，侨资重心也转向西南内地。

此时，为解决战时民生问题，中央与地方政府都开始重视荒地垦殖事业的发展，以安置大批涌现的难民。1939年6月，为开发西南资源及争取外汇，国民政府倡导侨民家属移居并投资当地生产，并提供种种便利和保护。1941年，侨务委员会在滇粤等省设立侨资垦殖委员会、西南经济建设委员会等机构指导华侨回国投资。1942年5月，农林部与侨务委员会联合制定了《奖励华侨投资营林办法》，鼓励华侨开垦荒山，各省予以积极配合。如福建省政府曾三次组织华侨宣慰团奔赴南洋，历访海外侨领，邀请华侨回国投资，向海外华侨寄发福建省各县荒山、矿产调查表及中央奖助侨胞投资办法等材料供华侨投资参考，同时还颁布相关政策，以加强对华侨投资的指导。

在国民政府看来，海外华侨曾经对于东南亚一带开辟草莱有过极大的贡献，现在归

① 任贵祥．华侨与中国民族民主革命［M］．北京：中央编译出版社，2006：356；黄小坚，赵红英，丛月芬，等．海外侨胞与抗日战争［M］．北京：北京出版社，1995：234－235.

② 任贵祥．华侨第二次爱国高潮［M］．北京：中共党史资料出版社，1989：108－109.

③ 菊池一隆．抗日战争时期的华侨和中国工业合作运动［J］．抗日战争研究，2003（2）：44－63.

来祖国，如果政府能够善为辅导，对于边疆开发和国内富源的开辟，必然更有成绩可观。[1] 当时也确实有一批华侨回国投资垦殖生产，如马来亚侨商张郁方等集资 200 万元回国垦田；森美兰华侨邱克静在云南建水附近地区投资 100 万元建立华新垦殖公司；爪哇华侨集资 100 万元在广东连山建立垦殖区；美国旧金山、纽约、芝加哥等地华侨集资 450 多万元在广东徐闻、台山、恩平、曲江、英德等地投资助垦；新西兰华侨也在广东英德走马房垦区投资 60 万元。[2] 此外，还有泰籍华侨陈守明联络陈嘉庚、庄西言、周崧等其他侨商与国内龙云、刘文辉等合作创办华西垦殖股份有限公司，认股 100 万元；[3] 美国华侨黄寄生等与国内官股合办广西露塘垦殖公司，垦殖荒地 46 000 亩，招收各地农民为垦户耕种，帮助国家解决亿万军民迫切需要的粮食及生活日用品问题。[4]

除了西南大后方外，还有部分华侨前往福建、广东等沿海地区投资。1943 年 8 月，侨商胡文虎等人经过三年多的艰苦努力，在福建创办华侨兴业有限公司，资本额为 500 万元，后增加到 1 000 万元，用以开发经营农林、矿产、交通运输、民用工业及土产原料等行业。该公司成立后，承购农林场 2 000 多亩，种植甘蔗、花生、棉花、油菜、桐油等农作物，是当时滨海地区经营较好的华侨企业。马来亚华侨郑荆伦募集侨资，开垦福建建阳县荒地一万亩；马来亚柔佛侨胞刘冷侯开垦南平县荒地 2 000 余亩。[5] 在整个抗战期间，福建建立了 12 个规模较大的侨胞垦殖区，投资总额达到 670 万元，占该时期华侨在福建投资总额的 55.55%。[6]

在广东，抗战前期广东省赈济委员会向华侨招股垦殖，到 1940 年秋，美洲侨商集资 600 多万元，檀香山及南洋粤侨集资 700 万元，汇粤开办各种加工厂，如造纸厂、竹木工场、抽纱厂、小型糖厂、肥皂厂等，生产制造居民生活日用品，以缓解因战争造成的日常生活必需品短缺。美国各地华侨集资 500 多万元，为阳山、徐闻、台山、曲江、恩平、英德等地开垦农田。[7] 总之，当时华侨与国内人民同甘共苦，在后方积极出钱效力献技，建设和开发资源，帮助国家解决粮荒，活跃了战时城乡经济，有力地支援了祖国抗战。

---

① 贺金林．抗战期间华侨与国内的垦殖事业［J］．抗日战争研究，2010（1）：58－65.

② 任贵祥，李盈慧．华侨与国家建设［M］．南京：南京大学出版社，2015：319－320.

③ 华侨协会总会．华侨与抗日战争论文集：下册［C］．台北：华侨协会总会，1999：653.

④ 任贵祥，李盈慧．华侨与国家建设［M］．南京：南京大学出版社，2015：320.

⑤ 黄小坚，赵红英，丛月芬，等．海外侨胞与抗日战争［M］．北京：北京出版社，1995：236－237.

⑥ 任贵祥．华侨第二次爱国高潮［M］．北京：中共党史资料出版社，1989：111；林金枝，庄为玑．近代华侨投资国内企业史资料选辑：福建卷［M］．福州：福建人民出版社，1985：197.

⑦ 任贵祥．华夏向心力：华侨对祖国抗战的支援［M］．桂林：广西师范大学出版社，1993：85－86.

（三）医药业

抗战爆发不久，国内经济受损，物资紧张，医药物资更是严重不足，缺医少药成为抗日军民面临的主要困难。华侨在医药方面的投资，对于抗战中的伤兵、疾病救治有积极作用。著名侨领陈嘉庚、侯西反等人得知国内前线各战区药品奇缺后，为了供给国内军需药品，便决定在新加坡筹建大规模制药厂，长期供应抗战前线伤病用药。建厂时，华侨陈贵贱无偿捐献发动机三台。不久，太平洋战争爆发，马来亚、新加坡严禁物资出口，华侨准备将机器设备移入重庆建厂，遂把资本50万元移入国内，与中国制药提炼股份有限公司50万元合股，建立重庆制药厂，在该厂附加制造军用药品。制造药品有碳酸钾、软肥皂、硫肝、大黄、流浸膏、甘草琉浸膏等多达91种。① 当时正值抗日战争激烈进行，前线后方缺医少药，重庆制药厂的建立，急救了大量伤兵难民，部分地解决了国内战时医药紧缺的困难。② 另外还有侨商胡文虎出资200万元在国内建立伤残军人疗养院及阵亡战士遗孤教养院，菲律宾华侨吴起顺在国内建立吴起顺伤兵医院及产科医院，美国华侨侯总榜、张毓芳等在纽约建立中美药厂专门制造国内缺乏且急需的贵重药品等，都对缓解抗战时期国内缺医少药情况具有重大帮助。

（四）金融业

金融业投资是抗战后期华侨回国投资的一个重要方面。鉴于国内战争需资浩大，不少华侨无力拿出大笔资金扶助农工矿业，进而在国内创办各种侨资银行，开展融资服务。华侨在海外金融业比较发达，在世界各地有很多侨办银行，建立起了庞大的华资金融网，成为战时华侨捐款和侨汇的转运枢纽和财源宝库。太平洋战争爆发后，南洋各地相继沦陷，侨资银行纷纷向中国转移。其中，国内较早的侨办银行是新加坡华侨集资1 000万元建立的福建实业银行。③ 日本发动太平洋战争后，陈嘉庚将其资金850万元汇寄伦敦转重庆，在广西柳州设立集美银行，投资工业建设。1942年9月，缅甸、马来亚华侨建立华侨建设银公司，资本总额2 000万元，为发展后方农工矿各业提供支持；南洋侨商戴愧生等联合内地人士集资800万元设立华侨工业银行，发展后方工业。同年底又有华侨信托银行、华侨实业银行、华侨兴业银行、华侨建业银行等四家侨资新银行开业，资金总额达1亿元之多。1943年，侨领李光前投资400万元在福建建立集友银行，充作集美学校教学经费；侨商连瀛洲、李文珍、林庆年、何葆仁等集资创办华侨联

① 陈嘉庚等创办中国药产公司［N］. 解放日报，1942-01-17.

② 任贵祥．华夏向心力：华侨对祖国抗战的支援［M］．桂林：广西师范大学出版社，1993：84-85.

③ 任贵祥．华侨对祖国抗战经济的贡献［J］．近代史研究，1987（5）：142-163.

合银行，下设业务、储蓄、信托三部，以“运用华侨资本，投资生产事业”为经营方针，该银行在广州、柳州、曲江、永安、东兴、揭阳等地设立分行。① 此外，为解决众多侨眷因侨汇断绝遇到的生活困难，美国侨领司徒美堂发起创办了华侨兴业银行，总行设在重庆，在昆明、贵阳、成都、兰州、西安等十余处设分行和办事处，最多时资本额达800万元。1943年，司徒美堂赴加拿大等地为银行募款100万美元，其中一部分汇到重庆用于扩充银行业务，另一部分购置生产机器，以促进战时生产。

华侨对金融业的投资数量没有确切的统计，仅以上所陈述的华侨金融投资数额，估计至少在2亿元以上，在当时来说，较为可观。华侨金融投资一方面弥补了国民政府财政金融的不足，对抗战后期政府严重“贫血”的财政经济起到了输血的作用；② 另一方面也为战时经济和华侨的工矿、垦殖、医药等投资提供了资金支持。

综上，抗战时期华侨对国内投资以工矿企业、垦殖、医药、金融等行业为主。从“七·七事变”到太平洋战争爆发，由于中国社会政治经济动荡，华侨投资额为89 261 794元，年平均11 157 724元，仅为高潮时期年平均额的一半。③ 但战时海外华侨投资对增强中国抗战实力具有特殊意义，为抗战胜利作出了独特贡献。

三、抗战时期华侨回国投资的主要特点与影响

抗日战争期间，许多海外华侨积极宣传抗日，抵制日货，筹募资金赈济难民，踊跃捐款捐物，争取国际援助。据统计，1937—1945年，华侨华人捐款达国币13.2亿元。④ 此外，海外华侨还捐助了飞机、坦克、汽车、衣物、药品及医疗器械等大批物资。而在此期间，中国政府相关侨资政策措施的制定实施，也激发了海外华侨的回国投资热情。许多华侨组团回国考察，通过直接投资、合股、与政府合资经营等方式，以西南大后方为基地，生产和营销抗战急需的军用物品和人民生活必需品，为祖国抗日战争和世界反法西斯战争的胜利作出了特殊贡献。

（一）战时华侨回国投资的特点

首先，华侨投资因应祖国战时需要，具有强烈的爱国主义热情。多数华侨投资是凭着自己的一腔爱国热情，为了战时需要，不计投资回报收益。华侨投资工矿主要是为了开发西南资源，解决战时经济困难；投资垦殖主要是为了解决粮食和前后方日用品的不

① 林金枝，庄为玑．近代华侨投资国内企业史资料选辑：广东卷［M］．福州：福建人民出版社，1989：649.

② 任贵祥．华侨与中国民族民主革命［M］．北京：中央编译出版社，2006：357－358.

③ 庄国土．世界华侨华人简史［M］．广州：暨南大学出版社，2014：143.

④ 华侨革命史编纂委员会．华侨革命史：下［M］．台北：正中书局，1981：705－706.

足；投资医药是为了解决战时医药奇缺的困难。例如，由中国制药提炼股份有限公司和侨资合股建立的重庆制药厂，就是为了解决各战区药品奇缺问题；中南橡胶厂是为了解决滇缅公路运输急需汽车轮胎，以及前方将士急需军用胶鞋问题；华西垦殖股份有限公司经营滇、甘、川及青海等省的农垦和工矿事业，目的是开发西部丰富的资源，增强国力，繁荣边疆，为战区服务。①

其次，华侨投资地区发生转移，集中在大后方，投资重点转到以工矿、垦殖、金融业为主。战前侨办企业投资的90%集中在沿海城市，如上海、汕头、广州、厦门等地。抗战爆发后这些城市先后沦陷，侨办企业陆续内迁，新的投资则大多数集中在西南地区。这一时期华侨投资西南地区估计有5亿元，合计约2 500万美元，等于同期华侨投资上海、福建、广东三省市总和的两倍。② 战时的工矿投资几乎全部集中在西南，垦殖业投资也大多集中在川滇黔桂和粤省西北部。金融投资除所知的福建实业、集友等银行外，其余大部分集中在渝昆贵一带。战前华侨投资以房地产和工商业为主，而抗战期间，华侨房地产投资几乎没有，商业投资也微乎其微，而西南的工矿、垦殖投资突然增多。战前华侨金融投资比较少，当时比较大的侨办银行只有资本750万元。战时由于种种特殊情况，金融业投资大大增加。③

最后，抗战时期华侨投资多与国内官僚资本结合，纯粹单一的侨资企业不多。近代华侨对祖国投资属于民族资本，战前侨办企业一般具有相对的独立性，有些侨办企业的机器设备技术和外国有着某种联系。抗战期间情况大不相同，考虑到投资的安全性，华侨资本一般与国内实力派资本官员投资结合，互利共赢。如前文提到的华侨兴业有限公司，资本共1 000万元，其中侨领胡文虎有450万元，国内实业界人士250万元，财政经济部300万元。有名的华西垦殖股份有限公司由侨领13人和国内实力派13人合办，其股本经济部与西南有关各省占40%，地方实力派占10%，侨资占50%。④

（二）抗战时期华侨投资中国的影响

战时华侨投资不仅对抗战的胜利作出了重大贡献，而且具有重要的历史意义。

首先，战时华侨投资与其捐款、侨汇一样，提升了大西南后方的经济实力，对祖国抗战胜利具有重要贡献。抗战爆发后，西南后方人口骤增，急需改善交通，增加生产，发展城乡建设。华侨投资国内工矿业，开发和利用大后方资源，一定程度上舒缓了战时政府的经济困难。华侨对垦殖业的投资缓解了战时最亟待解决的粮荒问题，对于维持战

① 张赛群．抗日战争期间华侨在国内投资分析［J］．八桂侨刊，2008（4）：14－19.
② 林金枝．近代华侨投资国内企业的几个问题［J］．近代史研究，1980（1）：199－230.
③ 任贵祥．华侨第二次爱国高潮［M］．北京：中共党史资料出版社，1989：117－118.
④ 任贵祥．华侨第二次爱国高潮［M］．北京：中共党史资料出版社，1989：118－119.

时经济的稳定、支持祖国抗战和战时国计民生，具有重要意义。

其次，侨办工厂不仅在战时为社会提供了大量产品，解决了抗战急需，带来先进技术，活跃了战时城乡经济，而且为日后新中国的成立奠定了经济基础。例如，中南橡胶厂、重庆制药厂等侨资企业在抗战胜利后的艰难环境中，不断改善经营管理，新中国成立后生产规模进一步扩大。南洋侨领张百基曾说，华侨投资可以大量开发资源，可以稳定后方资源，可以抵制敌货流入，可以发展海外国货，可以充实国防利器，可以代替当前捐款之外汇，可以维系华侨爱国之重心，可以拒绝敌伪挑拨之阴谋。① 这段话既概括了华侨战时投资的作用和意义，也指出了国民政府侨资引进政策的贡献所在。

近代的华侨投资虽然随着时局的变迁而跌宕起伏（见表5－2），但总体而言促进了中国民族资本的发展和近代化进程。华侨投资企业从一开始就作为帝国主义侵略的对立面而存在，具有一定的民族性，不同于买办资产阶级。因此，华侨投资企业的发展，与当时中国人民要求经济独立和政治民主的愿望一致，是中国半殖民地半封建社会的一个进步因素。华侨投资加速了沿海城市的兴起，推动了城乡交通运输的现代化，促进了农业的发展，对中国现代产业的产生和发展具有先导作用，更是闽粤侨乡社会经济发展的主要动力。华侨投资经营的工矿、企业、金融机构等，则促进了生产力水平的发展，推动了中国经济的近代化进程。

表5－2　近代华侨投资国内企业数额统计

时间	投资企业数	投资金额（折人民币元）	每年平均投资额（折人民币元）
1862—1919	1 395	126 391 638	2 179 338
1919—1927	5 904	167 540 769	20 942 596
1927—1937	12 253	250 655 092	25 065 509
1937—1945	1 271	28 011 794	3 501 474
合计	20 823	572 599 293	

资料来源：林金枝．近代华侨投资国内企业史研究［M］．福州：福建人民出版社，1983：4.

思考题

1. 晚清政府为什么开始重视海外华侨投资？
2. 民国时期海外华侨有哪些知名华侨投资企业？
3. 抗日战争时期海外华侨为什么投资中国？

---

① 张百基．抗战建国与华侨投资之关系［N］．大公报，1940－10－30.

推荐阅读

1. 林金枝. 近代华侨投资国内企业史研究［M］. 福州：福建人民出版社，1983.

2. 孙谦. 清代华侨与闽粤社会变迁［M］. 厦门：厦门大学出版社，1999.

3. 任贵祥. 华侨与中国民族民主革命［M］. 北京：中央编译出版社，2006.

4. 庄国土. 世界华侨华人简史［M］. 广州：暨南大学出版社，2014.

5. 曹云华. 凝聚与共筑：海外侨胞与中国梦［M］. 广州：暨南大学出版社，2014.

第六章

华侨华人与新中国建设

1949 年 10 月 1 日，中华人民共和国成立。从此，一个独立自主的中国重新出现在东方大地上，广大华侨华人与中国的关系开始谱写新的历史篇章。在社会主义革命和建设时期（1949—1978），中国共产党和新中国面临的主要任务是实现从新民主主义到社会主义的转变，进行社会主义革命，推进社会主义建设，为实现中华民族伟大复兴奠定根本政治前提和制度基础。在新中国建设初期，海外华侨在民族主义和爱国主义情感的带动下，积极参与中国政治、经济和社会建设。进入 20 世纪 50 年代，中国面临的国际形势日益严峻。朝鲜战争爆发后，为了维护国家安全和独立，新生的社会主义中国不得不出兵朝鲜半岛，帮助朝鲜民主主义人民共和国抗击美国对朝鲜的侵略。在抗美援朝的过程中，华侨华人依然发挥了重要的作用。

第二次世界大战后，一大批亚洲国家相继获得民族独立。这些国家在民族独立和国家建构的过程中，民族主义情绪高涨，部分国家发生反华排华骚乱。在这一背景下，新中国通过外交交涉、接济和安置归难侨等方式，保护海外华侨的合法权益，同时因应国际形势的发展变化，以及中国内政与外交发展的需要，对中国的侨务政策做出一系列调整和变革。

第一节　华侨回国参政

1949 年之后，以中国人民政治协商会议为契机，广大海外华侨发扬抗战时期爱国爱乡的热情，积极参与祖国政治，大量华侨从国外回到新中国，参与中国的各项建设。新中国的侨务政策致力于保护海外华侨的合法权益，并且把他们团结在统一战线的旗帜之下。而面对纷繁复杂的国际形势，新中国的侨务政策既不断发展完善，也受国内政治局势的影响而一度出现混乱，但总的来说是在挫折中前进。

一、《中国人民政治协商会议共同纲领》与华侨参政议政

（一）《中国人民政治协商会议共同纲领》

随着解放战争的胜利进行，中国革命胜利在即，1948 年 4 月 30 日，中国共产党发布纪念“五一”劳动节口号，号召“各民主党派、各人民团体及社会贤达，迅速召开政治协商会议，讨论并实现召集人民代表大会，成立民主联合政府”①。中国共产党的号召在海内外引起了极大反响，各民主党派纷纷以各种方式发表声明和宣言，响应“五一口号”，积极推进新政协会议。

在中国共产党的邀请下，民主党派、人民团体、解放军、各地区、各民族以及国外华侨等方面的代表共 635 人，成功举办政治协商会议。1949 年 9 月 29 日，政治协商会议第一届全体会议通过了《中国人民政治协商会议共同纲领》（以下简称《共同纲领》），《共同纲领》共 7 章 60 条，规定了新中国的国体、政体、军事、外交、公民权利等方面的基本内容。

海外华侨一直是中国共产党统一战线的重要组成部分，《共同纲领》的内容也体现了中国共产党和即将诞生的中华人民共和国对海外华侨的高度重视。《共同纲领》的序言部分明确指出：“由中国共产党、各民主党派、各人民团体、各地区、人民解放军、各少数民族、国外华侨及其他爱国民主分子的代表们所组成的中国人民政治协商会议，就是人民民主统一战线的组织形式。”《共同纲领》的第五十八条，则指出“中华人民共和国中央人民政府应尽力保护国外华侨的正当权益”。在 1954 年新中国制定的第一部宪法中，也明确规定“中华人民共和国中央人民政府应尽力保护国外华侨的正当权益”。

（二）华侨回国参政

1. *海外侨领参加政治协商会议*

1948 年 6 月 9 日，致公党发表《响应中共中央“五一”号召宣言》（以下简称《宣言》），指出：“中共在中国革命艰苦而长期斗争中，贡献最大而又最英勇，为全国人民起了先导和模范作用，因此，这次新政协的召开，无疑我们得承认它是领导者和召集人。”《宣言》号召华侨同胞“回到民主的祖国的怀抱，参加新中国的各种建设，使中国成为一个独立、自由、康乐的国家”。1949 年 1 月，毛泽东分别致电远在海外的爱国侨领陈嘉庚和司徒美堂，邀请他们回国参加新的政治协商会议。以此为契机，广大海

① 中共中央文件选集：14［M］. 北京：中共中央党校出版社，1987：111.

外侨胞纷纷响应中国共产党的号召，回到祖国参与新中国建设。

1949 年 6 月，知名爱国侨领陈嘉庚先生从新加坡取道香港来到北平参加新政协会议，并被推举为华侨组的召集人。9 月 12 日，知名爱国侨领、美国纽约全美洲洪门总干部监督司徒美堂不顾 83 岁高龄，冲破重重阻力，从美国飞回香港，辗转来到北平，代表美洲华侨参加中国人民政治协商会议。

政协会议通过了《人民政治协商会议组织法》《中央人民政府组织法》和《共同纲领》，陈嘉庚、司徒美堂、戴子良、蚁美厚、庄明理、费振东 6 名华侨当选为第一届全国委员会委员，其中陈嘉庚为常务委员。在大会发言中，陈嘉庚以华侨代表的身份热情祝贺："新中国将成为代表与保护华侨和广大人民利益的政府，我代表海外华侨民主人士及爱国侨胞，对于这三个文件无保留地予以接受，并努力促其实现。"

阅读材料：毛泽东致陈嘉庚与司徒美堂的亲笔邀请信

嘉庚先生：

中国人民解放斗争日益接近全国胜利，需要召开新的政治协商会议，建立民主联合政府，团结全国人民及海外侨胞力量，完成中国人民独立解放事业。为此亟待各民主党派及各界领袖共同商讨。先生南侨硕望，人望所归，谨请命驾北来，参加会议，肃电欢迎，并祈赐复。

毛泽东

一九四九年一月二十日

司徒美堂先生：

去年十月二十三日惠书，因交通阻梗，今始获悉。热情卓见，感佩殊深。中国人民解放斗争日益接近全国胜利，召开新的政治协商会议，建立民主联合政府，团结全国人民及海外侨胞的力量，完全实现中国人民的独立解放事业，实为当务之急。为此，亟待各民主党派各界民主人士共同商讨，至盼先生摒挡公务早日回国，莅临解放区参加会议。如旅途尚需时日，亦祈将筹备意见先行电示，以利进行。谨电欢迎，并盼赐复。

毛泽东

一九四九年一月二十日

2. 华侨参政议政

新中国成立后，华侨的参政议政权得到了法律保障，华侨在从中央到地方的各级"两会"中均占有一定席位。1953 年制定的《中华人民共和国选举法》（以下简称《选举法》）规定，人口约 1 100 万的国外华侨应选全国人民代表大会的名额为 30 人，这一名额约占 1954 年第一届全国人民代表大会 1 226 名中的 2.45%，为历届最高。① 1954 年新中国第一部宪法规定："全国人民代表大会由省、直辖市、少数民族、军队和华侨选出的代表组成。"在法律上确保了华侨的参政权。一方面，新中国成立后，百废待兴，对人才有着巨大的渴求；另一方面，不少归国华侨和华侨留学生知识水平较高，因此在新中国建设中发挥了积极的作用。

陈嘉庚系新加坡归侨，1950 年他回国定居，并把全部财产捐赠出来，用以建设厦门大学新校舍和集美学村。陈嘉庚先后担任中央人民政府委员、华侨事务委员会委员、全国政协副主席、全国人大常委会委员等职，为祖国的社会主义建设以及新中国国际影响力的扩大做出了卓越的贡献。1956 年 10 月，陈嘉庚又当选侨联主席，他以耄耋高龄，不顾舟车劳顿，奔赴祖国各地，为祖国的社会主义建设事业建言献策。特别是在推动华侨爱国大团结、鼓励华侨支持祖国和家乡建设方面，更起到了积极作用。毛主席曾经为陈嘉庚题词，称他为"华侨旗帜，民族光辉"，这是对陈嘉庚先生爱国爱乡一生的高度评价。

美洲归国侨领司徒美堂先生也是一名爱国爱乡的"华侨楷模"。新中国成立后，司徒美堂以八旬高龄之躯，热情参与祖国建设。1950 年 2 月到 5 月，司徒美堂先生南下广东了解土改情况。在广东的几个月，司徒美堂以一个老华侨的身份掬诚相告，向广大华侨阐述中央对侨乡土改的政策，号召华侨和侨眷共同努力，支持土改。他把在广东视察中了解到的情况写成政协提案，提交给人民政协全国委员会第二次会议审议，为新中国成立之初制定《中华人民共和国土地改革法》提出了不少有益的建议。

司徒美堂还同海外侨胞保持密切的联系，随时向海外侨胞，特别是美洲华侨报告祖国的情况。比如，他在广东考察的诸多观感传到海外后，产生了很大的影响，解除了华侨对土改的疑虑，同时也击破了外界对新中国土改的造谣诬蔑。海外侨胞给司徒美堂寄来许多函电，或问局势，或提意见，或陈狐疑，他都用书信、广播或著文予以详细解释。②

二、新中国的侨务政策

（一）侨务机构的成立

侨务工作是我国非常重要的一项工作，华侨事务所牵涉的范围也非常广泛，因此国内涉及侨务的机构通常有"五侨"之称，分别是政协、人大、政府机关下设的涉侨部门，中华全国归国华侨联合会（以下简称"侨联"）和致公党系统。③

---

① 从第二届全国人大开始，华侨代表就是从归侨中选举产生。

② 中国致公党广东省委员会. 爱国侨领司徒美堂（1868—1955）[M]. 2015：31.

③ 1983 年 6 月，第六届全国人民代表大会设立华侨委员会，并保留至今。

1. 各级政府中的侨务工作部门

1949 年 10 月 22 日，中华人民共和国中央人民政府华侨事务委员会（以下简称“中侨委”）成立，何香凝女士当选为中侨委主任委员，廖承志、李铁民和庄希泉任副主任委员。中侨委的建立，标志着中国共产党作为执政党在政府机构中确立了侨务工作的地位。何香凝女士是中国国民党领袖廖仲恺先生的遗孀，她早年追随廖仲恺在海外从事革命活动，有着广泛的海外联系网络，在海外华侨中享有威望，再加上她有着冰清玉洁的政治品德，为人又仁慈宽厚，许多爱国华侨对她担任中侨委主任都欢欣鼓舞，认为这体现了国家对华侨的高度重视。①

中侨委成立后，旋即开展了广泛的国内外侨务工作，其主要职责在于保护华侨的正常权益，管理华侨事务，协助中共中央和国务院制定侨务工作政策，做好为侨服务工作等。至 1966 年“文化大革命”前夕，全国有近 20 个省份的地方政府机构也成立了华侨事务委员会或类似侨务机构。

此外，中侨委还先后成立了中国新闻社、北京文化进修学校（今侨务干部学校）、暨南大学、华侨大学等机构，负责宣传和贯彻执行各类侨务方针政策。

2. 其他涉侨机构

早在 1949 年新政协筹备时，就成立了以陈嘉庚为首的海外华侨民主人士小组。1949 年 9 月第一届全国政协成立时，其下设立的华侨事务组，是新中国成立后第一个带有立法性质的侨务工作机构，其职能是在全国政协常委会和主席会议的领导下，就侨务工作开展经常活动，发挥政治协商和民主监督作用。1954 年第二届全国政协会议后，全国政协华侨事务组改名为华侨组。②

1956 年 6 月，经中共中央批准，中侨委决定成立中华全国归国华侨联合会筹委会，推举陈嘉庚为筹委会主任委员。同年 10 月，中华全国归国华侨联合会成立，并逐渐形成了全国统一的侨联组织网。当时全国各地已有七八十个侨联组织，其中以广东、福建两省较为普遍。

中国致公党是 1925 年由海外华侨中的洪门人士建立起来的政党，新中国成立后，中国致公党成为在中国共产党领导下的参政党，其主要由归侨、侨眷及与海外有联系的代表性人士、专家学者组成，其涉侨职能包括协助和督促有关部门落实侨务方针政策，反映侨情，维护归侨、侨眷和海外侨胞的合法权益和正当权益等。中国致公党也在联络

① 尚明轩．何香凝传［M］．北京：民族出版社，2004：320.

② 第二届至第六届设华侨组，第六届设祖国统一工作组，第七届、第八届设祖国统一联谊委员会、华侨委员会。1995 年 3 月政协第八届全国委员会常务委员会第十二次会议将华侨委员会和祖国统一联谊委员会合并为台港澳侨联络委员会，1998 年 3 月政协第九届全国委员会常务委员会第一次会议定名为港澳台侨委员会。

海外侨情、维护归侨侨眷权益、促进和制定侨务政策等方面发挥着重要作用。

(二)新中国的侨务政策

1. 制定涉侨政策和法令，充分保障归侨侨眷权益

新中国成立初期到20世纪60年代中期，是新中国侨务政策和法律法规形成的时期。在这一时期，根据华侨和归侨、侨眷的特殊情况，政府在华侨回国安置、土地改革、侨汇、农业合作化以及社会主义改造等领域，采取了相对灵活宽松的政策，照顾华侨、归侨和侨眷的利益，稳妥解决了涉及华侨、归侨和侨眷利益的许多重大问题，调动了他们的积极性和激发了他们的爱国热情。

1951年8月21日，政务院颁布《土地改革中对华侨土地财产的处理办法》，规定对华侨的土地房屋及其他财产做适当的照顾，从而使将近1 500万无地、少地的归侨和侨眷，在土地改革中分得土地、房屋和生产资料，体现了中国共产党在土地革命中对华侨适当照顾的原则。

长期以来，广大华侨源源不断从海外向国内亲人邮寄汇款，用以改善国内亲友的生活。侨汇既是国内近千万侨眷主要或次要的生活来源，也是国外广大华侨与祖国联系的一个重要桥梁，还是国家社会主义建设中外汇资金的主要来源。新中国成立初期，中国对外贸易十分艰难，外汇紧缺，在此时代背景下，侨汇在中国的外汇收入中占有重要的地位。1950年和1955年，国家先后颁布《侨汇业管理暂行条例》和《关于贯彻保护侨汇政策的命令》，规定“侨汇是我国华侨从事劳动和各职业所得、用以赡养国内家属的汇款”，是我国华侨的切身利益和广大侨眷的生活依靠，任何人不得侵犯侨汇与干涉侨眷使用侨汇的自由，违法者应分情况依法论处，从此全国侨汇逐年上升。1950年至1966年期间，全国的侨汇收入为19.730 9亿美元，既保证了国内归侨和侨眷得以通过使用侨汇改善生活，同时又有利于国家经济和对外贸易的发展。

此外，在华侨出入境问题、婚姻纠纷问题、华侨学生入党入团、归国华侨青年参军问题、华侨捐资兴办公益事业、归侨侨眷子女升学问题上，国家都制定和完善了一系列相应的政策。以华侨教育为例，新中国成立初期，每年有数千名华侨学生回国求学，为了更好地辅导归侨学生的学习，在1949—1957年期间，国家先后在北京、广州、集美创办了三所归国华侨补习学校。到1957年，有四万多归国华侨学生进入国内各级学校学习，其中约20%进入高等学校。① 1958年，为了给海外华侨学生在国内接受高等教育提供便利，国家还在广州复建暨南大学，并在福建泉州创办华侨大学。1950—1966年期间，回国求学的华侨学生达六七万人。

---

① 何香凝．澄清对侨务工作的一些糊涂思想［N］．人民日报，1957-07-12.

阅读材料：广西土改中修改华侨成分，适当保护华侨权益

在50年代初的土地改革中，虽然制定了对华侨适当照顾的政策和措施，但是不少地区仍将部分不是地主的华侨当作地主对待，导致一些华侨的土地、房屋和其他财产被没收，伤害了部分华侨和归侨侨眷的利益。

1955年2月，广西省侨务部门根据国家制定的有关政策，在容县的四端、和睦及大坡3个乡，开展提前改变华侨地主成分的试点。3月，广西省人民委员会发出了《做好提前改变华侨地主成份工作的通知》，开始根据实际情况改变华侨的成分。到1955年7月，岑溪、平南和郁林（今玉林市）3个县，基本完成了提前改变华侨地主、富农成分的工作。1956年，苍梧县的华侨地主、富农成分已全部改变。防城县经过本户申请，群众讨论，乡镇人民代表会议通过，提前改变地主成分的有45户，改变富农成分的有18户。至此，全省有95%以上的华侨地主、富农提前改变了成分。①

2. 鼓励和吸引华侨回国投资

新中国成立伊始，百废待兴，亟待引进外资发展国内经济。由于新中国受到以美国为首的西方国家的封锁和制裁，很难大规模引进外资，因此政府积极吸引华侨回国投资。

1951年，经政务院批准，我国专门设立华侨回国投资辅导委员会。1952年6月，中共中央批转的统战部《关于国内侨务工作的方针任务及若干政策问题的意见》中规定：根据国家经济计划的需要，照顾投资人的愿望，以国家经营的投资公司为主，采用合作经营或公司合营的形式，并可允许个别的私资经营。中央财经委员会还专门研究怎样改进吸引侨资的工作。1956年6月11日，毛泽东主席在听取广东省委汇报时，要求广东省委采取更积极的政策，以消除华侨对回国投资的顾虑。同年12月7日，毛泽东主席同民建和工商联负责人谈话时又指出："华侨投资的，二十年、一百年不要没收。可以开投资公司，还本付息。"在此背景下，1957年8月1日，全国人大常委会第七十八次会议批准了国务院提出的《华侨捐资兴办学校办法》和《华侨投资于国营华侨投资公司的优待办法》两个文件，鼓励华侨回国投资。

3. 海外侨务政策

新中国的成立，使广大海外华侨有了有力的后盾，得以摆脱"海外孤儿"的悲惨境地。无论是《中国人民政治协商会议共同纲领》还是1954年制定的新中国第一部宪法，都申明中华人民共和国"应尽力保护国外华侨的正当权益"，这也是新中国成立后

① 广西壮族自治区地方志编纂委员会．广西通志：侨务志［M］．南宁：广西人民出版社，1994.

华侨事务委员会的中心工作。中侨委主任何香凝女士表示，“祖国的进步和强盛，提高了国外华侨的地位，是华侨长远利益最可靠的保证”。

因此，新中国成立初期的海外侨务政策依然强调要结成广泛的华侨爱国统一战线。在当时，这样一种政策有其合理性。但是，这一政策没有充分考虑到广大华侨要在海外长期生存下去的切身利益，在20世纪50年代复杂的国际背景下，如何既维护海外华侨的切身利益，又能促进他们在住在国的安居乐业，同时服务于中国在这一时期的对外战略，对中国的侨务政策提出了挑战。从整体趋势来看，20世纪50年代以来中国的海外华侨政策实际上在逐渐调整，即从此前争取华侨认同和支持新中国，转变为鼓励华侨成为推动住在国与中国友好交往的重要力量。

1952年1月，中共中央发布《关于海外侨民工作的指示》，指出“根据一个国家只应有一个共产党的原则和华侨工作应是合法的与公开的要求，中共将不再在国外华侨中建立中国共产党的组织”，已经存在的也将“逐步做到最后取消”，同时“劝告国内的各民主党派不要建立海外支部”。① 1954年3月，针对海外华侨在某些国家遭受的仇视和迫害，中共中央批发了中侨委党组《关于资本主义体系国家内华侨统一战线工作与社团工作的若干意见》等三个文件，明确指出“摆在这些国家广大华侨面前的中心问题，便是如何在当地求得长期生存和保卫自己的切身利益”，应通过各种华侨社团，进行保障华侨福利的事业以及保卫华侨正当权益的活动。文件同时要求不再以是否悬挂国旗、是否在学校中使用新华课本、是否公开响应祖国的各种政治号召来主观判断其爱国与否。

1954年之后，我国又先后与印度尼西亚政府和缅甸政府进行接触或谈判，试图解决双边关系存在的华侨双重国籍问题，缓解东南亚国家对我国政府和华侨的疑虑，并在1955年与印度尼西亚政府签订了《中华人民共和国和印度尼西亚共和国关于双重国籍问题的条约》，放弃承认华侨双重国籍。

1956年，中侨委主任何香凝对海外华侨发表讲话，要求华侨“遵循我国的和平外交政策，自觉成为祖国和平友好的使者，更加发扬光大与侨居国人民的传统友谊，促进与侨居国人民的文化合作与经济合作”。②

总的来说，新中国成立初期我国海外侨务工作方针，一方面是加强海外华侨的团结，形成广泛的华侨爱国统一战线；另一方面是要求华侨不参加当地的政治斗争和革命运动，适应在当地的长期生存和发展，成为沟通中外友好的桥梁、当地社会发展的积极因素。

（三）“左倾”侨务政策及其影响

自20世纪50年代后期以来，中国国内政治氛围日益“左倾”，这种“左倾”也影

---

① 中共党史教学参考资料：十九［M］．北京：国防大学出版社，1979：429－430.

② 尚明轩．何香凝传［M］．北京：民族出版社，2004：323.

响了中国的侨务政策。从1957年“反右”斗争的扩大化到“文化大革命”，侨务工作受到一系列干扰和破坏，不少华侨、侨眷受到不同程度的冲击。尤其是在“文化大革命”期间，侨务工作受到极“左”路线的严重干扰，一些之前正确的侨务政策被破坏和放弃。

1. 侨务政策日益“左倾”

1957年底，随着整风及“反右”运动的开展，侨务部门提出了一些脱离实际的“左”的口号，日益偏离之前制定的理性的侨务政策。不少归侨知识分子和上层代表人物被作为资产阶级分子进行批判或被错划为右派分子。

尤其是1958年之后，在“三面红旗”（“大跃进”“人民公社化运动”以及“社会主义总路线”①）的指引下，党和国家的侨务政策也日益激进，对归侨侨眷、海外华人的看法和定位也随之发生变化。比如，在1958年的“大跃进”和人民公社化运动中，不少侨乡无偿调用归侨、侨眷的资产；为“大炼钢铁”而强制收购、征用甚至拆毁华侨房屋的铁窗铁门和建筑材料；强制动员、缴收侨户的黄金、美钞、首饰等，投资“全民办工厂”；硬性指派、索取侨汇用于投资生产，强迫存款或购买公债等。

此外，国内归侨侨眷与海外亲属的关系因被贬斥为“海外关系”而受到质疑，不少地方和部门不加具体分析地把归侨、侨眷以及归国华侨学生在国外的家庭和亲友关系一律作为“资产阶级关系”或“复杂的政治关系”看待，扣上“海外关系”的帽子而滥加怀疑和歧视。在此过程中，许多归侨、侨眷因有“海外关系”而蒙受歧视和迫害，极大地挫伤了海外侨胞和归侨、侨眷的感情。

当然，国家也在不断修正激进侨务政策给归侨、侨眷带来的伤害。比如，在1959—1961年中国三年困难期间，尽管国内食品供应紧张，国家依然允许华侨、港澳同胞免税进口粮油、副食品与凭侨汇特殊供应。针对一些地方出现的华侨私有房屋被侵占的情况，中共中央在1961年批转了中侨委党组《关于农村整风运动中对平调归侨侨眷房屋、家具、侵占侨汇等的处理意见》，要求妥善处理好华侨房屋的改造。1963年，为了进一步落实侨房政策，中共中央再次做出了《关于在农村社会主义教育运动中对待侨户问题的指示》，明确指出：“凡解放后用侨汇修建或购买的房屋，更应一律保护业主的所有权和使用权，不得侵犯。”在三年困难期间，由于国内工农业生产大幅度下降，不少厂矿企业纷纷关停并转，全国有近两千万工人、干部城镇居民下放农村，而一些地方在精简职工时，没有按照党的政策办事，把不少归侨职工也下放到农村，使他们的生活得不到保障。对此，1962年6月中共中央批转中侨委党组的《关于妥善处理侨眷、归国华侨的就业和精简问题的请示报告》，对各类归侨侨眷以及华侨学生做了非常细致的安排，在国家实力允许的条件下，尽量照顾他们的权益，如归国华侨学生需安排就业

① 即“鼓足干劲，力争上游，多快好省地建设社会主义”的总路线。

的，尽可能安置在城市等。1962 年 5 月，中共中央批转了中侨委党组《关于“海外问题”的报告》，批判了对待“海外关系”的各种错误观点和做法，要求有归侨、侨眷和归国华侨学生的单位，全面检查一次由所谓“海外关系”而引起的问题，迅速地、妥善地加以处理。

2. “文化大革命”期间的侨务政策

“文化大革命”期间，我国各项事业遭到了全面的干扰和破坏，侨务领域更沦为重灾区。

在国内，错误地认识和对待华侨，认为华侨大多生活在非社会主义国家，大多数是“资本家”和“资产阶级”；公开宣传“海外关系”是反动的政治关系，有“海外关系”的人是反动的社会基础。由此，归侨、侨眷受到防范和打击，有“海外关系”的人受到排挤，不少侨胞不愿、不敢回乡探亲访友，严重挫伤了海外侨胞爱国爱乡的热情。① 一些之前实行的政策，如对归侨侨眷实行的“一视同仁，适当照顾”的原则也被否定。

在国外，配合国内形势的需要，一度把宣传毛泽东思想作为对外活动的主要任务，让海外华侨手拿“红宝书”，挂领袖像，乃至在一些国家和地区煽动华侨革命等，引起华侨住在国的不满，给海外华侨社会造成了混乱，国外侨务工作因此陷于困境，直到 20 世纪 70 年代才得以重回正轨。

3. 侨务机构被撤销

在“极左”思想的影响下，1969 年，中侨委被撤销，侨务工作归属外交部，中侨委设立留守处，由外交部代管。接着，全国各级各地侨务部门也相继取消，大批侨务干部被打成“资产阶级的代理人”“走资派”而被下放农村。

在这一背景下，在 1952 年至 1960 年期间建立在北京、福建、广东、广西等地的七所华侨补习学校被迫停办。1970 年初，华侨大学、暨南大学也相继停办，直到“文化大革命”结束后才复办。

第二节　华侨投资与经济建设

华侨资本对祖国经济发展的推动和促进，是华侨对祖国做出贡献的重要体现，也鲜明体现了广大华侨对祖国所怀有的报效乡里和桑梓情深的朴素情感。正如陈嘉庚所言，华侨投资只要“华侨在洋既略剩金钱，且动于爱国观念，定必争先恐后，加入投

① 赵红英．建国以来侨务政策的回顾与思考［M］//国务院侨务办公室政策法规司．国务院侨务办公室课题研究优秀成果集萃．2006.

资"①。这种不忘桑梓的投资情感是华侨对祖国投资的心理基础，也是华侨对祖国经济建设能够有所贡献的前提。同时，从客观效果而言，侨资企业的发展自近代以来对中国侨乡社会经济发展、沿海城市繁荣、道路交通拓展、行业整体进步和思想观念更新等方面所发挥的引领和表率作用，对推动国人对经济建设的关注和重视等方面均具有积极意义。

1949 年 9 月 28 日，在筹备新中国成立的中国政治协商会议开会期间，司徒美堂先生不无感慨地谈到今后华侨回国投资的愿望，"今天这种局面改变了，华侨愿以加倍的热情来帮助祖国的建设。我打算政协会议后去东北一行，以便对将来华侨投资祖国的建设事业提供一些材料"②。新中国的成立为华侨投资提供了一个大舞台。1949 年 12 月 28 日中央政府华侨事务委员会成立后致函海外各侨团，声言"华侨事务委员会的任务，为调查研究国外华侨的情况，拟定保护国外华侨的正当权益及有关归侨福利事业的方案，团结各地华侨，联络华侨社团，协助侨胞回国投资，设法便利侨汇，照顾与改善侨眷的生活"等，③ 其中专门谈到要尽力协助华侨投资。华侨对于新中国经济发展信心的逐步恢复以及中国侨务政策的适当制定有着重要意义，而这些都为新中国华侨投资以及废除双重国籍后形成的华侨华人投资的重新发展奠定了基础。与此同时，新中国成立后东西方对抗的国际局势也日益严峻，上千万华侨华人聚居的东南亚地区一再掀起排华浪潮，这既与当地族群矛盾的激化有关，也与战后东南亚部分国家在非殖民化和冷战政策影响下的民族和外交政策转变有关，这就迫使华侨华人从保障自身利益和资金安全的角度出发，纷纷愿意将资本转移到新中国。例如，1951 年，印度尼西亚华侨工商界人士黄洁、王源兴、李祝朝、薛两清等率先回国考察，准备参加祖国建设。泰国也有一部分华侨集资在海南兴办垦殖业。④ 他们希望能在新中国寻找到经济发展的新契机。新中国成立后，华侨对其的投资正是在这一背景下陆续展开的。

一、华侨资金回国与新中国建设⑤

新中国成立初期除旧有侨资企业的重建和继续发展外，华侨对大陆进行投资的情况大概是：1951—1953 年华侨投资资金约为 1 162 亿元人民币（不包括北京新侨饭店投资

① 陈嘉庚．南侨回忆录［M］．长沙：岳麓书社，1998：145.

② 中国人民政协代表访问记　华侨从此站立起来：访问华侨民主人士司徒美堂［N］. 人民日报，1949－09－28（6）.

③ 华侨事务委员会致函海外华侨社团　望建立直接联系以便开展工作［N］. 人民日报，1949－12－28（1）.

④ 广东省地方史志编纂委员会．广东省志：华侨志［M］．广州：广东人民出版社，1996：313－314.

⑤ 本节所涉及的人民币币值皆为旧币。

的130亿元人民币），其中投入新创企业的资金为1 007亿元人民币，投入正在筹设企业的资金为89亿元人民币，以借贷方式投入私营工商业的资金为66亿元人民币。以侨居地划分：印度尼西亚侨资最多，约占新中国侨资总额的63%，其次是泰国、新加坡和马来亚，其他如澳大利亚、越南、美国、加拿大、菲律宾等所占比重不大。上述华侨资本投于公私合营的企业有华南企业股份有限公司、华侨工业建设公司、广州投资股份有限公司、福建投资公司等。

在全国侨资总量中广东所占比率最大，约为800亿元人民币。广东侨资数额在全国范围内处绝对地位，这与广东本省的侨情和经济发展状况有很大关系。新中国成立初期广东全省人口约3 300万，其中侨眷约640万人，在国外的粤籍华侨约有700万人，分布于马来亚、印度尼西亚、泰国、缅甸、越南、印度和美洲、大洋洲、非洲等地。其中，在马来亚、印度尼西亚和泰国的粤籍华侨在当地具有较高的经济地位，在爱国心的驱使以及战后国际局势的影响下，东南亚华侨愿意将资金投向中国大陆，参加新中国经济建设，借此推动祖国的发展壮大。此外，广东自近代以来形成的对外贸易的经济地位和自身良好的地理位置及航道资源，也为侨资的广泛进入及发展提供了平台。新中国成立初期4年间统计数据显示，广东境内仅广州一市所获华侨投资金额就占全国总量的62%。广州是新中国与资本主义国家发展贸易的主要口岸之一，也是华侨出入祖国的大门，又是轻工业和手工业相对发达的城市，可供华侨投资的项目比较多，因此这里集中了全国过半数的侨资。

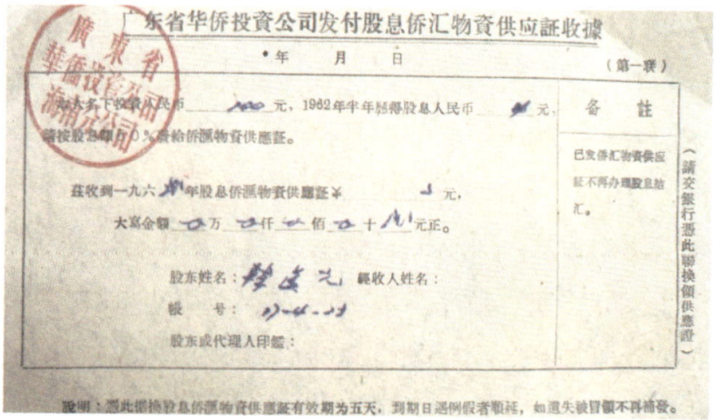

图6-1 20世纪60年代广东省华侨投资公司发付股息侨汇物资供应证

此外，根据华侨的倡议和愿望，广东、福建、广西、云南、山东、辽宁、上海、武汉、南京等11个省市分别成立了华侨投资公司，华侨投资公司是国家经营的侨资信托企业。华侨所投的资金由国家掌握调配，企业则由国家直接管理，生产资料不为个人掌握或所有，华侨投资领到的股息不同于定息，而和国内人民存款于国家银行所领到的利息性质一样。[①] 新中国成立初期，各地华侨投资吸收了约1亿美元侨资。到1963年，各地华侨投资公司兴建和扩建的工厂、企业等有100余家，这些工厂企业为促进各地经济

---

① 林金枝．海外华侨华人在中国大陆投资历史的回顾与展望［J］．南洋问题研究，1991（1）：10.

发展、增加贸易和物资供应、丰富人民生活和解决劳动力就业问题等发挥了不小的作用。①

二、华侨农垦业的建设与发展

侨资垦殖是新中国成立后华侨投资国内生产建设的又一种表现形式，并在新中国成立初期占有相当重要的经济地位。开展侨资垦殖固然与垦殖业作为经济行业之一所具有的经济收入较好和入行难度较低特点，以及较多华侨华人在海外亦从事该行业有关，但还与新中国成立初期政府为安置归国侨胞和发挥大量归侨、难侨、侨眷的生产积极性和经营能力而对华侨华人从事垦殖业进行鼓励有关。无论原因为何，侨资垦殖的开展对新中国农林经济和山区经济的发展的确起到了推动和示范作用，在新中国热带植物的生产和发展方面发挥了重要作用。

新中国成立初期，海南侨资垦殖对中国橡胶业发展的贡献是新中国历史上侨资垦殖事业发展的一个闪光点。橡胶是工业、科技、医疗、交通、日常生活等领域不可缺少的重要原料，在战争年代，它更是极为重要的军事物资。但是如此重要的军民战略物资，在新中国成立初期却极为缺乏，不仅因为橡胶对于生长的自然条件有着极为特殊的要求，如要求高温、多雨、潮湿、低海拔等（按照国际通行看法，橡胶树只能生长在赤道至南北纬 15 度以内的范围内），还因为作为重要的国际战略物资，橡胶的生产和销售并不控制在中国人自己手中。当时全球最大的天然橡胶生产国是马来亚、泰国和印度尼西亚，这三国的橡胶生产占世界总产量的 80% 以上，可是橡胶的生产和交易必须通过国际橡胶市场，在以美国为首的西方国家要求对华禁运的重重压力下，中国在国际市场获取橡胶的难度可想而知。

就在中国正进行反封锁和反禁运的斗争以及通过苏联、斯里兰卡等国争取橡胶进口的同时，马来亚华侨雷贤钟突破封锁，将 10 多箱橡胶优良种子、芽接椿、芽条以及芽接工具运回祖国，在海南岛崖县藤桥山区组建了中国第一个采用芽接种植的侨资胶园——侨福垦殖公司，将马来亚的橡胶种在了海南的土地上，周总理赞扬他“比带金子回国更宝贵”。

为何侨胞会选择在海南岛发展橡胶业？究其原因，主要是该岛位于中国南端，接近南洋的热带气候。岛上绝大部分地区平均温度在 24℃ ~28℃。万宁、保亭一带地肥雨足，气温适宜，更是种植橡胶、剑麻、甘蔗、椰子、油棕、香茅、咖啡、胡椒等热带经济作物的好地方。

1955 年，陈嘉庚赴海南考察后即提出，海南岛的橡胶不是可种不可种的问题，而是晓得不晓得经营管理和种植方法的问题。当时中侨委已明确认识到华侨华人在侨资垦

① 林金枝．海外华侨华人在中国大陆投资历史的回顾与展望［J］．南洋问题研究，1991（1）：10.

殖方面的经验和贡献与发展海南橡胶业之间的密切关系，最有力的证明是马来亚拥有的400多万英亩的橡胶园。这些橡胶园的种植与华侨披荆斩棘的决心和不辞劳苦的毅力是分不开的，华侨对种植橡胶的技术与经验的丰富程度也可见一斑，如果能够把华侨的植胶技术和经验引进到中国来，对海南岛的橡胶事业必然会有贡献。为此中侨委决定，在海南岛领五六十万亩的荒地，让华侨种植橡胶和建立各种类型的垦殖场。

新中国成立初期在海南进行开荒生产的华侨华人有五六千人（不包括国营兴隆华侨农场），主要来自马来亚、印度尼西亚、北婆罗洲和泰国等地，祖籍多为福建、广西和海南，他们所拥有的垦殖面积约2万亩，大部分种植橡胶、香茅和其他农作物。如1950年泰国归侨凌绪琛在海南文昌县南阳竹苞地区植胶数千株，长势良好。南阳罗本村旅外华侨方是安、托盘坑村旅外华侨王祚佩分别汇款回乡，种植橡胶数千株。在他们的影响下，南阳地区的新胶园不断涌现，使该地区的橡胶种植业在新中国成立后数年内获得快速发展。

阅读材料：橡胶巨子李引桐

在海南侨资植胶过程中，有一位人物不能不提，他就是有着第三代胶业巨子之称、为海南引植最新胶种和植胶技术的李引桐。李引桐祖籍福建南安，青年时代曾两度到新加坡投靠宗亲李光前，得到李光前的赏识和重用。1954年李引桐创立了经营橡胶产品的泰国德美行有限公司。在他精心经营下，德美行的标准胶生产和出口在泰国风生水起，而他也被称为继陈嘉庚、李光前之后的第三代胶业巨子。为了从根本上解决中国对橡胶的需要，1952年李引桐回国访问，此后便开始多次返国进行考察，认为海南岛应该采种橡胶新品种606，并突破美英封锁通过新加坡、中国香港将橡胶幼苗运入国内。第一批运入国内的芽枝有20余条，每条有十几二十个芽眼，一个芽眼可以繁殖十几株。正是通过这样的方式，李引桐将东南亚国家的优良胶种606移植到了海南的土地上。1957年李引桐又聘请曾任殖民地树胶园经理的好朋友邱金陵到海南岛传授树胶栽培技术。海南岛第一本关于橡胶栽培管理方面的书就是根据邱金陵的口述和传授记录整理而成的，其技术对侨福公司、新民胶业公司等都有极大帮助。此外，1962年李引桐亲率专家到海南考察时，还积极帮助国内引进国际最新的标准胶TTR生产方案，取代老式产胶方法。TTR是一种工艺复杂、资金需求量大且更为先进的生产方式，尽管好处很多，但是海南当地却难以筹集到引进先进设备所需的巨额资金，李引桐了解情况后当即表示，“我出资购买设备并负责全部的进口和安装，必须保证标准胶生产在祖国的推行成功”。正是有了李引桐这样一大批甘愿为祖国橡胶事业无私奉献的侨胞，才有了新中国橡胶事业的今天。

新中国成立初期华侨华人参与新中国经济建设的历程是不平凡的，这种不平凡既来源于广大华侨华人对旧中国的失望和痛心，又来源于对新中国的希望和憧憬。拥有数千年历史文明的中华民族，在近代历史中却反复遭遇悲喜交织、跌宕起伏的命运波折，让无数人体会到国家团结和强大的重要性和现实意义。因此，当新中国的嘹亮歌声在东方唱响时，当东方的睡狮猛醒后，海外华侨华人愿意倾资于国、愿意倾情于国的心理是如此汹涌澎湃、难以阻挡。他们希望这个刚刚诞生的新国家能够快速发展，不断壮大，跻身于世界强国之林，让东方古国在新的历史际遇中再度焕发蓬勃生机和活力，让东方巨人能够重新扬起那颗曾经为外人欺辱而不得不低下的高贵头颅，让身处海外的华侨华人能够真正感受到自豪和骄傲，让身处世界不同地区的同胞能够感到祖（籍）国的慰藉和安抚，让中华文明的优秀成果能够与世界其他文明平等交流和相互影响，让身为普通生民的侨众能够在安稳并得到尊重的侨居环境中度过各自的人生。

第三节 华侨华人与中国外交

1950 年 6 月，朝鲜战争爆发，尽管战争伊始中国并非当事国，但是战争形势的发展，让中国的国家安全日益面临来自外部的威胁，因此抗美援朝、保家卫国成为中国不得已而为之的一项战略选择。海内外华侨不仅以多种方式积极参与和支持中国的抗美援朝运动，还在国际外交舞台上对当时被孤立的中国表示支持，为朝鲜战争最后的胜利奠定了坚定的基础，客观上也在国际上有力配合了新中国巩固政权的政治建设。

一方面，“二战”之后，东南亚地区相继成立一系列民族国家，这些民族国家的诞生，改变了传统上华侨华人与中国互动的模式，中国政府不得不选择放弃承认双重国籍。另一方面，在 20 世纪 50 年代风云变幻的时期，不少国家尤其是周边的东南亚国家相继发生了排华事件，让海外华侨华人不仅成为影响中国对外关系的一个因素，本身也构成了中国对外交往和对外政策中的一个重要主题。

一、华侨华人与抗美援朝

1950 年 6 月，朝鲜战争爆发。10 月，以美国为首的“联合国军”越过南北朝鲜的分界线“三八线”，向北朝鲜挺进，并于 10 月 19 日占领北朝鲜首都平壤。此后，美国政府不顾国际舆论的强烈反对和中国政府的严重警告，将战火燃到了中朝边境，严重威胁中国领土安全。中朝两国山水相连，唇亡齿寒，因此中国人民志愿军抗美援朝既是出于无产阶级国际主义的考虑，又是基于中国国家安全的战略选择。朝鲜战争期间，广大华侨在爱国主义情怀的带动下，以各种方式对祖国人民的抗美援朝表达支持。

（一）踊跃参军参战支援前线

为了更好地配合抗美援朝，1950 年 12 月和 1951 年 6 月，中央人民政府人民革命军事委员会和政务院做出招收青年学生、青年工人参加各种军事干部学校的决定，以此为契机，全国掀起了积极参军参战的热潮，广大归国华侨和海外华侨青年学生热烈响应祖国号召，踊跃报考各种军事干部学校，报名参加志愿军，积极投身到参军参战、支援前线的热潮中。

1950 年 11 月，北京有 200 余名归国华侨报名参加志愿军。在广东侨乡江门，1950 年 12 月至 1951 年 6 月，报考各种军事干部学校和参加志愿军者达 234 人。① 据不完全统计，中国人民志愿军出兵朝鲜后不久，刚从东南亚各国回国、正在中侨委附属华侨学校就读的华侨学生中，就有 116 人报名赴朝鲜参加作战。②

清华大学航空系四年级华侨学生王鸿正在看到各民主党派支持中国抗美援朝的联合宣言后，立即报名参加志愿军。③ 中山大学的华侨学生谢碧联在控诉美帝暴行的大会上疾呼："为了千千万万在水深火热中的华侨家庭，我坚决参加军事干部学校！"北京大学来自泰国的华侨学生把母亲给的两枚金戒指、三块金牌和一条金链全部捐献出来，自己也报名参加志愿军。④

除了直接参军参战，很多华侨还以各种方式参与战地服务，如参加运输队、担架队，为志愿军当翻译、护理伤病员等。在赴朝参战的志愿军各兵种中，有许多华侨官兵及英文翻译。如志愿军第 23 军政治委员卢胜是新马归侨，志愿军空军第 15 师政治部主任叶松盛是印度尼西亚归侨，志愿军炮兵第 8 师副师长黄登保是菲律宾归侨，志愿军第 68 军 203 师副师长庄江生、东北军区后勤部政治部秘书处长马松、志愿军第 12 军 92 团团长丘志坚等是泰国归侨，参加停战谈判的志愿军英文打字员冀朝铸是美国归侨。

（二）捐款捐物支持抗美援朝⑤

新中国成立之初，经济较为落后，朝鲜战争对我国国力消耗较大，而且敌我双方武器装备悬殊。基于此，中国人民抗美援朝总会在 1951 年 6 月 1 日发出《关于推行爱国公约，捐献飞机大炮和优待烈属军属的号召》，呼吁全国各界爱国同胞普遍开展爱国公

---

① 朱进．归国华侨和海外侨胞对抗美援朝战争的贡献［J］．党史纵横，2018（2）：3.
② 刘宏煊．抗美援朝研究［M］．北京：人民出版社，1990.
③ 人民日报，1950－11－06.
④ 人民日报，1951－01－07.
⑤ 本节所涉人民币币值皆为旧币，1953 年之后改版为新人民币。

约运动和捐献飞机大炮运动。号召发出后，广大归国华侨和海外侨胞积极响应，捐款捐物，为志愿军购买飞机大炮。6 月 10 日，在京归国华侨约 1 000 人举行了北京归国华侨响应中国人民抗美援朝总会三大号召大会，号召归国侨胞捐献武器。爱国华侨司徒美堂、蒋以谭等人率先捐资购买飞机大炮、医疗器材，福建晋江侨乡捐献飞机 1 架，昆明市归侨捐献人民币 10 亿多元，梅县水客①公会成员捐献 855 万元、认购公债款 3 180 万元，华侨仲伯诚捐献港币 474 万元。

在国外，中国人民抗美援朝总会收到德国柏林、萨克森和绍林吉亚三州的华侨捐款合计人民币 4 248 万余元，印度加尔各答华侨捐款 3 330 卢比，印度尼西亚西里伯斯华侨捐款港币 5 000 元、泗水市 3 位侨胞捐赠人民币 1 164 万元等。1951 年 2 月，一群署名“印度尼西亚华侨民主商人”的印度尼西亚华侨向中国人民保卫世界和平反对美国侵略委员会捐赠人民币 5 000 万元，并向中国人民志愿军表示慰问。苏门答腊苏东华侨妇女总会及该会所属棉兰等地 11 位华侨妇女也联合写信慰问中朝战士。她们在慰问信中写道：“在海外的大多数的爱国侨胞，也展开了‘抗美援朝保家卫国’的爱国运动。我们在印度尼西亚的华侨妇女及全世界爱好和平的妇女誓为你们的后盾。”②

在马来西亚，300 多名被马来亚英国殖民政府拘禁在马来亚某地集中营里的华侨写信和捐款慰劳中国人民志愿军，他们在慰问信中说：“我们被英国殖民当局无理拘禁在集中营里，丧失了自由和幸福，遭受种种虐待。我们愤恨英帝国主义野蛮无理的压迫。我们关心着新生的祖国，关心着为保卫祖国和世界和平的志愿军指挥员、战斗员同志们。因此，我们筹集了人民币二百一十五万二千七百五十元，寄上慰劳你们。祝你们早日完成驱逐美国侵略强盗的任务！”③

据 1952 年 2 月《进步日报》报道，截至 1951 年底，全国捐款 5.02 万亿元，折合战斗机 3 349 架，其中海外华侨的捐助超过 1 亿美元。④ 据不完全统计，在朝鲜战争期间，华侨华人捐款总数近 8 亿元人民币。

（三）支援祖国反封锁、反禁运斗争

1951 年 5 月 18 日，美国操纵联合国大会，通过了对中国和朝鲜实行禁运的决议，强行要求联合国所有会员国对中国和朝鲜禁运战略物资，先后有 40 多个国家追随美国，对中国实行禁运。为了支援祖国反封锁、反禁运，不少海外华侨冒着生命危险，克服千

---

① 水客指帮助运送侨汇或物质回侨乡的特定从业人员，其经营方式有：海外收汇，通过银行汇回国内解汇；通过商业经营汇驳。解汇方式有登门解汇或通知侨胞到其驻地去收领侨汇。不少水客都是归侨或者侨眷。

② 人民日报，1951－04－12.

③ 人民日报，1951－06－21.

④ 肖文超．爱国华侨对抗美援朝运动的贡献［J］．忻州师范学院学报，2013，29（5）：77－78.

难万险，将祖国所需战略物资运送回国。

印度尼西亚华侨黄一飞是苏门答腊巨港市勿拉柔石油工业区矿区工会副主席。在反封锁、反禁运斗争中，他冒着极大危险，通过荷兰渣华轮船公司，多次把石油运进中国，为抗美援朝做出重要贡献。他的忠勇爱国行为，获得中华人民共和国外交部、中侨委的赞扬。

在美、英、法等国对中国禁运期间，且不说运送橡胶这样具有重要战略价值的物资到中国难上加难，就是运送其他物资到中国也不是件容易的事。当时，在新加坡担任南益公司总巡和南暹公司总经理职务的李引桐为了支援抗美援朝，甘冒风险，通过他在香港的南宗公司，由泰国经中国香港、澳门等地，辗转给国内运送了21万吨橡胶，而且都是捐赠，分文不取。①

总的来说，海内外华侨对抗美援朝的支持和声援，显示了他们强烈的爱国热情，让世界见证了中华民族伟大的凝聚力量。他们不仅给予中国人民志愿军以精神和物质上的声援，而且客观上也有力地配合了新中国巩固政权的政治建设，以及在国际舞台上打破了美国对我国的外交封锁。

阅读材料：印尼华侨学生给中国人民志愿军的信（摘录）

亲爱的解放军、志愿军同志们：

我是生长在印度尼西亚的苏门答腊岛上的一个华侨学生。在印尼的土地上，居住着几十万我国的侨胞。我们的情况，你们一定是很关心的。

从几百年以前开始，我国广东、福建等省的同胞，因为受了国内反动统治阶级的残酷压迫和奴役，许多人流亡到南洋各地，在完全没有开发的丛林中和荒岛上，依靠自己的劳动和智慧，建立了自己的家庭和社会。可是，在祖国的人民民主政权还没有建立起来的时候，华侨到处受人欺压和侮辱。我们好像没有母亲保护的孤儿，过着不自由的生活。我们是多么渴望着有一天自己的祖国强盛起来，能够照顾、保护我们啊！

果然，人们渴望着的日子终于来临了。在中国共产党和毛主席领导下，经过解放军二十多年的英勇斗争，强大的新中国像巨人般地站立起来了。她的光芒照射到全世界每一个角落。我们华侨都兴奋若狂，到处开庆祝会，欢庆自己祖国的新生，欢庆自由幸福的来临。

但是，正当新生的祖国要开始踏上建设阶段的时候，美帝国主义却发动了侵略朝鲜的战争，想以朝鲜作跳板，进一步侵略我国。英勇的志愿军跨过鸭绿

① 朱进. 归国华侨和海外侨胞对抗美援朝战争的贡献［J］. 党史纵横，2018（2）：3.

江，和朝鲜人民军一起，打退了美国侵略者的疯狂进攻。志愿军的伟大胜利和数不清的英勇事迹，我们在海外的进步报刊上都看到了。你们的英雄行为，鼓舞了我们的学习情绪，增强了我们与海外残余反动派斗争的信心。

不久以前，我们的学校——印尼境内的一所华侨中学——发起了一个写信慰问志愿军的运动，全校大大小小的男女同学立刻响应，争先恐后地写信。我想，这些信志愿军同志老早都已看过了吧？我希望这些信能够飞越千山万水，传达华侨学生对你们的敬爱心情。①

二、不承认海外华侨双重国籍政策的出台

长期以来，我国奉行的是“血统主义”国籍原则。1909 年清政府颁布的《国籍法（草案）》、1914 年北洋政府颁布的《国籍法》和 1929 年国民党政府颁布修订的《国籍法》均采用“父系血统主义”原则，即只要父亲是中国国籍，无论出身何处，都具有中国国籍。而东南亚部分国家，如荷兰殖民统治下的荷属东印度实行的是“出生地主义”原则，即国籍的取得以出生者的出生地所属国为准，这样就导致不少在东南亚国家的华侨实际上同时拥有中国和住在国的双重国籍。

但是，20 世纪 50 年代国际形势的变化以及中国外交的发展，要求中国在华侨双重国籍问题上做出调整。一方面，国际反华势力利用华侨国籍问题不断进行挑拨离间，造成有关国家对中国和华侨华人的疑虑，怀疑华侨是中国共产党的“第五纵队”，使得海外华侨陷入困境。另一方面，朝鲜战争结束后，中国的工作重心转移到经济建设上来，客观上要求发展和平稳定的周边环境，推动和平共处统一战线，改善和加强与周边国家的关系。

1953 年底到 1954 年初，印度尼西亚驻华大使再三向我国外交部和周恩来总理建议签订解决华侨双重国籍问题的协定。自此，我国于 1954 年以来与印度尼西亚开展谈判，商定解决华侨双重国籍问题。1955 年 4 月，周恩来总理在亚非会议后访问雅加达接见印度尼西亚各地华侨社团代表时说：“诸位要知道，世界上有人对新中国侨民存在戒心，怀疑他们会不会在当地搞颠覆活动……印（尼）、中两国订立了解决双重国籍问题的条约，就容易消除掉这些怀疑。因为从条约上就可以证明我们没有这回事。”②

1955 年 4 月 22 日，我国同印度尼西亚签订了《中华人民共和国和印度尼西亚共和国关于双重国籍问题的条约》。条约规定：“凡属同时具有中华人民共和国国籍和印度尼西亚共和国国籍的人都应根据本人自愿的原则就中华人民共和国国籍和印度尼西亚国

---

① 《人民日报》，1952 年 7 月 29 日，作者余开桢，为北京市立第一中学华侨学生。

② 中国侨务通论课题组．中国侨务通论［M］．广州：暨南大学出版社，2015：9.

籍中选择一种国籍。”1957 年底，经印度尼西亚国会和我国人大常委会批准，中印双方于 1960 年 1 月 20 日在北京互换批准书，该条约正式生效。

在 1959 年 4 月第二届全国人民代表大会第一次会议上，中侨委主任何香凝说：“我们主张让具有双重国籍的华侨根据自愿的原则选择国籍。我们对具有双重国籍的华侨选择国籍的态度是：华侨如果自愿参加侨居国国籍，很好，我们表示谅解，并且赞助并鼓励他们为所在国的独立和繁荣富强而努力；华侨自愿保留中国国籍，同样好，我们则教育他们遵守侨居国法律，帮助侨居国发展经济建设，主动搞好和当地人民的友好关系；华侨如果愿意回国，也好，我们要引导他们和国内人民一道，参加祖国社会主义建设。”①

1961 年进行选择双重国籍工作时，很多印度尼西亚华侨不愿意选择印度尼西亚国籍。部分原因在于，在中华人民共和国成立之后，很多华侨感觉长期作为海外孤儿的日子结束了，他们终于感受到了祖国的关怀和温馨。此外，印度尼西亚政府在 20 世纪 50 年代大规模的排华政策让不少印度尼西亚华侨感到悲愤，他们在情感上很难接受印度尼西亚国籍。不过，在 1962 年 1 月 20 日选籍结束后，在 152 万具有双重国籍的华裔中，108 万人选择了印度尼西亚国籍，16 万人选择了中国国籍，还有 8 万人则未按期选择国籍，另有 20 万人未达选籍年龄者，将在成年后一年内陆续选籍。这样，印度尼西亚华裔的双重国籍问题基本上得到解决，为他们融入印度尼西亚主流社会创造了条件。少数未加入印度尼西亚国籍的华侨，直到 20 世纪 80 年代才加入印度尼西亚国籍。②

中国与缅甸之间也存在华侨双重国籍问题，自 1954 年以来，中缅两国多次就华侨双重国籍问题交换意见。根据缅甸方面的数据，在 1960 年具有双重国籍的华侨总数约为 15.3 万，约占华侨总数 25.6 万的 60%。③ 尽管中缅双方最后未能就华侨双重国籍签署任何条约，但是华侨双重国籍并没有发展成为中缅双边关系中的一个“问题”。

三、海外排华与新中国难侨救济

从新中国成立之初到 20 世纪 70 年代，东南亚不少国家都发生了一定程度的排华，给海外华侨的生活和生存带来较大影响。为了保护海外华侨的权益，在与华侨住在国就华侨权益保护进行交涉外，中国政府还先后发起多次大规模的接济安置归难侨运动，构成了 20 世纪 50—70 年代中国侨务外交工作的重要组成部分。

---

① 华侨拥护政府迅速平定西藏叛乱［N］. 人民日报，1959-04-25.
② 聂功成. 关山度若飞：我的领事生涯［M］. 北京：新华出版社，2009.
③ 范宏伟. 缅甸华侨华人史［M］. 北京：中国华侨出版社，2016：118.

（一）海外排华

在历史上，歧视华侨和排华在不同的国家都一定程度存在，如西班牙统治菲律宾时期，西班牙殖民者曾对华侨发起过多次屠杀，以及美国在1882年通过的《排华法案》等。自20世纪初以来，对华侨华人的歧视和打压，与东南亚民族主义的兴起和民族国家建设并行不悖。① 一方面，东南亚地区的排华受到历史上殖民主义和殖民统治者分而治之政策的影响；另一方面，不少东南亚国家在20世纪初寻求独立建国的过程中，都发展出一种民族主义，这种民族情绪往往对华侨采取了排斥的立场。美国学者孔飞力认为，华人问题的本质并不是中国问题，相反，华人问题的根源来自当地民众继承此前殖民者的观念，进入后殖民独立民族国家时代，“经济功能与民族文化之间的冲突，上升为严峻问题”。② 进入20世纪，东南亚地区的菲律宾、印度尼西亚、马来亚、泰国、缅甸等国，都无一例外发生过排华。70年代后的柬埔寨和越南也一度发生排华，但原因不同于前几个国家。这些事件一度恶化了中国与这些国家的关系。20世纪60年代初中国与印度发生领土冲突后，印度华侨也一度受到严重影响。

在菲律宾，早在20世纪初就开始推行“菲人第一”主义，在经济领域对外侨施加限制，其高潮则出现在1946年菲律宾独立之后的近20年内。如1946年10月，菲律宾颁布《公共菜市摊位菲化案》，规定菲律宾公共菜市只有菲律宾人才能进行摊位营业，迫使数以千计的华侨摊商退出摊市另谋生计。1951年，菲律宾颁布《进口管制案》法令，规定外侨进口商必须将进口货物的一半按平价留售给菲律宾商人。1954年6月19日，菲律宾季里诺政府颁布《零售商菲化法案》，禁止外侨开办新的零售商业，菲律宾政府随时会以违反各项法律为借口，没收外侨的营业执照，并对他们判处监禁、罚款和驱逐出境。由于在菲华侨大多世代经营零售，因此《零售商菲化法案》的实施对华侨的影响极大。此后，菲律宾政府还相继颁布《劳工菲律宾化法案》《学校菲律宾化法案》和《教师菲律宾化法案》等一连串排华措施，致使数万在菲华侨陷于失业，生计困顿。到20世纪60年代之后，“菲化”运动才转入低潮。

在泰国，1952年2月，泰国銮披汶政府通过一项法令，把“外侨随身证例费”从每人每年二十铢增加到四百铢，由于泰国外侨90%以上是华侨，③ 这一政策无疑极大地增加了泰国华侨的家庭负担。在美英驻泰使馆的“劝告”下，銮披汶政府还逮捕了数

---

① 孔飞力．他者中的华人：中国近现代移民史［M］．李明欢，译．南京：江苏人民出版社，2016：293.

② 孔飞力．他者中的华人：中国近现代移民史［M］．李明欢，译．南京：江苏人民出版社，2016：308.

③ 人民日报，1952－03－12.

百名华侨商人，并在 1952 年 12 月关停华侨报纸《全民报》。①

缅甸是第一个与中国建交的非社会主义国家，自 20 世纪 50 年代以来，中缅双边关系友好，缅甸政府给华侨在教育、社团和言论等方面充分的空间。直到 1962 年奈温上台，推进缅甸式的社会主义，在政治经济领域采取多种激进的政策，在缅华侨才开始成为缅甸排外主义的牺牲品。1963 年 1 月，缅甸实行经济国有化政策，将进出口贸易、米谷业、银行业、木材业、药房及新设企业收归国营，导致包括华侨在内的大批外侨破产。1964 年 4 月，奈温政府对外侨宣布："外侨不经政府批准，不得从原居住地迁出；不得随意出入邻近中、印、巴、泰、老的边境地区的 79 个乡……严密限制和监视外侨的行动，边境地带增设了检查站。华侨旅行，受到搜身检查，带五千缅元以上者，一律没收。"这些政策旨在"进一步控制外侨在缅甸境内的活动及非法出入境，堵塞物资和资金外逃"，② 最后导致很多华侨无奈之下只得加入缅甸国籍，更有不少华侨因生计而不得不回到中国。

1966 年"文化大革命"爆发后，国内政治状况开始对侨务政策和外交政策产生负面的影响。在缅甸，部分华侨学习毛主席语录、佩戴毛主席像章、学唱中国革命歌曲，由此引发缅甸政府和社会的不满。6 月 26 日，围绕佩戴毛泽东像章，在仰光爆发华侨学生与缅甸军警以及暴徒的冲突，华侨华人社团，华人社区的商铺、住宅、企业等遭受大规模焚掠和砸抢，很多华侨青年被不分青红皂白地砍死在路上，中国驻缅甸大使馆也受到暴徒围攻。6 月 27 日，缅甸当局下令无限期关闭 9 所华侨学生集中的学校。"6 · 26"事件虽然发生在仰光，但其影响波及整个缅甸华人社会。1967 年之后，缅甸国内民族主义情绪进一步发展，中缅关系和在缅华侨华人的生存环境持续恶化，大批缅甸华侨华人不得不再次移民。

印度尼西亚在荷属印度时期，就发生过多次排斥乃至屠杀华侨的事件。在印度尼西亚独立之后的 20 世纪 50—60 年代，更先后发生过多次排华运动。由于印度尼西亚华侨人数最多，他们受印度尼西亚政府排华政策的影响也最大。

1954 年，印度尼西亚政府颁布《华侨登记条例》，登记费为华侨本人每人五百盾，家属每人三百盾。登记税虽属合理，但费用太高，致使多数贫苦华侨无力负担，实含有排斥性质。此外还规定一种外侨税，每人每年一千五百盾，家属及成年子女每人每年七百五十盾，未成年子女每人每年三百七十五盾。这种排斥性的外侨税，使大多数低收入华侨阶层，如小商人、店员、摊贩、技工、园丁、劳工等无力负担。③

1959 年 5 月，印度尼西亚政府颁布第 10 号总统令，明令从 1960 年起禁止华侨在印度尼西亚县级以下的地区经商，后来发展为不准华侨在县级以下地区居住。由于印度尼

---

① 人民日报，1953 - 01 - 19.

② 范宏伟．缅甸华侨华人史［M］．北京：中国华侨出版社，2016：186.

③ 陈碧笙．世界华侨华人简史［M］．厦门：厦门大学出版社，1991：362.

西亚华侨不少分散在县市以下小乡镇从事零售业，上述法令造成50多万华侨失去生计，10万多华侨被遣返回中国，给印度尼西亚华侨社会造成沉重打击。

1965年“9·30”事件以后，印度尼西亚国内又发生了一系列反华事件，许多华侨遭到逮捕、囚禁和杀害，数千名华侨被赶回中国。1967年印度尼西亚宣布对华断交后，更对全体华人实行全面的同化政策。

20世纪60年代初期以来，由于中印关系的恶化，印度华侨也受到印度政府的迫害，大批无辜华侨被投入监狱和集中营，华侨的合法财产被当作“敌产”而加以劫夺。此外，印度政府还迫使一些和平守法的华侨限期内离开印度，随船出海的华侨船员不准回印度同家人团聚，在工厂工作的华侨以及从事商业的小贩也遭多方排挤和刁难，被剥夺谋生就业的机会。1965年9月30日，印度政府更非法关闭了在加尔各答的华侨报纸《中国新闻》。

1975年越南南北统一后，在“社会主义改造运动”的口号下，发起多次排华运动。1978年4月，越南当局制订了向海外输出难民的计划，开始“为清除隐患”而向外驱赶难民，特别是旅居越南各地的华侨。1979年2月，中越战争爆发，大量难民被迫离开越南。到80年代初，越南当局就制造了100多万难民，其中50%以上都是华侨华人。在这一过程中，越南当局掠夺了华侨华人约30亿美元的财产。此外，还有数十万人在逃离越南途中葬身大海。经过这场浩劫，越南华侨遭受巨大打击。

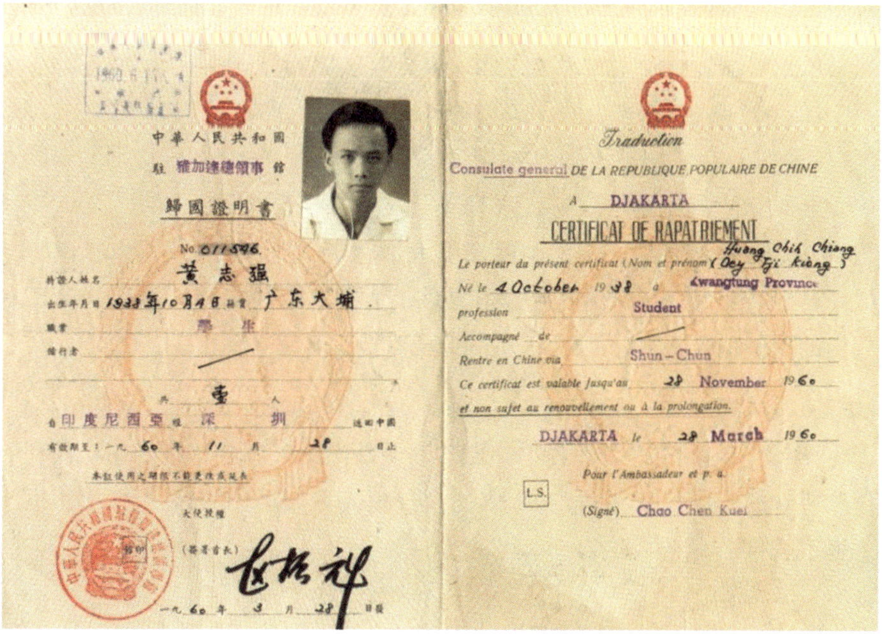

图6-2 印度尼西亚华侨归国证明书

图6－3　20世纪50年代印度尼西亚华侨学生在回国的邮轮上

（二）接济和安置归难侨

1. 归难侨回国

如前所述，“二战”之后，由于东南亚国家普遍存在的排华现象，不少华侨迫于生计而不得不选择回到祖国，因此20世纪50年代初期就有第一批归难侨回到中国。他们主要来自马来亚、缅甸、越南、泰国等国，其中马来亚归国难侨有3 000多人。

自20世纪60年代初以来，我国周边的印度尼西亚、印度、缅甸等国先后掀起反华排华浪潮，致使20多万华侨回国定居，形成又一次华侨回国高潮。特别是印度尼西亚，1959—1965年两次大规模排华，驱赶约13.6万名华侨回到中国。①

1979年中越战争爆发后，中国也迎来了大量越南避难华侨。据估计，1978年越南华侨人数高达180万人，在越南政府排华之后，留在越南的华侨已不足100万人，② 其中离开越南的华侨很大一部分回到中国。

2. 安置归难侨

在1954年新中国的第一部宪法中，明确表明新中国“保护华侨的正当权利和利益，保护归侨和侨眷的合法权利和利益”。因此，合理安置回国归难侨，成为20世纪50—70年代政府侨务工作的重要内容。

---

① 卢海云，权好胜．归侨侨眷概述［M］．北京：中国华侨出版社，2001：28.

② 刘笑盈，于向东．战后越南华人四十年历史之变迁［J］．华侨华人历史研究，1993（1）：44－50.

对于归国华侨学生及有学习条件的职业青年，依据他们的学龄和文化程度安排就学。经济有困难的，国家还给予助学金。为此，国家先后在北京、广州和厦门创办三所侨生中等补习学校，负责接待侨生补习入学，并于1954年在广州设立“华侨学生接待站”统一接待。据统计，到1955年底，共有3万多名归侨学生进入国内各级学校学习，其中约20%学生进入高等学校。① 比如，在1956年8月2日，641名泰国华侨抵达汕头，其中归国升学的华侨学生287人。1958年，为了增加侨生接受高等教育的机会，国家在广州复建暨南大学。

新中国最早安置的归难侨来自马来亚。据不完全统计，1949—1953年底，中国政府接待和安置的难侨不下2万人。在此期间，政府制定了“按籍安置，主要面向农村，有技能的量才录用”的安置方针。

1959年之后，印度尼西亚发生严重排华活动，中国政府除了多次向印度尼西亚政府提出严正抗议，要求印度尼西亚当局立即停止一切排华活动外，尽管经济依然十分困难，依然派遣船只前往印度尼西亚，接回大量印度尼西亚归难侨。

1960年2月4日，国家专门成立了中华人民共和国接待和安置归国华侨委员会，由廖承志担任主任委员，负责统筹难侨的接待和安置工作，各省（区）也成立了接待和安置归侨委员会，按照“集中为主、分散为辅”的方针，对归难侨全面给予妥善安置。1960年2月底，第一批印度尼西亚华侨约2 000人乘中国派往印度尼西亚接运华侨的船只，抵达广州黄埔港码头。统计显示，1960年2—11月，广州、湛江各口岸接待的归侨共计88 247人，其中在广东安置25 189人，占归侨总数28.5%。1965年印度尼西亚掀起新一轮排华热潮后，中国政府又接回难侨9万余人。70年代印支排华后，中国政府接收了近28万印支难民。

为了安置归难侨，中国政府考虑归侨的特点和经济情况，把国营华侨农场作为安置归难侨的主要基地。1960年，国家新建扩建了25个国营华侨农场、12所中等以上的华侨学校。在1960—1961年期间，共接回归难侨9万名，并建设了47万平方米的房屋作为安置归难侨的基地。大多数归难侨在广东、福建、广西等省区国营华侨农场安家落户，生产、生活等得到基本解决。对于归国华侨中的技术人员和工人，政府根据国家的需要和个人的条件，将他们主要安置在工矿企业。截至1962年底，国营华侨农场已由1960年以前的7个增加到32个，共安置了约60 000名印度尼西亚归侨和1 700多名印度归难侨。

从20世纪50年代第一批归难侨回国开始，国家在广东、广西、福建、云南、海南等七省区共设立了84个华侨农场，其中41个是五六十年代为安置来自马来西亚、越南、印度尼西亚、缅甸、印度、泰国、老挝等国归难侨而设立的，43个是70年代末为

---

① 任贵祥．略述建国初期的侨务政策［J］．中共党史研究，1990（3）：63－70.

安置越南归难侨而设立的。在此期间，中国投入了大量人力物力，付出了无数的外交努力和心血，充分体现了国家对海外侨胞，以及归侨、侨眷的重视和关爱。

图 6－4　广东省岗美华侨农场

图 6－5　云南省彩凤华侨农场

思考题

1. 20 世纪 50 年代中华人民共和国放弃承认双重国籍的原因是什么？
2. 新中国成立初期，华侨对经济发展作出了哪些贡献？

推荐阅读

1. 陈碧笙. 世界华侨华人简史［M］. 厦门：厦门大学出版社，1991.
2. 陈嘉庚. 南侨回忆录［M］. 长沙：岳麓书社，1998.
3. 广东省地方史志编纂委员会. 广东省志：华侨志［M］. 广州：广东人民出版社，1996.
4. 卢海云，权好胜. 归侨侨眷概述［M］. 北京：中国华侨出版社，2001.
5. 尚明轩. 何香凝传［M］. 北京：民族出版社，2004.

第七章 华侨华人与中国改革开放

分布在全世界近200个国家和地区的6 000多万华侨华人，是实现中华民族伟大复兴的独特机遇。在改革开放之初，海外华侨华人率先进入中国经济特区和沿海侨乡投资兴业，拉开了我国对外开放、引进外资的序幕。习近平主席指出，“中国改革开放事业取得伟大成就，广大华侨华人功不可没”。作为沟通中国与世界经贸往来的重要桥梁和纽带，自改革开放以来，广大华侨华人与中国的联系越发紧密。

华侨华人素有“人才库”的美誉，是中国的宝贵资源和引智重点。改革开放以来，华侨华人专业人士是中国创新创业、走向全球化的先锋军和生力军。此外，华侨华人素来具有捐资办学，投身社会公益的光荣传统，改革开放以来，他们在祖（籍）国捐资规模巨大、捐资范围广泛。

华侨华人还是中华文化国际传播的重要载体，他们利用自身融通中外的独特优势，寻找中外文化价值的交汇点，阐述中华民族的和平发展之道，消除“中国威胁论”，纠正西方对中国的偏见，展示崭新良好的中国形象。

第一节 改革开放以来华侨华人与中国的经济发展

十一届三中全会以来，侨务部门经历了从拨乱反正、落实政策向为经济建设服务的转变。在此过程中，党和政府认识到华侨华人在中国经济社会发展中所能发挥的巨大作用。中央和各级政府积极建设各类涉侨平台，吸引和引导海外华侨华人来华投资，参与中国的改革开放。大批海外华商以“领头羊”的大无畏精神率先来华投资，起到了极强的示范带动作用。随着改革开放的深入推进，党和政府高度重视保护海外中国公民合法权益，积极维护我国公民在海外的生命安全和合法权益，为海外公民合法权益提供有力保障。

一、改革开放以来华侨华人与中国经济的互动发展

（一）改革开放以来中国政府侨务政策探索

党的十一届三中全会标志着改革开放、全面建设社会主义现代化成为中国社会的主旋律。邓小平对海外关系的重要论断和对海外侨胞重要作用的充分肯定，是该时期制定实施侨务政策的指导思想。

邓小平是新时期侨务政策的开创者和奠基者。1977 年 10 月 2 日，邓小平在接见华侨、港澳同胞国庆代表团时讲道："说什么'海外关系'复杂不能信任，这种说法是反动的……'四人帮'胡说'地、富、反、坏、侨'，把华侨同地、富、反、坏并列起来。这种错误政策一定要纠正过来，要做大量工作，进行政策教育，全国执行。中央已下了这个决心。"① 邓小平充分肯定"海外关系是个好东西"，一锤定音，为"海外关系"平反正名，为广大归侨侨眷申冤解困，也为恢复侨务工作奠定了政治底气，为开展侨务工作提供了可供遵循的原则。

邓小平十分重视发挥华侨华人在对外开放中的带头作用和桥梁作用，利用外资包括侨资发展中国经济是改革开放的核心内容之一。1979 年 1 月，邓小平会见工商界知名人士胡厥文、胡子昂、荣毅仁、周叔弢、古耕虞等 5 人，邀请他们一起吃火锅，共同商讨改革开放的宏图伟业。邓小平说："现在搞建设，门路要多一点，可以利用外国的资金和技术，华侨、华裔也可以回来办工厂。""钱要用起来，人要用起来。"② 邓小平的话点燃了五老的报国雄心。此后不久，荣毅仁创办了中国国际信托投资公司，也就是今天中信集团的前身。

1978 年 1 月国务院侨务办公室正式成立，廖承志担任主任。随后，各地相继恢复或建立新的侨务工作机构，为改革开放后的侨务工作提供可靠的组织支持。廖承志广受华侨华人的爱戴和信任，海外侨胞和港澳同胞称廖承志为"最可信赖、最亲近"的知心朋友。廖承志将国内归侨侨眷政策概括为"一视同仁、不得歧视，根据特点、适当照顾"的"十六字方针"。国外侨务政策方面，廖承志明确了对华侨和华人不同的政策，重申我国不承认双重国籍政策，这是改革开放后我国关于华侨华人工作的重要原则。③ 1978 年 12 月，中央召开全国侨务会议及第二次全国归侨代表大会，全面开启了改革开放后侨务工作的新局面。从此，侨务部门开展了艰巨的落实工作。对于华侨华人来中国探亲观光，侨务部门积极提供帮助。对于归侨侨眷出境探亲、继承遗产、婚娶等要求，

---

① 国务院侨务办公室，中央文献研究室．邓小平论侨务［M］．北京：中央文献出版社，2000.

② 邓小平．邓小平文选：第二卷［M］．北京：人民出版社，1994.

③ 赵健．改革开放 40 年中国侨务政策的回顾［J］．华侨华人历史研究，2018（4）：14 – 22.

侨务部门尽量将手续便捷化。在国侨办支持下，暨南大学、华侨大学先后复办。这些工作增进了广大海外侨胞和归侨侨眷对中国和家乡的感情。

1984 年，在北京召开省、自治区、直辖市侨办主任会议，习仲勋在会议上表示，“几千万华侨和外籍华人拥有大量的资金，他们之中又有许多专门人才，懂科学技术，擅长经营管理。只要我们政策正确，方法对头，审时度势，因势利导，就有可能把他们的积极性调动起来，在我国四化建设中发挥重大作用”。

1979 年 2 月，邓小平访问美国期间，专门为《美洲华侨日报》题词：“希望你们能够积极为台湾回归祖国，为祖国统一大业的实现以及祖国的社会主义现代化建设贡献更多的力量。”华侨华人拥有丰富的智力资源，邓小平曾形象地把华裔专家比作“活的宝贝”，并感慨道：“华人中有很多人才，如李政道、杨振宁，多几个这样的人才就好了。”随着改革开放和现代化建设事业的推进，越来越多的海外华侨华人、归侨侨眷参与中国的建设事业。

1989 年 5 月的国务院侨务工作会议提出，华侨、外籍华人由于自身事业发展的需要，兼有为故乡尽心尽力的愿望，与我国的经贸往来日益增多，这已成为他们与我交往的主要形式。各有关部门都本着“平等互利、同等优先”的原则，积极发展同华侨、外籍华人及港澳台同胞的经济合作，通过他们引进资金、人才、先进技术和管理方法，开拓国外市场。侨务部门为侨商投资者排忧解难，维护他们的合法权益。国务院侨办主任廖晖在会上强调“侨务立法是新时期侨务工作的一项重要任务”。此次会议后，第七届全国人大在 1990 年 9 月制定并通过我国第一部侨务法律——《中华人民共和国归侨侨眷权益保护法》，这意味着我国保护归侨侨眷权益工作走上法制化轨道，也标志着侨务政策成为我国社会主义法律体系中不可或缺的重要组成部分。

20 世纪 90 年代，随着国内外形势的变化以及改革开放向纵深发展，江泽民高度评价海外侨胞和归侨侨眷为中华民族的进步和繁荣昌盛所作的巨大贡献，强调华侨华人是中华民族重要的人才资源宝库，要在爱国的旗帜下团结最广泛的海外侨胞。1993 年，国务院侨务工作会议进一步明确了侨务工作为加快改革开放和现代化建设服务的指导思想。会议还着重阐述了华侨华人在经济科技上的实力和对我国投资和引进技术方面的贡献。国务院侨务办公室主任廖晖指出：“当前我国面临大发展的机遇，侨务工作要把为改革开放和现代化建设发挥更大作用，提到更加重要的位置上。”

1995 年，时任中共福建省委常委、福州市委书记习近平在福建工作时，提出了“大侨务”的观念，即在工作力量上，要从侨务部门唱“独角戏”向各级各部门共同参与转变；在工作内容上，从服务经济建设的大局出发，鼓励海外乡亲进行全方位的合作交流，通过引资兴业健全“造血”功能，增强发展后劲；在工作对象上，由主要做老一代华侨的工作，转向同时重视新一代华裔和华侨新移民的工作，尽快弥合部分年轻华侨对故土亲谊感情上的断层；在工作范围上，打破本土的亲缘、地缘关系，在更广的范围中找新合作伙伴；在工作方式上，由主要做国内归侨、侨眷、侨属的工作转向国内外兼顾，从送上门转向主动上门工作。①

1999 年的全国侨务工作会议详细分析了海外华侨华人的科技人才分布情况，提出分布在西方发达国家的科技人才是一个巨大的宝库。此后，中央和地方政府出台了一批鼓励华侨华人来华投资、兴办高新技术企业的优惠政策。人事部、财政部、外国专家局等部门相继下发了关于海外专家工作安排、待遇、家属安置、税收优惠等方面的政策。

进入 21 世纪，侨务工作的指导思想、基本方针、基本原则和涉侨法律法规体系的重点是为中国走向世界服务。在 2005 年的全国侨务工作会议上，第一次明确提出："以邓小平理论和'三个代表'重要思想为指导，坚持以人为本、为侨服务的宗旨，坚持以国内侨务工作为基础、以国外侨务工作为主导，坚持为国家大局服务和为侨服务的统一，与时俱进、开拓创新，促进侨务资源的可持续发展，充分发挥海外侨胞和归侨侨眷的独特作用，为全面建设小康社会、促进祖国统一和发展同各国人民的友好合作服务。"在有关华侨工作方针上，明确提出"关心和扶持侨胞在海外的长期生存和发展"；在有关外籍华人工作基本方针上，增加了"关心外籍华人长期生存和发展"和"鼓励他们融入当地主流社会，传承民族文化"的内容。新形势下我国侨务工作的拓展，必须有利于华侨华人融入当地主流社会，并因此形成五项侨务工作重要原则。一是"三有利"原则：开展侨务工作要有利于海外侨胞的长期生存和发展，有利于发展我国同海外侨胞住在国的友好合作关系，有利于推进我国现代化建设和祖国统一；二是关于区别国籍界限原则；三是公开合法原则；四是积极稳妥原则；五是"一视同仁、不得歧视，根据特点、适当照顾"原则。②

2011 年 10 月，全国侨务工作会议在北京召开，会议上国务委员戴秉国首次提出"拓展侨务公共外交"。他指出，中国面临复杂的外部环境，要鼓励海外侨胞以多种方式向住在国政府及主流社会介绍中国的基本国情、发展道路和内外政策，帮助他们客观看待和认识中国的发展进步，要使海外侨胞成为促进中国与住在国合作交流的友好使者。时任国务院侨办主任李海峰在大会发言指出："十二五"期间，要将"以侨为桥——沟通中国与世界"作为主线，加强侨务公共外交。各地政府侨务部门同海外侨胞建立了广泛联系，通过世界华侨华人社团联谊大会、华侨华人社团中青年负责人研习班、世界华裔杰出青年华夏行等特色平台，深交了一批有影响、有实力的侨胞朋友，拓展了华裔新生代、参政华人等群体的工作，激发了他们的民族自豪感。

在 2018 年 2 月的全国侨务工作会议上，国务委员杨洁篪出席会议并宣读了习近平主席的重要指示。习近平主席在指示中强调，实现中华民族伟大复兴，需要海内外中华

---

① 习近平．"大侨务"观念的确立［J］．战略与管理，1995（2）：111－113.

② 赵健．改革开放 40 年中国侨务政策的回顾［J］．华侨华人历史研究，2018（4）：14－22.

儿女共同努力。把广大海外侨胞和归侨侨眷紧密团结起来，发挥他们在中华民族伟大复兴中的积极作用，是党和国家的一项重要工作。李克强总理也在批示中指出，海外侨胞和归侨侨眷是中国联系世界的重要纽带，是促进国家发展的重要依靠力量。

2021 年 11 月 8—11 日，中国共产党第十九届六中全会在北京召开，全会通过的《中共中央关于党的百年奋斗重大成就和历史经验的决议》强调："党始终坚持大团结大联合，团结一切可以团结的力量，调动一切可以调动的积极因素，促进政党关系、民族关系、宗教关系、阶层关系、海内外同胞关系和谐，最大限度凝聚起共同奋斗的力量。只要我们不断巩固和发展各民族大团结、全国人民大团结、全体中华儿女大团结，铸牢中华民族共同体意识，形成海内外全体中华儿女心往一处想、劲往一处使的生动局面，就一定能够汇聚起实现中华民族伟大复兴的磅礴伟力。"

（二）涉侨平台建设

长期以来，海外华侨华人在血、地、业、神和文缘等"五缘"基础上建立了各种社会网络，如宗亲会、同乡会、行会和同学会等，并借此互通信息，守望相助。

中国政府重视发展与各类华侨华人社团的关系，如将世界华商大会等华商高端信息交流平台作为重要载体，以官民并举的方式积极申办或参与相关制度平台，传递中国与华商互利合作的政策理念。中国先后在南京和成都承办了第六届和第十二届世界华商大会，分别聚焦"科技进步与经济发展"和"中国发展・华商机遇"的主题，下设中国经济论坛、经贸洽谈和考察交流等议程，以此实现与海外华商的联系和互利共赢。

在中国各级政府的推动下，中国与海外华商的互动联系朝着宽领域和制度化方向发展。从中央到地方政府，相继建立了一系列合作平台，如博鳌亚洲论坛华商领袖与华人智库圆桌会、华商企业科技创新合作交流会、华侨华人专业人士创业发展洽谈会、中国西部海外高新科技人才洽谈会、海外科技人才与中国企业合作交流大会、首届世界华商投资论坛、首届华商中国投资论坛、全球华商组织高峰会议和世界华侨华人企业家南沙自贸区圆桌会等。通过这些平台，增加了海外华商对中国的认识，进而为他们深层次参与中国改革开放和经济建设提供了各种机遇，并架构起联通华侨华人住在国和中国的桥梁。

2011 年，国务院侨办在博鳌亚洲论坛年会期间举办"华商圆桌会议"，此后 11 年间，在博鳌亚洲论坛框架下，从最初的华商圆桌会议发展到如今的华商领袖与华人智库圆桌会议，先后关注"华商与亚洲经济发展""亚洲新动力：华商与区域经济合作""中国－东盟自贸区升级版与海上丝绸之路建设""共建人类命运共同体：华侨华人的参与和机遇"等一系列广泛的主题，从而成为华商领袖和智库专家激荡思想、凝聚智慧的有效平台，探索出了一场场具有"侨"的特色，思考如何让侨商在中国、区域乃至世界更好发挥作用的专场活动。

2021 年 4 月 19 日，来自 11 个国家和地区的 29 位华商代表及智库专家出席博鳌亚洲论坛华商领袖与华人智库圆桌会，围绕全球治理中的中国智慧与华侨华人角色、推进“一带一路”高质量发展与促进民心相通、中华文化走出去与中西文明交流互鉴、合力共建海南自贸港等分议题进行了主题发言和交流研讨。国务院侨办主任潘岳出席圆桌会议期间指出：“海外华商身在商海、心系天下，以诚信经营和家国情怀诠释了中华商道的现代转型，是促进中国和住在国以及国际社会共同发展的独特力量。衷心希望广大华商在支持和参与祖（籍）国现代化建设、传播中华文明、支持华文教育、密切中外交流、推动构建人类命运共同体等方面做出更大贡献。”

图 7－1　博鳌亚洲论坛 2021 年年会华商领袖与华人智库圆桌会议

（2021 年 4 月 19 日，中新社　骆云飞　摄）

华商企业科技创新合作交流会（简称“华交会”）是国务院侨务办公室联合省级人民政府举办的大型引资引智活动之一，每两年举办一次。自 2002 年举办以来，吸引了大批海外华侨华人参与中国产业创新，促进了华商与中国企业的合作发展，成为我国重要的侨务引资引智平台。每届华交会均取得丰硕的成果，对促进地方经济发展起到了积极的推动作用。

华侨华人专业人士创业发展洽谈会（简称“华创会”）是由国务院侨务办公室、湖北省人民政府和武汉市人民政府联合举办的。自 2001 年创办以来，华创会主会场签约引进项目 2 400 多个，邀请来自 100 多个国家和地区的海外华侨华人专业人士、侨商等代表 2 万余人次参会，成为全国侨务系统引智引资的知名品牌和服务海外华侨华人回国创业发展的有效平台，取得了丰硕成果。

中国西部海外高新科技人才洽谈会（简称“海科会”）于 1995 年创办，是由四川省委省政府、国务院侨务办公室、九三学社中央委员会共同主办的一项重大对外开放活动。作为中国西部地区规格和国际化程度最高、规模最大的科技与人才交流盛会，海科会源源不断地为四川乃至西部引入海外高端人才、科技项目和投资，成为中国西部最具影响力的引才引智平台，对推动中国科学技术发展、促进中国西部地区经济转型升级发挥了重要作用。

“侨梦苑”是国务院侨办与地方政府联合打造的国家级侨商产业聚集区和华侨华人创新创业聚集区，是新形势下侨务工作为国家经济发展、创新驱动服务的一个新的重要举措。“侨梦苑”既是高新技术项目的重要载体，也为华侨华人投资和创新创业提供了平台。2016 年 6 月国务院侨办主任裘援平在会见“海外专家咨询委员鄂渝行”考察团时表示，“‘侨梦苑’就是侨胞圆梦的地方”，希望用“侨梦苑”这样一个充满温情、富有感召力的地方，实现海外侨胞创新创业的梦想。

自 2014 年 11 月第一家“侨梦苑”在天津挂牌以来，国务院侨办在北京、天津、河北、吉林、江苏、安徽、福建、江西、湖北、湖南、广东和四川等地共设立了 17 家“侨梦苑”。

各地“侨梦苑”因地制宜，有很多独到见解和创新模式。福建“侨梦苑”借助海上丝绸之路优势，建立 21 世纪海外丝绸之路核心区；天津“侨梦苑”结合京津冀协同发展战略，打造华侨华人京津冀购物、旅游、文化和服务综合性平台；汕头“侨梦苑”直接对接海外潮人和潮籍社团组织的人脉资源，打造海内外华侨华人关心和参与祖（籍）国现代化建设的新平台。

表 7－1　侨务品牌活动

品牌活动	主办机构	举办地点	创办时间
海科会	国侨办、四川省委省政府、九三学社中央委员会	成都	1995 年
留交会	国侨办、教育部、欧美同学会、广州市政府	广州	1998 年
华创会	国侨办、湖北省政府、武汉市政府	武汉	2001 年
海外华侨华人专业人士恳谈及项目对接会	国侨办、吉林省政府	长春	2002 年
华交会	国侨办、相关部委、举办地政府	东北三省、江浙沪、山东等城市	2002 年
东盟华商会	国侨办、云南省政府	昆明	2003 年
海华会	国侨办、福建省政府	厦门	2007 年
华合论坛	国侨办、河南省政府	平顶山	2008 年
华赣会	国侨办、江西省政府	南昌	2012 年

阅读材料：海外华商在中国寻找新机遇

华商已成为世界上一支重要的经济力量。截至2009年底，全球华商企业总资产达3.9万亿美元。凭借与祖（籍）国的天然联系，港台与海外华商成为中国改革开放以来外商直接投资的主要来源。

如今，曾持续高速增长的中国经济正处在转型期，在此背景下召开的华商大会更成为海外华商了解新需求、新商机的重要窗口。2013年9月25—26日，第十二届世界华商大会在成都举行，来自105个国家和地区的3 000多名海内外嘉宾与会。中国全国政协主席俞正声在开幕式演讲时表示，目前中国正处在工业化、信息化、城镇化、农业现代化加速发展的时期，有巨大的市场容量和强劲的市场需求。那么，海外华商面对新的市场形势如何转型？老华商与新华侨在中国又将面临哪些新挑战呢？

华商最大特点是有爱国情怀

此次参会的华商中，团队规模最大的是新加坡中华总商会（126人），其次是印尼中华总商会（122人）。世界华商大会1990年由新加坡中华总商会倡导发起，每两年举办一次。20世纪80年代，海外华商投资在中国几乎一枝独秀。1992年邓小平南方谈话后，中国的外资迅猛增长，尤以欧美日韩的大举投资引人注目，加上2001年中国加入WTO，海外华商的投资比例随跨国公司的大量涌入有所下降。据统计，1994年海外华商投资在外资企业中的比重曾达到64%，到2001年缩减为40%，2005年跌入34%的低谷。但自2006年至今，海外华商资本的比重持续上升，欧美日韩的比重整体逐年下降。

清华大学龙登高说，有人把20世纪后期世界经济增长最为强劲的东亚、东南亚沿海与海岛环形地区，从经济地理学上形象地称为“亚洲地中海”或“东亚走廊”，在其周围最为活跃的商人群体就是华商，尤其是港台与东南亚华商。海外华商之所以能在中国取得成功，主要原因是海外华商和中国内地各级政府的联系较为密切，紧贴中国政府的经济规划和发展导向，抢占先机。海外华商对中国市场环境的熟悉度和适应性超过外资企业，在语言和文化等方面的先天优势也帮助他们迅速占领市场。另外，中国投资环境与市场规则还不尽完善，并在体制改革过程中不断变化，海外华商能够灵活应对这些变化，克服障碍，以灵巧的身段随时调整自身发展的位置。

中国作为海外华商的娘家，娘家有困难时她不会嫌弃，会尽可能帮助。娘家好的时候会为其鼓掌，而且在海外腰杆就更硬些。改革开放之初，外资企业对于到中国投资还不是很放心，但华侨华人非常愿意帮助祖（籍）国建设，有帮娘家发展的情感。当中国发生汶川地震、台风等自然灾害时，华商总是自发捐款捐物。

中国侨资企业正在形成新格局

20世纪80年代，中国的地价十分便宜，开始有马来西亚华商到中国投资建筑业和基础设施工程项目。近年来，马来西亚华商对华投资日益多元化，覆盖建筑业、污水处理等多个行业。

伴随中国政府推出的“长江学者奖励计划”等鼓励措施，留学人员归国创业出现新高潮。国务院侨办海外专家咨询委员会委员王辉耀说，过去30多年，老华侨为中国经济发展作出巨大贡献，未来30年，要更多发挥新华侨的优势。新华侨学历高、具有创新精神，其投身的行业也从传统的制造业转向生物医药、新能源汽车、金融、教育培训等战略性新兴产业，并开始走上资本化运作的新途径。海外华商的投资区域也从最初靠近港澳和东南亚的珠三角、长三角等东部地区向中国中西部地区延伸。中国侨资企业正在形成新格局。

很多中国企业的产品走出去了，但售后服务和网络没跟上。在这一进程中，熟悉中国和当地文化的海外华商网络将成为内地企业借助的资源，香港就是中国内地企业走出去的重要平台。①

（三）保护海外中国公民权益

随着改革开放的深入推进以及中国企业“走出去”，赴海外的中国公民越来越多，他们在海外的权益受侵害案件也呈高发态势。党和政府秉承“外交为民”“以人民为中心”的理念，以及“内外联动，集中力量办大事”的体制优势，高度重视保护海外中国公民合法权益。

1979年1月，中国政府同美国政府达成关于互相建立领事关系和设立总领事馆的协议。1979年7月3日中国申请加入《维也纳领事关系公约》，从此中国同外国发展和调整领事关系，保护海外公民权益有了法律依据。

1980年中国制定并公布了《中华人民共和国国籍法》，规定“中华人民共和国是统一的多民族国家，各民族的人都具有中国国籍”，为保护所有海外中国公民奠定了法律基础。1982年制定的《中华人民共和国宪法》第五十条规定“中华人民共和国保护华侨的正当权益和利益”。

1986年，根据中国的侨务政策和国际法准则，中国驻外机构首次把在国外的留学

---

① 张妮，暨佩娟．海外华商在中国寻找新机遇［N］．环球时报，2013－09－29.

生、华侨统称为中国公民。1990 年海湾战争期间，约有 7 000 名中国公民（包括港台同胞）滞留伊拉克和科威特。国务院成立协调小组，由外交部等各部委一起做好撤退战地侨民工作，该工作组是境外中国公民和机构安全问题部际联席会议制度的前身。1998 年，外交部出版的年度《中国外交》首次提出保护中国国家及中国公民在国外的正当合法权益是中国外交、领事机构的基本职责之一。自此，对海外中国侨民、华侨的保护统称为对国外中国公民的领事保护。中国的领事工作也有了迅速、深入的发展，其主要工作包括：全面加强领事保护，确保中国国家和国民在国外的权利和利益；建立了领事磋商渠道；继续同有关国家就设领问题进行谈判并互设领事馆、谈判签订领事条约和领事协定，全方位地促进同各国的领事关系发展。

2000 年，外交部首次出台了《中国境外领事保护和服务指南》，其主要内容包括领事官员能够提供的协助内容和服务内容以及什么情况下不能提供协助的内容等。该指南主要是为了告知中国公民在国外旅行、工作、学习或居留期间，如何通过中国驻外使领馆维护自己的正当权益。

2004 年 7 月 19 日，国务院召开会议研究部署加强中国境外人员和机构安全保护工作。会议要求各有关部门和单位要站在全局和战略高度，充分认识做好中国境外人员和机构安全保护工作的重要意义。经过改革开放以来的不断努力，中国逐渐建立了较为完善的领事保护体系。

2005 年版《中国外交》指出，保护好中国海外公民和法人的合法权益，是中国对外领事关系的核心问题。中国政府秉持“执政为民”“以人为本”的理念，全面加强对海外利益的保护。① 2005 年的《政府工作报告》指出，中国要加强经济外交和对外文化交流，积极维护我国公民在海外的生命安全和合法权益。从 2005 年至今，每年《政府工作报告》中都提到维护中国公民在海外的生命安全和合法权益。

2006 年，中国政府开始高度重视海外公民及法人合法权益的保护，首次使用海外（中国）公民一词。2007 年，成立外交部领事保护中心。杨洁篪外长指出，领事保护是外交工作落实“以人为本”“执政为民”理念的具体体现。2016 年 9 月 29 日发布的《国家人权行动计划（2016—2020 年）》，对公民的经济、社会和文化权利、公民权利和政治权利及少数民族、妇女、儿童、老年人、残疾人等特定群体权利做出具体规定，确保全体人民，包括海外华侨的各项权利得到更高水平的保障。

党的十九届四中全会明确指出，要“构建海外利益保护和风险预警防范体系，完善领事保护工作机制，维护海外同胞安全和正当权益，保障重大项目和人员机构安全”。“坚持以人民为中心”是习近平新时代中国特色社会主义思想的重要内容。在该理念的指导下，党和政府高度重视海外中国公民合法权益的保护工作。

---

① 中华人民共和国外交部政策研究司．中国外交［M］．北京：世界知识出版社，2005.

随着中国企业的国际化，以及中国公民日益频繁的跨境流动，海外中国公民合法权益保护的重要性更加凸显。在国外的中国公民，依照国际法“属地主义”原则，要遵守住在国法律；依照“属人主义”原则，中国政府有义务与责任保护其合法权益。在改革开放之前，由于海外公民人数有限，领事保护问题并不突出。改革开放后至20世纪末，出国公民人数虽有增加，外交部和驻外使领馆处理的领事保护案件数量并不多，领事保护进展有限。到21世纪初，由于涉及海外中国公民的安全事件频发，领事保护问题才引起各方关注。2000—2012年的十多年间，中国政府共组织实施了涉及约6万名同胞的12次大撤离行动，营救被绑架劫持的300余名中国公民，处理了近20万起、涉及近百万人的各类领事保护与协助案件。

2011年2月，利比亚撤侨为新中国成立以来中国政府最大规模的撤离海外公民行动，其规模空前，面临的挑战也史无前例。这次行动中，中国政府共动用91架次中国民航包机、35架次外航包机、12架次军机，租用外国邮轮11艘、国有商船5艘、军舰1艘，历时12天，成功撤离中国驻利比亚人员35 860人，还帮助12个国家撤出了2 100名外籍公民。2011年3月13日，日本大地震发生后，中国政府十分关注在日中国公民的安全，第一时间宣布从日本受灾地区撤离中国公民的计划。美联社东京称，中国是首个宣布大规模撤离在日公民的国家，而其他国家只是发布建议，让自己的公民离开受灾区或者避免前往日本。撤侨行动让华侨华人感受到中国综合国力的提升，与此同时，中国政府密切关心海外公民安危，尽最大可能给予救援的负责任态度，也得到世界舆论的高度评价。

新冠肺炎疫情是近百年来人类所遭遇的影响范围最广的全球性大流行病，是一次全世界范围的严重危机和严峻考验。疫情不仅威胁国内人民的生命安全，也影响海外中国公民的各项合法权益。①

在此背景下，党和政府高度重视海外中国公民合法权益保护工作，各级政府部门采取了多种措施和行动为海外中国公民提供保护。中央政治局常委多次召开会议，强调各部门要加强对境外中国公民的关心关爱，驻外使领馆要做好领事保护、防护指导和物资保障，保护他们的生命安全和身体健康。外交部召开专门会议，强调牢记“外交为民”的宗旨，为海外同胞提供大力支持和帮助。

在财政部、教育部、民航局、卫健委等各部门大力支持下，各驻外使领馆充分调动各种资源，筹措并向留学人员发放“健康包”，保障海外公民防疫需求。国内各地方政府统筹协调，通过海外侨（社）团转发、亲属定点邮寄等方式，将防疫物资送到海外侨胞和留学生手中。

---

① 夏莉萍，许志渝．新冠疫情下的海外中国公民合法权益保护［J］．国际论坛，2021，23（1）：32－49，156.

中国政府多次敦促外国政府采取切实有效措施，维护好海外中国公民的生命安全和身体健康。2020 年 3 月至 4 月，在同相关国家领导人电话会谈期间，习近平主席强调中国政府高度重视保护海外中国公民身体健康和生命安全。驻德使馆密切联系德国总理府、外交部、卫生部和有关地方政府，推动德方为旅德中国公民，尤其是中国留学生提供公平待遇，要求德方切实保障他们的健康和安全，为海外中国公民争取与当地民众平等的检测和救治权利。中国驻日使馆建议在日中国公民若遇歧视，可拨打日本法务省及各地法务局设立的人权问题咨询窗口电话或前往窗口咨询，还可拨打法务省设立的专门面向外国人的人权咨询热线，该热线提供中文服务，为海外中国公民因疫情遭受歧视、隔离条件差等问题进行交涉并提供安全保护建议。针对美国对中国留学生的签证限制以及污名化，中国外交部发言人于 2020 年 6 月 2 日为中国留学生正名，坚决反对污名化中国留学生和限制其接受正常教育的行为。在各方的共同努力下，特朗普政府最终取消了针对留学生的签证新规，中国留学生仍然可以正常在美参加网课。针对新加坡中国工人遭当地雇主解雇的情况，驻新使馆详细记录求助工人信息，指导和协助工人通过与雇主协商、向人力部投诉等渠道解决问题，驻新商务参赞还与新外籍劳工中心主席通话，协商救助因疫情失业的中国工人事宜。

二、改革开放以来华侨华人对中国经济发展的贡献

改革开放以来，华侨华人已成为中国经济发展不可或缺的重要力量，而中国因素也成为他们发展的独特机遇。海外华侨华人素有“资金库”“人才库”“信息库”“网络库”等美誉，尤其是海外华商是改革开放以来在中国投资最早、投资额最大的外商，不仅为中国引进了资金，还带来了先进技术及管理经验，是改革开放的见证者、开拓者、贡献者与受益者，成为沟通中国与世界经贸往来的重要桥梁和纽带。

（一）改革开放后华商在中国的发展脉络

海外华商财富实力雄厚，据估计，全球华商的总资产约为 3.7 万亿美元，他们的经营日趋多样化，由原来的单一经营模式和传统经营领域向综合性集团转化，形成了范围大、内容广、实力强的商业网络格局，具有典型的跨国性、多重性和分散性的特征。其中东南亚华商基础深厚，实力最强，华人虽只占当地居民的少数，却实际主导了东南亚各国的经济命脉。美国华商经济实力虽然不强，但由于中美两国的特殊性和重要性，美国华商的影响力远超其本身的经济实力。

《亚洲周刊》2017 年的“全球华商 1 000 强”排行榜对世界各地的华商上市公司进行了排名。中国大陆企业数量最多，有 783 家，在榜单中占比达 78%，资产占比达 84%。东南亚的新加坡、马来西亚、泰国、菲律宾和印度尼西亚是海外大型华商企业最

多的地区，共有54家华商企业。

改革开放初期，海外华侨华人面对中国国内较差的投资环境和高风险，率先来到中国投资拓荒，为中国的现代化建设事业带来了强大的资金帮助和技术支持。

邓小平在确定改革开放重大决策时充分考虑到华侨华人与港澳同胞的作用，他说："那一年确定四个经济特区，主要是从地理条件考虑的。深圳毗邻香港，珠海靠近澳门，汕头是因为东南亚国家潮州人多，厦门是因为闽南人在外国经商的很多。"① 经济特区确立后，华侨华人踊跃回国投资，成为中国现代化建设的重要力量。"无侨不快""打侨牌"成了加快经济发展的一大法宝。②

泰国谢国民及其正大集团是改革开放后第一批来中国投资的外商之一，获得"深外资证字〔1981〕0001号"的批准证书。经过40年在中国的布局深耕，正大集团如今遍地开花，设立企业300多家，总投资超1 100亿元，年销售额近1 000亿元。1981年，东南亚首富林绍良在印度尼西亚与中国关系尚未恢复正常的敏感时期，通过香港与福建地方政府合作，在家乡福清兴办了清华糖厂。曾荣获"中华慈善奖"、香港特别行政区政府"大紫荆勋章"的香港金利来集团有限公司创办人曾宪梓，1986年开始到内地投资设厂。曾宪梓在1989年合资成立中国银利来有限公司，成为我国首家专营领带生产的中外合资企业。在20世纪80年代，广东、福建等侨乡成为吸引侨商最主要的地区，特别是作为改革开放前沿的广东，一枝独秀，港资和侨资企业以"三来一补"的形式向珠三角地区转移，以获取劳动力优势，广东侨资企业数占全国总数的比重通常逾60%；福建一省的侨资企业也在20世纪80年代末超过长三角和环渤海地区。

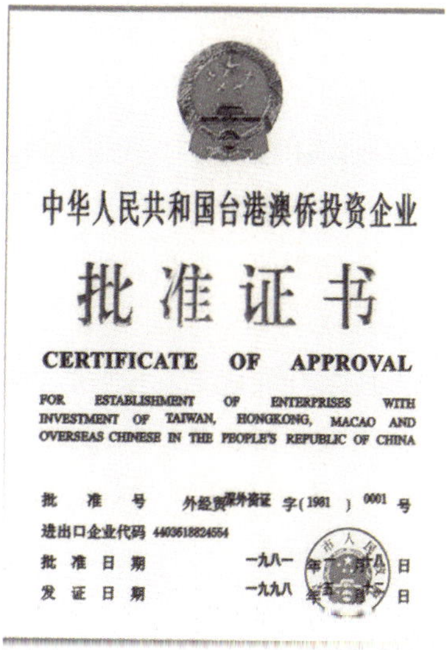
中华人民共和国台港澳侨投资企业

批准证书

CERTIFICATE OF APPROVAL

FOR ESTABLISHMENT OF ENTERPRISES WITH INVESTMENT OF TAIWAN, HONGKONG, MACAO AND OVERSEAS CHINESE IN THE PEOPLE'S REPUBLIC OF CHINA

批准号 外经贸深外资证 字（1981）0001 号

进出口企业代码 4403618824554

批准日期 一九八一 年 月 日

发证日期 一九九八 年 月 日

图7－2 正大集团投资批准证书

1992年邓小平南方谈话后，华商在华投资进入高速增长时期。侨资从广东、福建等侨乡沿海北上辐射至全国各地。③ 20世纪90年代是外国直接投资流入发展中国家飞速增长的时期，中国实际利用的外国直接投资总额在1998年达到改革开放以来的峰值，达454.63亿美元，其中绝大多数来自侨资，侨外资企业因此成为中国经济增长的关键力量，侨外资企业所集中的出口导向产业也构成经济增长的重要推动力。中国加入

① 邓小平．邓小平文选：第三卷［M］．北京：人民出版社，1993.

② 谭天星．浅谈海外华商与当代中国经济发展的互动关系［J］．侨务工作研究，2005（1）．

③ 龙登高，李一苇．海外华商投资中国40年：发展脉络、作用与趋势［J］．华侨华人历史研究，2018（4）：1－13.

WTO 五年过渡期后，特别是2008年经济危机后，在中国经济转型与内需市场迅速成长过程中，侨资企业日益本土化，全面融入中国经济。

（二）海外华商对中国经济发展的作用

海外华商对中国成为“世界工厂”功不可没。改革开放之初，中国经济发展较为落后，1978年中国国内生产总值只有3 679亿元人民币，仅占世界经济比重的1.8%，进出口贸易额355亿元，占世界贸易总额的比重仅为0.8%。① 广大华商率先在华投资，积极参与中国经济建设。20世纪80年代，在中国营商环境相对落后，法制尚未健全的情况下，外商还不敢贸然来华投资。霍英东、曾宪梓、陈伟南、庄世平、田家炳等大批海外华商以“领头羊”的大无畏精神率先来华投资，起到了极强的示范带动作用。华商不仅利用在资金、管理、技术和商业网络等方面的优势参与中国经济建设，还帮助中国企业拓展国际销售网络，带动中国商品的出口。在长三角地区，侨商和台商带动了昆山等地的工业化发展，昆山从20世纪80年代落后的农业县发展成为“中国百强县”之首。

改革开放以来，华商极大推动了中国乡村经济发展。改革开放初期，中国地方政府大力发展乡镇企业，华商投资农村市场，使乡镇企业成为中国经济发展的增长点。有“十户人家九户侨”之称的著名侨乡晋江接受大量华侨华人捐赠和投资，走在中国乡镇经济发展前列。菲律宾著名华商施至成生于晋江，积极在家乡投资，帮助晋江办起了国际鞋业博览会。他对家乡怀有深厚感情，他说：“我在中国大陆的投资，一半是基于乡情，另一半才是商业考虑。热爱故里是海外游子的本性，为祖（籍）国的富强作一点贡献，是每一位华夏儿女应该做的。”

海外6 000多万华侨华人中，约有1 000万是改革开放后走出去的新移民，这一群体中投资移民和高科技移民的比重较大。他们突破华商的传统产业，大多从事现代服务业，部分投资高科技企业，他们对中国的投资也正在转向高技术产业和创新型产业，推动中国高新技术产业、互联网信息产业、生物制造业和通信产业等领域发展。国务院侨务办公室评选的“全球百家明星侨资企业”中，20%以上是高科技企业。由印度尼西亚金光集团所属的金光纸业（中国）投资有限公司和镇江金达工贸有限公司共同投资的明星侨资企业——金东纸业（江苏）股份有限公司已成为中国规模最大、产量最高、技术最先进的造纸企业，也是世界上单厂规模最大的铜版纸厂，它的纸机车速两次打破世界纪录。侨资明星企业厦门厦顺铝箔有限公司先后从法国、德国、瑞士引进世界先进水平的铝箔生产设备和先进技术，完全按照国际先进质量管理模式进行科学化管理和规范化经营，该厂生产的“达顺牌”高档铝箔产品质量已达欧洲同类产品水平。明星侨

① 王辉耀．改革开放40年：华侨华人的作用及机遇［J］．今日中国，2018，67（12）：38－41.

资企业信义集团（玻璃）有限公司是全球玻璃产业链的主要制造商之一，是全球最大的太阳能光伏玻璃生产商之一。

中国自2013年提出“一带一路”倡议以来，本着“共商、共建、共享”原则，为广大华商提供新的历史机遇。广大华商在“一带一路”建设中通晓双边贸易惯例和规则，拥有贸易渠道和资本优势，既推动了中国与沿线国家的交流互信，拓展相关产业合作，也助力提升了“一带一路”经贸及金融合作水平，具有独特的建设性作用。

在“一带一路”建设背景下，海外华商的桥梁作用体现在他们可以利用自身商业网络，为中国企业“走出去”牵线搭桥，成为沟通中国与当地国不同利益群体的桥梁。海外华商不但可以直接参与“一带一路”建设，还可吸引更多当地企业参加项目建设，落实“人类命运共同体”的合作精神。“一带一路”倡议提出后，泰国正大集团积极支持“一带一路”在泰国落地，推动泰国“东部经济走廊”与“一带一路”的高效对接。2016年3月，陈江和基金会在博鳌亚洲论坛期间捐赠1亿元人民币，设立“‘一带一路’人才培训专项基金”，支持中国与“一带一路”沿线国家开展人才培训项目。

第二节 改革开放以来华侨华人与中国的科教事业

人才是衡量一个国家综合国力的重要指标。党和政府颁布和实施的科教兴国和人才强国战略，都把人才放在突出位置。改革开放以来，海外华侨华人专业人士数量越来越多，他们在世界高科技领域占据一席之地，在政治、经济和文化领域扮演着重要角色，发挥着越来越突出的作用，也是中国宝贵的海外人才库，是中国创新创业、走向全球化的先锋军和生力军。

一、改革开放以来华侨华人对中国科技事业的贡献

（一）招才引智与华侨华人专业人士

2013年10月21日，习近平主席出席欧美同学会成立100周年庆祝大会时强调，“致天下之治者在人才”。2014年5月22日，习近平在外国专家座谈会上强调：“要实行更加开放的人才政策，不唯地域引进人才，不求所有开发人才，不拘一格用好人才，在大力培养国内创新人才的同时，更加积极主动地引进国外人才特别是高层次人才，热忱欢迎外国专家和优秀人才以各种方式参与中国现代化建设。”

华侨华人素有“人才库”美誉，是中国的宝贵资源优势，是我国引智的重点。① 据估算，全球华侨华人专业人士数量约为400万，具有“大集中，广分散”的特点，主要分布在美国、加拿大、澳大利亚、日本、法国、英国、俄罗斯、意大利等发达国家和地区，其中美国约240万，欧洲约80万。行业主要分布在高新技术、金融等领域，有较高层次的知识结构和技能水平，且经济实力较强。海外华侨华人专业人士主要源自三大群体：一是在中国出生，毕业后在国外取得永久居留权或长期居住国外的留学生；二是在中国出生，移民到其他国家的具有技术、管理能力等方面专长的中国新移民，主要包括技术移民和投资移民；三是出生于海外的华侨华人专业人士，即华裔新生代中的专业人士。②

美国科学院、工程院、医学院、文理院四院华人院士共300余人，八大常春藤高校华人教授超过320人，中国985高校毕业校友有20多万在美国高科技企业或高校机构工作。其中美国科学院有华人院士80余人，大家比较熟悉的有李政道、朱棣文、丘成桐等；美国工程院有华人院士约140人，如崔琦、胡正明、戴宏杰等。在美国的顶级大学，每个学校都有数十位华人教授。

近年，不少知名华侨华人教授回国发展，如原清华大学副校长、现西湖大学校长施一公博士，首都医科大学校长饶毅教授等。2008年，施一公放弃普林斯顿大学优厚的个人物质待遇和丰厚的科研经费毅然回国。施一公说：“游子归乡、报效生我养我的祖国，报答血脉相连的父老乡亲！我希望能在自己年富力强的时候回来至少为祖国健康工作30年。”在清华大学，施一公组建了一支强大的、具有相当国际影响力的研究团队，培养出一批杰出的青年创新人才。2011年，清华大学引进迄今为止唯一问鼎计算机领域最高奖“图灵奖”、拥有哈佛大学物理学和伊利诺伊大学计算机科学双博士学位、世界著名计算机华人科学家姚期智教授。姚期智在清华大学创立了著名的“姚班”和“智班”，专门为国内计算机、人工智能领域培养杰出人才。2019年，北京大学引进人工智能领域的顶级华人专家、三次问鼎计算机视觉领域最高荣誉“马尔奖”的朱松纯教授，并授予其北大人工智能研究院院长一职。

阅读材料：永远的中国心

“世界上没有任何其他研究所能在如此短的时间里，在国际科研领域占据如此重要的席位。”这是诺贝尔奖得主、美国科学院院士等组成的国际科学指导委员会对北京生命科学研究所（简称“北生所”）的评价。2005年12月才

① 潮龙起．桑梓情深：华侨华人与改革开放［M］．广州：暨南大学出版社，2018.

② 王辉耀，苗绿．海外华侨华人专业人士报告：2014［M］．北京：社会科学文献出版社，2014.

正式挂牌的北生所，已在国际顶尖杂志上发表论文30余篇，论文质量居国内同类研究机构之首；2012年，来自17个国家的28位科研人员被全球著名研究机构美国霍华德·休斯医学研究所授予“国际优秀青年科学家”称号，北生所独占4席。说到北生所，就不能不提它的创办者——著名华人科学家王晓东。

1985年，王晓东赴美留学，1991年获得得克萨斯大学西南医学中心博士学位。拿到博士学位后，王晓东又师从诺奖得主约瑟夫·戈尔茨坦和迈克尔·布朗从事博士后研究。2001年，凭借在细胞凋亡规律研究上的杰出成果，他被聘为西南医学中心终身讲席教授，并成为霍华德·休斯研究所研究员。2004年，41岁的王晓东当选美国科学院院士，成为改革开放后中国大陆20多万留美人员中获此荣誉的第一人。2003年4月，王晓东和耶鲁大学的邓兴旺博士一起受聘共同所长，筹建北生所；2010年，他辞去美国的所有职位，回国担任北生所所长。截至目前，北生所已经吸引了40多位海外青年科学家加盟。王晓东说：“作为一名华人科学家，无论走到哪里，无论有多大成就，祖国永远是祖国。”“我出国时想的就是何时学成回来。”①

（二）华侨华人对中国科技进步的贡献

2020年9月11日，习近平主席在科学家座谈会上指出：“科学无国界，科学家有祖国。我国科技事业取得的历史性成就，是一代又一代矢志报国的科学家前赴后继、接续奋斗的结果。”

华侨华人专业人士协助调整产业结构，推动新兴产业发展。海外华侨华人专业人士的投资为中国区域经济带来了蓬勃动力，促进了产业结构的调整和升级，引导了新兴产业的发展。近年来，我国产业结构的调整与港澳台同胞、华侨华人，尤其是华侨华人专业人士积极参与密不可分。被誉为“中国硅谷创业第一人”的朱敏从硅谷创业成功后，放弃资本热潮毅然回到中国，踏上了支持与培育中国科创企业的征途。

华侨华人专业人士引进外资，带动了民营经济发展。改革开放以来，全国外商投资企业中，侨资企业约占70%，投资额占中国利用外资总额的60%。海外华侨华人专业人士在华投资和创业对民营经济发展示范和溢出效应显著。他们投资建厂会带动相应区域配套设置的进一步完善，凸显集聚效应。

华侨华人专业人士推动了国内科技创新发展和国内外科技交流。海外华侨华人对中国的贡献主要在科学技术领域。中国科学院1955年的首届172名学部委员中，有158

① 喻思娈，黄文砚．王晓东：永远的中国心［N］．人民日报，2014-06-03。

名是海外归国人才，获得“两弹一星功勋奖章”的23人中有21人具备海外学习和工作经历。改革开放后，中国先后推出的“863”计划和“973”计划的首席科学家、课题组组长大多是留学归国人才。我国在欧美上市的高科技公司，绝大部分是海外归国人员创办。纳斯达克中国首席代表徐光勋表示在纳斯达克上市的中国公司被国际市场所接受，他们的高级管理层大多拥有海外留学背景。海外华侨华人专业人士作为海外专家，积极为国家和地方出力，为中国的重大工程、重点项目建设提供智力支持，为企业创新发展提出解决方案，推动中国与世界之间的创新要素流动。

2019年，中国科学院外籍院士、中国科学院大学纳米科学与技术学院院长王中林凭借其在微纳能源和自驱动系统领域的开创性成就，成为首位获得“阿尔伯特·爱因斯坦世界科学奖”的华人科学家。1992年至2010年，王中林培养了近90位分布在中国和美国的华人学生、学者、博士后和教授等。王中林出版的一系列著作，极大地促进了中国纳米科技和教育事业的发展。

著名食品科学家、爱尔兰皇家科学院院士孙大文是首位当选欧洲人文和自然科学院院士的欧洲华人科学家，同时也是欧洲历史上首位拥有两院院士头衔的华人。孙大文教授团队领衔的“果蔬冷链控制关键技术与装备创制及应用”项目，获得2018年度广东省科技进步奖一等奖。这项技术不仅能有效提升冷却效果，还能实现设备的通用性，一台设备可以用于多种果蔬，通过提高效率降低成本，设备已出口到全球30多个国家和地区。孙大文团队的技术在国内处于领先地位，部分技术在国际上也处于绝对前沿。

青年华人科学家潘忠礼在农业研究领域、食品安全保存技术创新上卓有成就。2018年，潘忠礼成为第一位在农业领域获得美国青年科学家的华人。长期以来，潘忠礼往返中美两国，为两国农业技术交流与合作作出了诸多贡献。

华人化学家李远泽十分关心中国的科技发展，多次访问中国，把世界上最新的研究成果介绍给国内同行，传播新成果和新思想。诺贝尔物理学奖得主、华人物理学家崔琦十分关心中国科学技术事业的发展，改革开放初期就访华讲学，介绍国际上科学技术的最新研究热点，建议中国开展二维电子系统物理和低维量子体系物理的研究，并积极推动“中美原子、分子和凝聚态物理研究合作备忘录计划”的实施。

很多华人科学家虽然没有获得诺贝尔奖，但同样取得骄人成绩。从事高温超导基础及应用相关领域研究的华人物理学家朱经武，是较早与中国科技界和教育界建立友好关系的学者之一，曾帮助中国科学院物理研究所发展盒式高压技术和物理的研究，积极协助南开大学开发新能源镍－氢电池技术。

被誉为“现代派设计大师”的美籍华人建筑设计师贝聿铭，是为国人熟知的老一代华人工程师的代表。贝聿铭在建筑之外，同样注重与中国的情感连接，用实际行动搭建东西交流的桥梁。贝聿铭和其他知名美籍华人发起成立了美国华人精英组织“百人会”，推动华人参与美国社会生活，增进中美交流。“百桥之父”、美国中国工程院双料院士邓文中先后受聘担任了上海南浦大桥、杨浦大桥、武汉长江二桥、广东虎门大桥、南京长江二桥、南京长江三桥、杭州湾大桥等大型桥梁的技术顾问，对国内桥梁建设作出了突出贡献。

22 岁获得美国加州大学伯克利分校博士学位，26 岁成为斯坦福大学终身教授，27 岁攻克世界级几何学难题“卡拉比猜想”，之后几乎获得数学界的所有奖项，包括数学界“诺贝尔奖”——菲尔兹奖的著名数学家丘成桐，作为新中国的同龄人，始终挂念中国科学发展，将帮助发展中国数学事业视为自己的责任。为此他培养来自中国的留学生，在中国建立数学研究所与研究中心，组织各种层次的会议，发起各种人才培养计划，并募集大量资金；他还自掏腰包，设立“丘成桐奖教奖学基金”，成立“恒隆数学奖”“丘成桐中学数学奖”“丘成桐数学英才班”等，培养中国优秀青年数学人才。

截至 2021 年 5 月，104 名中国科学院外籍院士中有华裔科学家 36 名，91 名中国工程院外籍院士中有华裔科学家 23 名。改革开放以来我国科技事业取得的成果，凝聚了杨振宁、李政道、丁肇中、吴健雄、陈省身、林家翘、姚期智、潘毓刚、田长霖、牛满江等大批新老华人科学家的心血和汗水。他们为了中国科技事业的发展，四处奔波，无私地贡献聪明才智，在中外交流、人才培养和项目建设等方面发挥重要作用。

二、华侨华人对中国教育事业的贡献

华侨华人素来具有捐资办学的光荣传统，教育事业一向是华侨华人捐赠的主要领域。据统计，改革开放以来，海外侨胞、港澳同胞通过多种渠道和形式支持、捐助国内公益慈善事业总额近 1 000 亿元，其中八成用于教育事业。[①] 这些捐赠犹如奔流不息的河流，源源不断地汇入中国经济社会发展的洪流。

海外华侨华人捐资办学规模巨大、办学形式多样、捐资范围广泛。他们的捐赠包括“辅助和维持各捐办学校的经常教育费用；表彰及鼓励教师的辛苦劳动，改善教师的工作条件和生活待遇；鼓励学生刻苦学习，攀登科学文化高峰，成为优秀人才”，[②] 除此之外，众多有海外经历的留学人员回国执教，带来先进教学理念和科学知识，推动中国自然科学和社会科学等学科的发展，在一定程度上推动教育观念变革，使教育走向个性化、平民化、实用化和科学化。

20 世纪 80—90 年代，大批华人和港澳同胞在广东侨乡捐助教育，规模在千万元以上的例子比比皆是，有的甚至近亿元。在潮汕侨乡，大部分乡镇村庄都有侨捐学校，这

---

① 谭天星：推动涉侨基金会更好发展助国家脱贫攻坚［EB/OL］. http：//www.chinaqw.com/sqjg/2015/12－16/73977.shtml.

② 任贵祥．海外华侨华人与中国改革开放［M］．北京：中央党史出版社，2009.

些学校大多造型漂亮，设施齐全。①

海外侨胞心系家乡的基础教育事业。改革开放后，田家炳一中、广东省梅县东山中学、广东省开平市开侨中学、广东省江门市新会陈经纶中学等近 1.8 万所中小学由侨胞捐资建设。田家炳为家乡广东大埔县捐款 1 亿多元兴办公益事业。海南文昌中学处处镌刻着华侨印记，据不完全统计，海外侨亲和港澳台同胞为文昌中学捐款达 8 000 多万元。② 作为马来西亚第三代华裔，完美公司董事长古润金十分重视对教育事业的投资。从创业之初在革命圣地延安捐建第一所完美希望小学起，如今已有 100 多所完美希望学校遍布全国各贫困地区。完美公司向希望工程项目捐款总额逾 1 亿元，近年来又倾力捐助希望乡村教师计划、授渔计划、精准扶贫助学等教育事业。

华侨华人还鼎力支持广东、福建、浙江等侨乡几所大学的建设。1978 年暨南大学在广州复办之初，华侨华人和港澳同胞踊跃捐助暨大发展建设。当时，香港知名实业家霍英东和著名港澳企业家何鸿燊雪中送炭，合捐 400 万港元，用于学校购置急需的仪器设备。1979 年，荷兰华侨总会捐赠 26.2 万荷兰盾支持暨大办学。1987 年，多名海外华侨和港澳同胞捐资成立暨南大学教育基金会。1991 年落成的暨南大学邵逸夫体育馆，即由香港邵氏影业公司董事长邵逸夫先生捐赠 1 000 万港元修建而成。1994 年，李文正捐赠 500 万元兴建暨南大学华文学院综合大楼。

位于广东省江门市的五邑大学也得到华侨华人和港澳同胞的鼎力支持和帮助。截至 2013 年，五邑大学得到海外侨胞捐资达 2.5 亿元港币，侨胞共为五邑大学捐建楼宇近 50 座。汕头大学是香港著名企业家李嘉诚在家乡捐资参与创办的一所综合性大学。截至 2017 年，李嘉诚为汕头大学累计捐款超过 80 亿港元，李嘉诚基金会累计捐款超过 200 亿港元。在著名侨乡厦门市，改革开放以来，海外侨胞情系桑梓，积极捐赠兴办公益事业造福家乡。2017 年至 2020 年，厦门市近八成的华侨捐赠集中于教育领域，4 年捐赠额达 1.426 亿元人民币（厦门大学、集美大学、华侨大学三所高校受捐额达 1.3 亿元），捐赠方式多样，包括修建教学楼、配置教学设备、设立奖学奖教基金等。在浙江，宁波大学建立之初，50 余位海外“宁波帮”侨胞先后捐资超过 2.5 亿元。海外侨胞先后为海南大学捐资达 5 000 万元。

---

① 张秀明．改革开放以来华侨华人对中国慈善事业的贡献探析［J］．华侨华人历史研究，2018（4）：23－33.

② 华侨之乡文昌积淀自身文化底蕴凝聚发展合力［EB/OL］．http：//www.chinaqw.com/qx/2019/08－14/228900.shtml.

第三节　改革开放以来华侨华人与中国的文化事业

漂泊在海外的华侨华人继承了中华优秀传统文化，并与当地文化交融，成为中外文化交流的使者。改革开放以来，华侨华人在中华文化国际传播方面更加活跃，与祖（籍）国的侨乡联系更加密切。华侨华人对中国和侨乡的支持与帮助，不仅仅体现在他们对侨乡教育、慈善、医疗和基础设施的捐赠及投资，还体现在他们作为多元文化的承载者，是中华文化国际传播的重要载体。新时代，广大侨乡正大力弘扬优秀的华侨文化和侨乡精神，使华侨华人成为中外交流的民间大使。

一、改革开放以来华侨华人与中华文化国际传播

习近平总书记在党的十九大报告中指出："文化是一个国家、一个民族的灵魂。文化兴国运兴，文化强民族强。没有高度的文化自信，没有文化的繁荣兴盛，就没有中华民族伟大复兴。"中国在海外有约6 000万华侨华人、2.6万华侨华人社团、2万所华文学校、数千家华文媒体、数十万中餐馆和中医馆以及大量独具特色的唐人街，这些资源构成了中华文化国际传播的重要载体。2021年5月31日，习近平总书记在中共中央政治局第三十次集体学习时强调讲好中国故事，传播好中国声音，展示真实、立体、全面的中国，是加强我国国际传播能力建设的重要任务。

（一）中华文化国际传播途径

华侨华人是中华文化国际传播的友好使者和重要桥梁，他们的一言一行都承载着中华文化样貌。住在国政府和当地民众往往通过观察华侨华人认识和了解中华文化。① 传统文化、价值理念、民族情怀等是中华文化的核心内涵。儒家思想秉承"和"的理念，主张"仁者爱人""天人合一""美美与共，天下大同"。华侨华人自觉或不自觉地将中国传统文化带到住在国，以自身所具有的中国传统文化涵养，潜移默化地影响周围人群。华侨华人将中国传统文化中"和"的思想提升至和谐世界观，以华校展示中华文化的主流面貌，以中华传统民俗展示中国文化的理念，以华文媒体展示中文世界对国际舆论和社会民生的关注，向海外各国宣传中国文化的内涵和传统文化魅力。②

华文学校、华人社团和华文传媒被誉为"华社三宝"。华文学校是华侨华人传播中

---

① 刘芳彬．华侨华人与中华文化国际传播［J］．八桂侨刊，2018（3）：15－21.

② 华侨华人：提升中国软实力的重要资源——访暨南大学华侨华人研究院院长刘泽彭［EB/OL］．http：//www.cssn.cn/zzx/201409/t20140922_1336091.shtml.

华文化的重要载体，华人社团则是开展华文教育和华文媒体建设的责任主体。华人社团在传播中华优秀文化方面的中坚作用突出，同时也是住在国多元文化不可忽视的社会政治力量。他们是向世界展示中国文化的重要窗口，可以在世界范围内推动中西文化交流。海外华文传媒熟悉当地语言和文化，是中华文化国家传播的先锋。①

国务院侨办从2006年开始推出“文化中国”系列活动。“文化中国”以文化活动为媒介，促进世界了解中国。经过多年发展，“文化中国”品牌已形成集“四海同春”“名家讲坛”“中华医学”“中华美食”“才艺大赛”“文化之旅”等于一体的系列文化活动，有效促进华侨华人和住在国主流社会对中华文化的认知。国务院侨办和中国海外交流协会共同打造的“文化中国·四海同春”活动，每年组织高水平艺术团到华侨华人聚居国开展慰侨演出，和海外侨胞共庆中国新年。截至2019年，累计举办11年，向156个国家和地区的331个城市派出75个艺术团体演出450场，被侨胞亲切称为“海外春晚”。“四海同春”活动也推进了海外“春节文化热”，有力彰显了海外华人的社会地位。全球有十多个国家立法将中国春节列为公众节日，多国政要观看“四海同春”表演，出席当地春节活动，发表贺岁致辞。

“文化中国·名家讲坛”自2007年开始举办，旨在满足海外侨胞的精神文化需求，丰富海外侨胞的文化生活，现已成为“文化中国”系列活动的重要内容之一，在海外侨界有着较高的声誉和影响。截至2014年，共计举办24期，在46个国家和地区的89个城市开展133场讲座，听众超过3.6万人次。②

本着“服务、互动、平等、共赢”的宗旨，为促进海外华文传媒之间的相互联络和资源互动，及其与中国传媒界的协作，改善海外华文媒体的生存发展条件，提升海外华文媒体的整体水平和影响力，中国新闻社在2009年主导成立了“世界华文传媒合作联盟”。海外各类华文传媒（336家）自愿加入这一全球性合作组织。“中国寻根之旅”夏（冬）令营是由国侨办和中国海外交流协会共同承办，为增进海外华裔和港澳台青少年对中国的了解，提升他们学习汉语和中华文化的兴趣而举办的大型综合性活动。在2010年7月的开营式上，习近平主席发表重要讲话，指出：“团结统一的中华民族是海内外中华儿女共同的根，博大精深的中华文化是海内外中华儿女共同的魂，实现中华民族伟大复兴是海内外中华儿女共同的梦。”寻根活动不仅使海外华裔青少年们能了解中国的悠久历史和灿烂文化及日新月异的发展，更增强了他们身为中华儿女的民族认同感，增进了对中国的了解。

---

① 陈奕平．和谐与共赢：海外侨胞与中国软实力［M］．广州：暨南大学出版社，2012.

② 胥全．精心打造“文化中国”品牌活动创新发展侨务文宣工作：关于做精做强“文化中国”品牌活动的创新思路［J］．侨务工作研究，2014（2）.

（二）中华文化国际传播效果

“团结统一的中华民族是海内外中华儿女共同的根，博大精深的中华文化是海内外中华儿女共同的魂，实现中华民族伟大复兴是海内外中华儿女共同的梦。”华侨华人是中华民族共同体的重要组成部分，中华文化是海内外中华儿女共有的精神家园。当前“西强我弱”的国际话语体系依然没有改变，国际媒体上充斥着各种诋毁、误判中国的报道。中华文化国际传播就是要让世界认识一个真实、立体、全面的中国，让国际社会了解“中国梦”的价值追求。

改革开放以来，随着中国综合国力的提升，“汉语热”和“中华文化热”在世界各地升温，懂中文在就业经商方面就能具有竞争力，这为华文教育创造了前所未有的历史机遇。海外华校必须弘扬中华文化，使自身成为华裔青少年增进民族了解和中外友好的平台，营造良好的中外关系，促进华裔青少年更好融入当地社会，成为中国与当地友华族群建立和睦友好关系的桥梁。

在马来西亚，拥有马来西亚南方大学行政总监、柔佛潮州八邑会馆副馆长等多重身份的陈再藩是推广中华文化的领军人物。1988 年，陈再藩从华人舞蹈和诗歌中获得灵感，与友人以中国传统二十四节令为创意，结合南粤狮鼓和传统书法艺术的特点，创作了二十四节气歌。经过陈再藩等人的不懈努力和推动，马来西亚文化部在 2009 年将二十四节令鼓列为国家非物质文化遗产。陈再藩还不遗余力推广潮汕文化在海外的传承。2009 年，陈再藩和友人着手源自潮州“营老爷”民俗的古庙游神的“申遗”工作，历经三年，终获成果。马来西亚领导人亲自参加柔佛古庙游神活动，并为活动颁发国家非物质文化遗产证书，使得华族庆典活动获得了官方认可。因其在推动中华传统文化方面的卓越贡献，2013 年陈再藩被列入“中华名人录”之“卓越华人”之列。2018 年，陈再藩获马来西亚“国家文化人物奖”。

当前，中国与世界的关系建设步入了新的历史时期，迫切需要团结力量，凝聚共识。正如习近平主席在会见第七届世界华侨华人社团联谊大会代表时指出，“广大海外侨胞是实现中国梦的重要力量。只要海内外中华儿女紧密团结起来，有力出力，有智出智，团结一心奋斗，就一定能够汇聚起实现梦想的强大力量”。“世界好，中国才会好；中国好，世界才会好”，华侨华人要“八仙过海、各显神通”，用好自身“融通中外”的独特资源优势，寻找中外文化价值的交汇点，讲清楚中华民族共同体和平发展之道，讲清楚中华文明从不进行强加于人的文化输出，绝不将自己的价值观强加于人，绝不会一厢情愿输出意识形态。① 华侨华人应当致力于消除“中国威胁论”，纠正西方对中国的偏见，展示良好的崭新的中国形象。华侨华人可以根据住在国社会对中国的需求和兴

---

① 参见潘岳．中华共同体与人类命运共同体［J］．中央社会主义学院学报，2019（4）：5－8.

趣，多管齐下，发挥多元文化载体功能，切忌自说自话，用“宣传”代替“传播”，避免引发排斥情绪，有损传播效果。

二、改革开放以来华侨华人与中国侨乡文化

“侨乡”就是“华侨的家乡”。中国的很多侨乡自然和人文资源丰富，是青山绿水的好地方。海外华侨华人是侨乡建设和发展的天然优势，他们中的很多人依然与侨乡的祖庙宗祠维持着密切的血缘和亲情联系。改革开放让侨乡焕发崭新生命力，重新升华了华侨华人与侨乡的血缘亲情。① 中国共产党和政府在外事工作中秉承“亲诚惠容”“弘义融利”原则，亲就是说侨乡和海外华侨华人之间讲平等、重感情；诚就是说海内外华侨华人互相交往以诚相待；惠就是说既让华侨华人得益于侨乡发展，也让侨乡从华侨华人发展中受益；容就是说在华侨华人与侨乡合作过程中，求大同，存小异。

2020 年 10 月 13 日，习近平主席在广东考察潮汕侨乡期间明确指出，要根据新的实际做好“侨”的文章，加强海外华侨工作。习近平主席强调，“华侨一个最重要的特点就是爱国、爱乡、爱自己的家人。这就是中国人、中国文化、中国人的精神、中国心。中国的改革开放，中国的发展建设跟我们有这么一大批心系桑梓、心系祖国的华侨是分不开的”。推进新时代侨乡发展，在更高起点进一步改革开放，实现“两个一百年”奋斗目标，需要华侨华人为侨乡发展赋能。

汕头市采取多种形式展示爱国华侨的历史贡献，丰富新时代“侨”的文章的内涵。汕头着力弘扬著名爱国侨领蚁光炎先生的感人事迹。蚁光炎先生祖籍汕头市澄海区，是旅泰著名侨领，曾任泰国中华总商会主席。抗战伊始，他以反对侵略、全力救亡为己任，号召华侨抵制日货，并先后筹款600 多万元支援祖国抗日，在侨界享有很高的威望。

习近平主席参观广东省汕头市侨批文物馆后强调：“‘侨批’记载了老一辈海外侨胞艰难的创业史和浓厚的家国情怀，也是中华民族讲信誉、守承诺的重要体现。要保护好这些‘侨批’文物，加强研究，教育引导人们不忘近代我国经历的屈辱史和老一辈侨胞艰难的创业史，并推动全社会加强诚信建设。”

江门市拥有丰富的华侨资源，在与世界文明的交流对话中占据着先天优势。华侨华人文化交流合作重要平台的定位之一——文明互鉴交流典范，体现江门对这一优势的发掘和利用。开平碉楼、五邑华侨华人博物馆、银信等保护和开发项目，都是江门推动文明互鉴交流的有益探索。

江门还将实施文明交流互鉴工程，包括设立世界遗产论坛，举办世界华侨华人青年文化创意论坛和华侨华人文化交流合作暨粤港澳青年文化创意发展大会；建立社会联盟，成立华侨华人文化智库；组建中国华侨华人文化传媒集团、江门文旅集团和中国华

---

① 李明欢．弘义融利：华侨华人与侨乡关系若干思考［J］．八桂侨刊，2018（2）：3－6，27.

侨华人文化传媒集团等。

江门等侨乡通过建设侨批（银信）博物馆，多方面推广宣传，弘扬侨批历史文化价值，挖掘侨批的人文精神，向公众特别是青少年讲好华侨华人艰苦创业、爱家爱国的生动故事，向世界讲好侨胞文明互学互鉴、构建人类命运共同体的鲜活事例。江门是五邑籍华侨华人向往的“根”，这个根不仅仅是精神寄托所在，更为重要的是华侨文化的根。江门挖掘传统文化留住华侨华人的“根”。《江门市进一步做好稳定和促进就业工作实施方案》中明确指出“利用江门侨乡文化、人文历史与资源等优势打造江门文旅品牌”、创建以“夜购侨货、夜尝侨味、夜住侨宿、夜游侨景、夜娱侨乐、夜品侨学、夜享侨健、夜赏侨都”为核心的“夜侨都”品牌、依托中国（江门）“侨梦苑”华侨华人创新产业聚集区进一步鼓励创业带动就业。

“开放兼容、团结奉献、敢为人先”是典型的侨乡文化精神。侨乡位于中西文化交汇点，是中西文明交流互鉴的第一站，始终处在中西文化交锋的风口浪尖。在文化多元浪潮之下，海外华人构建了既不被西方文化同化，也不单纯移植中华文化，既符合住在国现代化需要，也符合华人社会现代化需要的独特的文化自觉。改革开放后，这种文化自觉得到空间张扬。大批爱国侨商率先回国投资，捐办公益，侨乡社会成为最早的受益者。侨乡政府和人民通过华侨华人，实现了思想理念的改革和创新，开阔了眼界，解放了思想，排除了改革开放持续发展的阻力。

华侨华人在文化和民族的根上与祖（籍）国、祖（籍）地有着天然的联系，中国的崛起和家乡的发展会激发海外华人的自豪感和民族自信心。新时代，广大侨乡大力弘扬优秀的华侨文化和侨乡精神，保护华侨华人在侨乡的文化资源，推动交流，使华侨华人成为中外交流的民间大使，协助广大侨乡经济转型，实现跨越式发展。

思考题

1. 您如何评价涉侨品牌和平台，它们应如何进一步建设和完善？
2. 您如何看待华侨华人参与中国科教事业？
3. 作为华侨华人，如何传播好中华文化？

推荐阅读

1. 国务院侨务办公室，中央文献研究室．邓小平论侨务［M］．北京：中央文献出版社，2000.

2. 潘岳．中华共同体与人类命运共同体［J］．中央社会主义学院学报，2019（4）.

3. 习近平．“大侨务”观念的确立［J］．战略与管理，1995（2）.

第八章

华侨华人与中国和平统一

华侨华人是中国和平统一事业的重要力量。2017 年 2 月，习近平主席对侨务工作作出重要指示：“实现中华民族伟大复兴，需要海内外中华儿女共同努力。把广大海外侨胞和归侨侨眷紧密团结起来，发挥他们在中华民族伟大复兴中的积极作用，是党和国家的一项重要工作。”华侨华人通过发挥自身优势，广泛团结海内外爱国或友好力量，与破坏中国和平统一的“台独”“藏独”“疆独”“港独”等分裂势力展开了坚决的斗争，并通过公共外交等方式影响国际社会，对外传播了中国政府“和平统一”的方针政策，使一个中国原则得到国际社会越来越多的理解与支持。实践证明，华侨华人已成为中国反“独”促统运动的一支重要力量，为促进中国和平统一作出了不可磨灭的贡献。

第一节　华侨华人反“独”促统工作的兴起和发展

近现代历史经验表明，海外华侨与中国的命运休戚相关。一个统一、民主、富强的中国，永远是海外华侨的坚强后盾和靠山。尽早实现中国的和平统一，是事关华侨华人切身利益的大事，也获得了广大华侨华人的热情支持。

一、海外反“独”促统的兴起

海外华侨华人素有爱祖（籍）国爱家乡的传统。从孙中山领导的辛亥革命，到全民族抗日战争，海外华侨华人有钱出钱，有力出力，为中华民族的解放和独立作出了巨大贡献。20 世纪 70 年代初，媒体披露了美、日两国就归还冲绳问题进行磋商，美国准备于 1972 年将钓鱼岛与冲绳一并归还日本以及日本加紧在钓鱼岛群岛活动的情况。这激起了华侨华人的无比愤慨，他们在世界各地掀起了声势浩大的“保钓”运动。在美国，由旅美中国留学生发起的“保钓”运动自1970年11月起历经酝酿、兴起、发展而走向高潮，为海外华侨华人反“独”促统活动拉开了序幕。

在美国“保钓”运动的大浪潮中，华盛顿地区46位侨胞于1973年2月24日会聚一堂，成立了华府中国统一促进会，即华盛顿中国和平统一促进会前身。以沈己尧等为代表的著名侨领，在创会初期发行了《华府春秋》杂志，广泛传播“保钓”思想，在美国东部乃至全美侨界产生了重要影响。除此之外，纽约的花俊雄、赖尚龙，费城的程君复，加州湾区的池洪湖，洛杉矶的王中平，华盛顿的印铁林等侨领也积极发动所在地区的人力物力，参与到“保钓”运动中来。

不少由中国大陆前往美国定居的原国民党高级将领，如宋希濂、沈策等也加入维护中国和平统一的活动中，并发挥了积极的作用。宋希濂于1980年赴美探亲，后定居纽约和子女团聚。定居美国后的宋希濂心系中国和平统一事业，积极开展反“台独”分裂活动，为两岸和平统一奔走呼号。1982年9月，宋希濂与旅居纽约的沈策等一批在美国定居的原国民党高级将领，共同组织成立了纽约中国和平统一促进会，并任该会首席顾问。1984年2月28日又在华盛顿与蔡文治、李默庵、侯镜如发起建立黄埔同学会及其家属联谊会，任副会长。宋希濂发表宣言称：“切盼我全体军校同学及其家属奋发参加促进中国统一运动。”1986年，宋希濂筹措资金的《潮流》杂志在纽约出版，以宣扬中国的方针政策，促进中国的和平统一。①

二十世纪八九十年代，随着台湾岛内分裂势力活动的发展，海外华侨华人的反“独”促统活动也随之进一步发展。自1988年李登辉成为台湾地区最高领导人后，台湾岛内政治生态发生了显著变化。1995年李登辉访美时公开制造“两个中国”话题，1999年又抛出了“两国论”，顽固对抗中国大陆“和平统一、一国两制”的主张，在两岸经贸合作、文化交流和“直接三通”等领域设置种种障碍，同时还暗中扶持民进党等岛内“台独”分裂势力，使之不断得到壮大。2000年，陈水扁上台后，继承李登辉的“台独”路线，大肆推动“去中国化”，策划所谓的“台湾正名运动”，公开发表“一边一国论”。李登辉、陈水扁的分裂行径与海外华侨华人希望中国和平统一的愿望背道而驰，引起了广大海外华侨华人的强烈反感和抵制，致使海外更多的华侨华人掀起了更大规模的反“独”促统活动。如，针对1995年李登辉访美、1999年“特殊两国论”出台等“台独”分裂行径，在海外统促会的组织下，广大华侨华人通过举行示威活动、发表评论文章以及召开研讨会等多种形式进行挞伐与声讨。又如举行反对台湾推动“参与联合国”的示威活动，组织华侨华人远赴康奈尔大学对李登辉访美进行抗议示威，在海外侨报及住在国主流媒体发表文章、时评揭批“两国论”等。

---

① 宋希濂．鹰犬将军：宋希濂自述［M］．北京：中国文史出版社，1986.

图 8－1　华盛顿促统论坛暨全美和统会联合会 2018 年会

21 世纪初，华侨华人反“独”促统活动进入一个迅猛发展的时期，相关促统活动逐步增多，并由分散走向联合。2000 年 8 月 25 日，由欧洲中国和平统一促进会发起主办、全球各国各地区中国和平统一促进会鼎力协办的“全球华侨华人推动中国和平统一大会”在德国柏林召开。来自五大洲 64 个国家与香港地区、澳门地区、台湾地区 600 多位代表参加了会议。大会发表了《呼吁全世界中华儿女为促进中国和平统一努力奋斗》的共同声明，发出了全球华侨华人反“独”促统的动员令。以此次大会为标志，海外华侨华人维护中国和平统一的力量正式汇聚在一起。

此外，海外华侨华人的反“独”促统运动进一步发展的另一个表现是，逐步由反“台独”向反对“藏独”“疆独”“港独”等分裂活动扩展。2008 年“3·14”事件以后，达赖四处窜访，策划在一些国家成立所谓“汉藏友好协会”，企图拉拢海外华侨华人，扩大“藏独”声势。针对这一新情况，海外统促会组织拓展工作内容，开始将反“藏独”作为工作重点之一，并针对达赖集团四处窜访，攻击中国政府，散布谎言，挑拨、破坏中国与有关国家关系的分裂行径，及时组织当地华侨华人开展了针锋相对的斗争，在海外形成了反对“藏独”的强大声势。

二、新移民与海外反“独”促统的发展

从中华人民共和国成立至 20 世纪 70 年代后期，中国向外移民基本中断，[①] 海外华侨社会逐步向华人社会转变。但随后不断壮大的华人新移民群体为海外华侨华人社会补

---

① 庄国土．世界华侨华人数量和分布的历史变化［J］．世界历史，2011（5）：11.

充了新鲜血液。华人新移民是指“1970 年代以后迁往外国的中国移民”，包括从香港、台湾和澳门移居外国的中国人。① 回顾海外反“独”促统的发展历程，我们发现华人新移民群体成长和壮大的过程，也是海外反“独”促统运动兴起、发展的过程。

1978 年中国实行改革开放后，来自中国大陆的新移民大量涌现，至 2008 年，世界范围内的中国新移民数近 1 030 万。② 迅猛增长的新移民为海外反“独”促统活动提供了生力军。他们主要通过成立或参加反“独”促统组织等形式推动海外反“独”促统运动的发展。近年来，海外反“独”促统活动在反“藏独”“疆独”“港独”等分裂势力的基础上进一步发展。2016 年 7 月，针对菲律宾南海仲裁案临时仲裁庭作出的所谓最终裁决，逾两千个海外侨团通过发表声明、召开座谈会、集会游行等形式，捍卫中国南海主权。几十家海外华文媒体通过介绍南海历史，揭露仲裁图谋，争取国际舆论对中国的理解和支持。③

在职业构成方面，早期“保钓”运动的发起者和参与者主要是美国和加拿大的中国留学生和华人教授。④ 20 世纪 70 年代以来，随着新移民的增多，反“独”促统参与主体的职业构成逐渐多元化，除留学生、教授等知识分子外，还包括医生、商人、工人等。其中商人群体所占比重较大。以海外统促会领导及会员的职业构成为例，华商占海外统促会领导及会员的大多数。如，欧洲中国和平统一促进会主席张曼新，1986 年出国，后在匈牙利经商，创办了长城有限公司；美国华盛顿中国和平统一促进会会长方伟侠，20 世纪 80 年代初移民美国，从事建筑行业，后成为华盛顿州著名的华人建筑商。

在祖（籍）地来源和受教育程度方面，参与反“独”促统活动的华侨华人来自中国大部分省份和地区，且多具有一定程度的文化教育水平。以希腊中国和平统一促进会为例，其会员祖（籍）地遍布全国各地，包括上海、北京、福建、浙江、广东、山东、辽宁等，大多数会员为大学毕业生，其中不乏博士学位获得者。⑤

在身份认同方面，参加反“独”促统的华侨华人表现出明显的跨国认同特点。他们是“讲两种或更多的语言，在两个或更多的国家拥有直系亲属、社会网络和事业”

---

① 关于中国新移民的概念学界并无统一界定，分歧主要集中于新移民产生的时间起点和地域分布两个方面。庄国土教授认为：华人新移民是指“1970 年代以后迁往外国的中国移民”，包括从香港、台湾和澳门移居外国的中国人［参见庄国土，张晶盈．中国新移民的类型和分布［J］．社会科学，2012（12）］。笔者在此采纳庄国土教授的界定。

② 庄国土．新移民正改变世界华侨华人格局［N］．社会科学报，2012－03－22（5）．

③ 冉文娟．逾两千海外侨团力挺中国南海主权　裘援平点赞［EB/OL］．http：//www.chinaqw.com/hqhr/2016/07－21/96120.shtml.

④ 卢明辉．留美学生的“保钓运动”与祖国和平统一［J］．华侨华人历史研究，2009（4）：52－60.

⑤ 希腊中国和平统一促进会简介［EB/OL］．http：//www.xzcth.com/XL_Jieshao_1.shtml.

的“跨国华人”①。以巴西中国和平统一促进会前会长尹楚平为例，于1994年创立巴西福星进出口公司，从事国际贸易，与中国保持各种联系。一方面在侨居地积极参与开展反“独”促统活动，另一方面长期致力于中国的慈善事业。类似于尹楚平这样具有“跨国华人”特质的新移民，既熟悉住在国的风俗习惯、思维方式，又了解祖国的国情国策、历史文化，为海外反“独”促统活动的持续开展提供了人力基础。

三、华侨华人反“独”促统的动因分析

海外反“独”促统活动是华侨华人为维护中国领土和主权完整而开展的民间运动，是住在国政治环境、祖（籍）国凝聚力及华侨华人生存发展等因素综合作用的结果。

（一）华侨华人反“独”促统的外因

第一，西方各国“多元文化主义”移民政策的实行，为华侨华人提供了较为宽松的政治环境。全球化时代，一方面，跨国相互依赖进一步加深，普通公民和民间外交获得更大的活动能力和空间；② 另一方面，作为个体的人的权利意识逐渐增强，“人们需要的不仅是作为民族一员的公民身份权利，而且也是作为人的权利——维护和尊重文化个性的权利，以及自由表达的权利”。③ 1965年，美国实行新移民法，移民在美国既可以“享受美国这里能得到的机会、财富和自由，又保留自己原籍的文化、语言、家庭联系、传统和社会关系网络”。④ 自20世纪70年代以来，“多元文化主义”移民政策逐步在西方各国贯彻实行，并被用于处理国内族群事务，⑤ 移民的双重认同或多元认同变得合情合理，并被侨居地接受。“9·11”事件及叙利亚难民危机以来，美、德、法等国移民政策虽有所调整，但国际移民环境总体情况变化不大。

第二，改革开放以来，我国侨务、外交、统战工作增强了海外华侨华人对中国的向心力和凝聚力。在侨务方面，中国政府很早就成立了系统、完备的侨务机构开展华侨华人工作，为团结海外广大华侨华人提供了制度保障。⑥ 各级政府出于“引资引智”发展

---

① 刘宏．战后新加坡华人社会的嬗变：本土情怀·区域网络·全球视野［M］．厦门：厦门大学出版社，2003：215.

② 余万里．全球化时代的民间外交［J］．国际观察，2008（5）：32－36.

③ 吴前进．1990年以来中国－新加坡民间关系的发展：以中国新移民与当地华人社会的互动为例［J］．社会科学，2006（10）：83－91.

④ 亨廷顿．谁是美国人［M］．程克雄，译．北京：新华出版社，2010：140－141.

⑤ 李明欢．国际移民政策研究［M］．厦门：厦门大学出版社，2011：205－216.

⑥ 如“五侨”系统，即全国人大华侨委员会及地方侨委、国务院侨务办公室及地方侨办、全国政协港澳台侨委员会及地方机构、中国致公党及地方致公党组织和中国侨联及地方侨联组织，构成了中国侨务机构体系，参见毛起雄：当代国内外侨情与中国侨务法制建设［M］．北京：中国民主法制出版社，2008：146－157.

经济的考虑，十分重视华侨华人的联谊工作，经常主办各种联谊性大会，如各种以省、市、县为单位的世界性同乡大会等。在外交方面，中国相关职能部门对海外中国公民的生命安全越来越重视，在有武装冲突或骚乱爆发的地区多次积极开展撤侨行动。如 2006 年中国政府租赁外国包机在所罗门群岛和汤加的撤侨行动，2015 年的亚丁湾撤侨行动等。据统计，2000 年至 2015 年 16 年间中国海外撤侨行动的数量达 20 次。① 在统战方面，中共中央统一战线工作部也积极发挥华侨华人在中国和平发展过程中的作用，由其领导的中国和平统一促进会，积极联络海外统促组织，发挥了海内外统促运动的核心纽带作用。

（二）华侨华人反“独”促统的内因

第一，华侨华人关于中国“大一统”历史的记忆为反“独”促统活动提供了心理基础。中华文明的核心要义是大一统思想②。自公元前 221 年秦始皇完成统一开始，历经两千多年的融合与发展，中国逐步成为一个统一的多民族国家。以新移民为主体的海外反“独”促统群体多数受过中国历史教育。移居海外的大陆新移民中有相当大比例是高学历者，早期来自港台的新移民更是大部分都完成了高等教育。③ 一项针对欧美日韩的中国留学生爱国意识的问卷调查显示，90. 8% 的人曾在国内拥有本科及以上学历，其余 9. 2% 的人则是高中毕业后直接出国留学。④ 也就是说，许多新移民的小学、中学甚至大学教育都是在中国完成的，以中国历史课程等为核心的爱国主义教育，塑造了他们的中国历史认同，⑤ 加强了他们对中国大一统历史的记忆。

第二，统一富强的中国是海外华侨华人生存发展的客观需求。个人的认同倾向与影响其个人自尊的群体密切相关，“华人作为一个群体的自尊的高涨或失落密切地影响着海外华人个人自尊的高涨或失落”，⑥ 中华民族的兴衰直接影响海外华侨华人的荣辱。百余年来的华侨华人史证明，“华侨华人在海外的生存和发展需要中国的繁荣和强大作后盾，需要中国的帮助和支持作保证”。⑦ 实现中华民族伟大复兴，建设一个强大的中

---

① 夏莉萍．试析 21 世纪中国撤侨机制建设［D］．北京：外交学院，2016：11 - 13.

② 潘岳．中华文明塑造中国道路［N］．环球时报，2019 - 11 - 01.

③ 庄国土．新移民正改变世界华侨华人格局［N］．社会科学报，2012 - 03 - 22（5）.

④ 郭殊，朱绍明，万杨．海外留学青年爱国意识状况的实证研究：基于欧美日韩等国留学生的问卷调查分析［J］．中国青年研究，2014（9）：49 - 54，66.

⑤ 王赓武教授认为历史认同强调传统的家庭价值、宗族起源与种族分支的忠诚以及中国辉煌的过去，参见王赓武．东南亚华人的身份认同之研究［M］//王赓武自选集．上海：上海教育出版社，2002：240.

⑥ 居委宁．海外华人的种族认同［M］//陈文寿．华侨华人新论．北京：中国华侨出版社，1997：84 - 85.

⑦ 石汉荣．探析中国侨务［M］．香港：中国评论学术出版社，2004：326.

国，既是华侨华人基于历史经验的当代总结，也是他们在侨居地生存发展的现实需要。近年来，国际局势动荡不安，海外华侨华人的生存、发展和安全受到诸多挑战，他们渴望一个强大的祖（籍）国能为其在侨居地的生存发展带来积极影响。然而，目前两岸尚未统一的现状，直接影响了中华民族伟大复兴的进程。未能实现国家统一的民族复兴不是真正的民族复兴，实现国家统一的民族复兴才是真正的民族复兴。就此而言，华侨华人参与反“独”促统是其增进自身在侨居地顺利发展的题中应有之义。

第二节　海外的反“独”促统组织

海外反“独”促统组织是华侨华人开展反“台独”“藏独”“疆独”“港独”等分裂势力活动的主要平台，在推动中国和平统一过程中发挥着重要作用。自全球第一个反“独”促统组织——华盛顿中国和平统一促进会诞生以来，目前全球已有统促组织200多个，遍及五大洲90多个国家和地区①。

一、组织结构

海外反“独”促统组织是华侨华人在侨居地登记注册的合法民间社团组织，如欧洲中国和平统一促进会是在匈牙利注册登记的民间非政府团体②。海外反“独”促统组织均有完备的组织结构。海外统促会组织都设有会长、副会长，多数还设有理事会等权力机构，少数还设有监事会。在执行机构层面，秘书处、财务部门及宣传部门是较为常设的机构。如加拿大全加华人促进中国统一委员会（大多伦多地区）设有主席、副主席、理事会及由理事会选举产生的常务理事等领导机构，下设秘书、财务等执行部门。俄罗斯统促会下设有法律事务处、秘书处、服务中心、文化处等机构负责会务日常运作。有些统促会则没有常设机构，如澳大利亚中国统一促进会，该会大多数会员平时多专注各自的事业发展，有活动时才聚集在一起。

全球一百多个统促会可分为地方、全国和全州这三个层次。大凡华侨华人比较集中的地方，都有统促会组织。这是统促会的基层组织。众多基层统促会按国别又成立全国性统促会。如全美中国和平统一促进会联合会已有15个团体会员，分布于全美各大都会区。各国统促会又以洲为单位，成立洲际统促会组织。如欧洲中国和平统一促进会、

① 统促会：唯一由现任中央政治局常委担任会长的社会组织［EB/OL］. http：//www. zytzb. org. cn/tzb2010/wxwb/201509/a31d581c994244549cb154daee617eaa. shtml.

② 欧洲中国和平统一促进会秘书处. 以侨促统：欧洲中国和平统一促进会巡礼［J］. 统一论坛，2012（2）：47－49.

全非洲中国和平统一促进会等。大洋洲中国和平统一促进会就是一个包括澳大利亚、新西兰、斐济、汤加、瓦努阿图等国统促会的洲际性反“独”促统组织。各层次间统促会通过组织上的相互联系和工作上的相互配合，形成一个上下统属、相互协调的组织系统。

在组织架构上，各统促会大多实行理事会制度，上一层次的统促会通常通过吸纳下一层次统促会的会长为统促会理事实现组织结构上的统属关系。在实际工作中，下一层次的统促会往往配合或分担上一层次的统促会工作。如芝加哥统促会作为全美中国和平统一促进会联合会的团体会员，配合联合会开展在美国和世界的反“独”促统工作，担负联合会分派的任务，并独立地在芝加哥地区开展相应的日常工作。北京的中国统促会是全球统促会系统的中心，它对各地统促会起到协调和引导的作用，并通过吸纳各国统促会会长为自己的理事成员而成为海外华人与祖籍国沟通联系的桥梁和纽带。

二、成员构成

为实现中国的和平统一，孤立少数“台独”分子，限制“台独”势力在海外华人中的渗透和扩张，最大限度地扩大海外华人的爱国统一战线，世界各地统促会坚持团结包容的原则，最大限度地团结旅居海外的港澳台侨同胞，特别是已经融入当地主流社会的华侨、华人和华裔新生代，并以极大的耐心和包容，团结台籍侨胞，因此，各统促会在成员构成上具有广泛性的特征。如华盛顿统促会就是一个由大华盛顿地区各界侨社领袖联合组成的社团，成员来自中国海峡两岸暨香港、澳门，有老中青不同年龄层次的华人。① 2000 年成立的北加州统促会是一个以台胞会员为主，又包括中国大陆和香港等其他地区爱国同胞组成的社团。② 澳大利亚统促会的成员包括来自中国以及东南亚等国不同社会界别的华侨华人。该会的理事会成员，来自东南亚、中国台湾和大陆的各占三分之一。③ 瓦努阿图统促会则经过三年的努力，吸纳了当地 95% 的华人为该会的会员，这些会员包括新侨和老侨。可见，海外统促会是一个包容性较强的组织，就来源地、职业、移民时间或法律身份，以及社会阶层来说，其成员来自华人社会的各个方面，既有来自大陆（内地）的，又有来自港澳台的；既有从事工商实业、科学研究、艺术创作等工作的华人精英，又有普通的小企业主、餐馆服务员、制造业工人等；既有新老移民，又有土生华人等。

海外统促会不仅广泛吸纳华侨华人，更注重联系众多华人社团，注重吸纳当地侨团作为团体会员，并将它们视为其组织的重要基础，在组织结构上与侨社紧密地对接起

---

① 吴惠秋．发挥地区优势　做美国主流社会的工作［J］．统一论坛，2007（1）：26－27.

② 古铣贤．做两岸沟通的桥梁　为中华统一而献力［J］．统一论坛，2007（1）：22－23.

③ 专访海外统促会会长［EB/OL］．http：//www. cctv. com/lm/523/51/85762. html.

来。如法国统促会自2000年成立以来，十分重视侨团的工作。目前法国的80多个重要侨团都加入了统促会。这些侨团基本包括了法国华人社会的各个方面。① 有些统促会本身就是由华人社团联合创建的。如阿根廷统促会就是由不同类型的14个侨团共同发起成立的，并由每个侨团派出一位会长、两位副会长担任统促会的理事，实现侨团和统促会在组织结构上的对接。② 美国南加州中国和平统一促进会联盟由南加州十二个主张中国和平统一的民间社团发起，由三十多个反“独”促统团体盟员自发地组成。大洛杉矶地区促进中国统一联合会依托洛杉矶中华会馆正式成立，由洛杉矶中华会馆所属的60多个社团和唐人街老侨组成。尽管有些成员可能并不认同中国大陆，但他们的共同主张都是“中国和平统一”。而全美反“独”促统联盟则是由全美一百多个侨团联合倡导成立的。这些华人社团包括了福建、广东、江苏、浙江、上海、西藏、新疆等不同地缘的侨团。由于这些侨团负责人政治上有影响，经济上有实力，社会上有威望，他们加入理事会对统促会更好地通过侨社基层组织开展反“独”促统工作提供了组织保障。

有些统促会则只有团体会员，如全非洲中国和平统一促进会和俄罗斯中国和平统一促进会。全非洲中国和平统一促进会的会员都是团体会员，是非洲统促会的最高组织，设有会长、副会长20多人，非洲各个国家的统促会会长都是该会的名誉会长。俄罗斯中国和平统一促进会与俄罗斯华侨华人联合会是两块牌子、一套人马，拥有会员组织55个，其中有俄罗斯华侨华人教授协会、俄罗斯华侨华人青年联合会等华人社团会员组织34个，在俄中国企业21个。

统促会的组建与运作成效在很大程度上取决于会长的态度和能力，那么海外统促会会长群体有何特点？根据相关资料，从籍贯上看，会长多来自东南沿海省份，其中以闽、粤、浙为多。中南美洲统促会会长多为广东籍，2014年中南美洲共有统促会26个，其中14个的会长是广东人。欧洲统促会会长多为浙江籍，如俄罗斯统促会会长虞安林即系浙江温州瑞安人，比利时统促会前会长朱正敏是浙江青田人。这一情况也符合各国各地区华侨华人来源地的特点。

从年龄上看，一些统促会会长的老龄化问题严重。爱尔兰统促会现任副会长及秘书长罗锦章是创会会长，如今已八十多岁高龄，很难有精力开展活动。多伦多促统会刚成立时，会务开展得非常好，但随着会长年事渐高，会务也日渐停顿，由该会创办于2004年的《海峡纵横》也停办了。旧金山湾区中国统一促进会负责人提到，该会目前50岁以下的中青年太少，多数都是60岁以上。

从组织方式来看，会长多由华社其他社团领导人兼任。荷兰中国和平统一促进会很多副会长都是华人社团的会长，其中胡季普副会长是荷兰文成同乡会的会长。巴拿马共

---

① 杨明．从法国华人社会的民心看祖国和平统一的光明前景［J］．统一论坛，2003（5）：23－24.

② 毛蓉君．中南美洲各国和统会会长谈开展本国反“独”促统工作［J］．统一论坛，2003（5）：29－30.

有华人社团48个，其中有42个华人社团的领导担任巴拿马统促会的副会长、理事等。

从人物品格和经济实力上看，认同一个中国原则，德才兼备、无私奉献、热心侨社公共事务，在当地侨社有一定经济实力和号召力，这些都符合统促会领导人的基本条件。做好社团工作需要无私的奉献，许多经费都由会领导自筹，如果没有奉献精神、服务意识，或者经济实力不强，很难做好社团工作。

三、规章制度

规章制度是一个团体发展的基础和精神依规，也是成员行动的纲领和指针。章程是统促会组织为实现自身目标而依法制定的，是明确组织性质、宗旨任务，规定组织机构和相应职责，调整组织内部关系，约束内部成员行为最基本的规范性文件。如全美中国和平统一促进会联合会章程由五章十一条组成，内容包括：总则、任务、组织结构、理事及常务理事权利与义务等内容。全非洲中国和平统一促进会的章程规定了该会的各种制度，如会领导选举每两年举行一次，采取无记名投票方式；每年一次工作报告，每届一次总结报告，每年一次财务报告。借助章程，海外统促会明确了组织宗旨和使命、组织机构和运行机制，规范了会员的权利义务，提高了组织的管理效率。以下是德国华侨华人中国和平统一促进会章程：

第一条：德国华侨华人中国和平统一促进会是坚持一个中国立场、赞成中国和平统一的旅德各界人士和团体组成的民间组织。

第二条：本会的宗旨是促进中国和平统一，共同推动中国和平统一进程。

第三条：加强与旅德华侨华人同胞及相关的民间团体的联系，促进中国和平统一。

举办有益于中国和平统一的各种形式的论坛、研讨会。条件成熟时将出版杂志或刊物，为各界人士呼吁和平统一、交流见解、讨论问题提供园地。

第四条：本会最高领导机构为理事会。理事会由会员推举的理事组成。每届任期二年，每年召开一次全体理事会议，审议、通过常务机构的人事安排和各项重大决策。

常务理事会从会长团成员中推荐候选人，以无记名差额方式选出会长。由会长提名、经常务理事会通过，产生各常务工作机构。聘请名誉和荣誉会长、顾问。

会长处理日常会务及指导各办事机构的具体工作。

经常务理事会通过，会长连任时，可根据自愿连任一年或两年。

凡赞成本会章程之旅德华侨华人，承认本会为德国华侨华人促进中国和平统一的唯一代表机构，均可加入本会。入会后，有选举权和被选举权。

会员如有违背本会章程和危害本会名誉的行为，不论职位的高低，会长团讨论决定后可取消会员资格。

第五条：本会愿与世界各地同类组织取得联系，共同维护和平，推动中国和平统一大业。凡赞成和平统一、反对国家分裂，愿意与本会联系者，欢迎作为本会联系人士或联系团体。

第六条：本会以赞助方式吸收资金，接受华侨华人各界人士和团体、商号的赞助，适当时成立和平统一基金会。本会以缴纳会费方式或赞助方式收取会费。

第七条：本会章程经理事会通过后实施。章程的解释权由常务理事会负责。

第八条：本会会址设在德国纽伦堡地区的欧贝纳巴赫。①

统促会主要的制度包括选举制度、财务管理制度、日常决策管理制度等。关于选举制度，大多统促会组织突出民主原则，采用选举方式产生领导机构，也有一些统促会组织立足实际，采取共同会长制、轮值主席制的形式产生领导层。德国统促会的会长选举制度十分成熟。会长在执行副会长和副会长之中选举产生，候选人由上届会长提名，常务理事具有投票权，每两年选举一次，可以连任一届。奥地利统促会是联合侨团，会长之下有秘书处，是统促会的执行机构。会长由秘书长接任，但规定从秘书长到会长要有两届会务工作经验。该会章程规定，三年换届一次。加拿大全加华人促进中国统一委员会（大多伦多地区）五年一换届，下设理事会，先选 13 名常务理事，再产生会领导。常务理事由所有会员采取无记名投票的方式选举产生。

海外统促会以反“独”促统为宗旨，设立各种职能机构，在会长、理事会的领导下对住在国政府、主流社会、台胞、藏胞等开展工作。大体上，统促会一般都设有会员大会或理事会作为组织的权力机关，决定组织的重大事务。会员大会（理事会）闭会期间，理事会（常务理事会）代为履行职责。会长（理事长）、副会长（副理事长）、秘书长等组成领导机关，分管具体事务。有的统促会设有例会机制，定期开会讨论会务。如泰国统促会基本上每月都有例会，决定每月需要开展的活动。秘书处是统促会组织的常设机构，是日常事务的执行机关，有的统促会组织根据实际需要，在设立秘书处的同时，也设有对外联络、宣传、财务等工作部门。

关于财务管理制度，统促会组织的经费主要来自会员自筹和其他个人或组织的捐款。在经费使用上，一般遵守会计和出纳分开原则，适时公开财务信息，接受监督。俄

① 德国和统会秘书处. 德国华人华侨中国和平统一促进会章程［EB/OL］. http：//www. ein - china. de/a/verein/satz//20090923 - 8. html.

罗斯统促会有专门的经费管理制度，支出超过 2 万元的，由会长签字，或者征得会长同意后由 3 个以上常务副会长签字；超过 1 万元的，由 3 个常务副会长签字；5 000 元以上 1 万元以下的，由 2 个常务副会长和秘书长签字；1 000 元以下的，由办公室主任签字。

关于日常决策管理制度，统促会组织采取民主集中制，重视协商，通过定期领导层例会、餐会、会员大会、理事会议等形式协商会务，以秘书处为平台，进行日常管理。以澳大利亚统促会为例，重要活动需会长讨论后，提交常委会讨论，并征询作为顾问的其他侨团领导人意见，然后由下属职能部门负责实施。

四、物质条件

任何组织和团体的运作都需要相应的物质条件，包括必要的行政经费、办公设施、活动场地等，海外统促会组织也不例外。统促会势力的强弱、功能的大小，除了与其管理体制、机构设置、人员配备等因素有关外，还与其是否具有稳定可靠的经济基础关系很大。

海外统促会物质条件的好坏主要表现在有无活动场地和经费是否宽裕这两个方面。一般而言，海外统促会的经费并不宽裕，来源大致分为自筹和资助两部分。海外统促会自筹的经费多来自领导层的赞助，会员会费和活动募捐也占一部分。以德国中国和平统一促进会为例，该会的经费均来自自筹，会长一年捐助 5 000 欧元，执行副会长一年 600 欧元，常务副会长一年 400 欧元，副会长一年 200 欧元，开展活动经费不够时再由会长临时补贴，名誉会长、顾问、理事不收会费。再如，泰国中国和平统一促进会主办的“和平世界”网站的启动资金和后续维护费都由泰国中国和平统一促进会自筹解决。

海外统促会受到的资助主要来自相关机构的支持。如巴拿马华侨华人中国和平统一促进会的经费主要是自筹，有时举办活动时中国驻巴拿马的办事处也会提供一些。由于经费困难，许多统促会没有固定的办公场所，活动开展的规模和频率都受到较大影响。

总的来说，海外统促会经过二十年的组织建设，已建立系统性的组织结构，广泛吸纳当地不同社会界别的华侨华人以及主要侨团作为自己的会员。统促会会长大多认同一个中国原则，德才兼备、无私奉献、热心侨社公共事务，在当地侨社有一定经济实力和号召力。海外统促会通过制定组织章程，明确了组织宗旨和使命、组织机构和运行机制，规范了会员的权利义务，提高了组织的管理效率。海外统促会的经费筹集渠道分为自筹和资助两种，但不宽裕，难以维持其应急状态时的运作需要，许多统促会没有固定的办公场所。

第三节　华侨华人反“独”促统工作的主要内容

反“独”促统工作是一种做人思想的工作。近二十年来，全球各地的反“独”促统组织根据自身特点，发挥各自优势，注意到工作对象的多层次性，通过广泛的接触、交流和联谊，团结了一切可以团结的力量，扩大了国际反“独”促统的阵线。

一、面向侨社做好团结凝聚工作

一方面，为了遏制“台独”“藏独”“疆独”“港独”等分裂势力，早日实现中国的和平统一，众多统促会根据本地区的特点加强各侨团联系，增加交流交往的机会，扩大团结的对象，致力于和谐侨社的建设。随着近年新移民群体的不断壮大，海外统促会还根据新移民的特点，注重在新移民群体中开展反“独”促统工作，帮助他们尽快适应住在国的工作生活，在此基础上，鼓励新移民向住在国政府和人民宣传中国政府的和平统一政策和“一国两制”的内容，坚决反对一切分裂中国的行为及主张。

另一方面，为保证全球反“独”促统运动持续发展，后继有人，海外统促会还重视培养海外反“独”促统的年轻力量，做好华侨华人中年轻人的工作，以“根在中国，力促统一”为行动主线，以经济、科技等方面的实质性合作为切入点，调动他们参与反“独”促统运动的积极性。为推动华人青年参政，融入主流社会，不断提升华人地位，海外统促会从华社生力军——华裔新生代和留学生入手，积极为他们的学习、工作、生活及融入主流社会服务。澳大利亚统促会下属的青年社团——青年委员会，切实采取措施，引导和鼓励华裔新生代参政议政，组织十余位前任和现任州议员、市议员对青委会成员进行传帮带，帮助他们快速成长，并不定期在会所举办青委会成员与澳大利亚政要座谈会，搭建交流平台，助力青年参政之路。这些举措增进了澳华青年精英对澳大利亚政治体系、政治历史、政治游戏规则的了解，激发了他们的参政热情，增强了他们与政界的沟通和交流。①

二、面向海内外台湾同胞做好统战工作

第一，对台湾岛内同胞做好统战工作。海外统促会以共同文化渊源、共同民族感情、共同民族利益为基础，多渠道、多层面地把工作向外延伸到台湾岛内去，做好台湾民众的工作。特别是在促进与台湾民众交流方面，各地统促会做了大量深入细致的工

① 2016年9月29日，田飞在中国和平统一促进会九届二次会议上的发言《积极开展青年工作壮大反“独”促统力量》。

作，如组团赴台，邀请台胞到住在国访问，大力推动海峡两岸民间交往与交流，不断增进两岸同胞的感情，促进台湾同胞对中华民族和中华文化的认同。2013 年 6 月，欧洲统促会以“欧洲华侨华人社团联合会”名义组织欧洲华侨华人“两岸中华文化之旅”赴台湾参观访问。来自欧洲 21 个国家的 36 名成员参加此次活动。这不仅是欧洲华侨华人社团联合会首次主办这样的活动，也是全球中国大陆籍华侨华人以“侨务交流”名义访问台湾的第一次。作为第一个访问台湾的祖国大陆籍侨胞访问团，该团第一次与台湾官方机构及政要接触，拜会了台湾侨务机构领导人吴英毅、中国国民党荣誉主席吴伯雄等台湾政要，以及其他机构和团体。① 一些在海峡两岸暨香港、澳门均有贸易往来、合资或投资事业的统促会成员还利用经商之便，向台湾业界人士进行反“独”促统宣传。一些海外统促会还在 2009 年 8 月“莫拉克”台风肆虐台湾后纷纷呼吁赈灾，紧急开展募款活动，表达海外华人对台湾灾民的爱心。加拿大统促会基于对台湾政党的认识和对民进党的分析，从建会开始就确立了反“独”促统和化“独”促统两手抓，在民进党内广交朋友，坚决支持民进党内有影响的人物与大陆交流沟通，积极推进民进党的转化过程。②

图 8-2 欧洲华侨华人“两岸中华文化之旅”访问团拜访国民党荣誉主席吴伯雄

第二，对海外台湾同胞做好统战工作。1949 年国民党败退台湾后，由于官方渠道不畅，“外交”空间狭窄，故非常重视培植海外华人的亲台力量。经过长期经营，台湾

① 张曼新．欧洲华侨华人两岸中华文化之旅回眸与思考［J］．统一论坛，2013（4）：31－33.
② 车英麟．两岸和平发展引领海外反“独”促统运动登新高［J］．统一论坛，2009（5）：36－37.

在海外华社中拥有一大批亲台社团，被台湾当局视为“扩大国际生存空间”、推行“务实外交”和增强台湾实力的最重要资源。另外，台湾当局还重视海外台胞的工作，以利用他们为其政治目的服务。台湾海外移民主要在北美，美国台湾移民约占美国华人总数的 19.32%，且超过了海外台湾移民总数的一半，美国当之无愧成为台湾移民第一大接收国。① 海外台胞以多种社团的形式组合起来，成为住在国社会的一支重要政治势力，并为台湾当局所利用。因此，对于反“独”促统工作来说，最大限度地团结和争取亲台社团和人士，最大限度地孤立和遏制极少数“台独”顽固势力，至关重要。近年来，海外统促会坚持求同存异的原则，努力做好争取亲台社团、台胞社团的工作，最大限度地团结一切反对“台独”分裂、拥护中国统一的各界人士。许多统促会采取多种方式加强与台籍同胞、传统侨社的团结合作，共同开展活动，帮助他们解决困难。实际上，经过海外统促会坚持不懈的努力，一些传统亲台侨社开始“易帜”，政治立场发生了变化。如菲律宾反“独”促统组织通过努力，吸纳了过去与台湾当局关系密切的团体和人士，从而在菲律宾华人社会中形成了具有广泛代表性的反“独”促统联合阵线，为在菲律宾开展反“独”促统工作奠定了坚实的社会基础，也有效地压缩了“台独”分子和台湾驻菲机构的活动空间。

三、面向住在国当地社会开展公共外交

分布于世界各地的华侨华人在增进各国人民友谊、推动经济文化交流方面作用巨大。在促进中华民族复兴过程中，广大海外侨胞运用自身优势和条件，不但积极为住在国同中国各领域交流合作牵线搭桥，而且还向世界各国开展公共外交，为维护中国和平统一作出了贡献。

第一，通过公共外交，开展当地政要工作。为取得反“独”促统的实效，海外各统促会积极做好所在地主流社会工作，邀请当地官员和上层人士担任统促会职务，参加统促会活动，争取他们对中国和平统一政策的理解和支持。如新西兰统促会举办反“独”促统论坛，邀请新西兰有关官员参加。澳大利亚统促会同当地政府建立了良好关系，聘请多位著名政界人士担任荣誉职务，并邀请一些国家前领导人参加该会举办的全球华侨华人反“独”促统大会。2008 年 4 月北京奥运火炬传递期间，澳大利亚统促会牵头悉尼各个社团联名签署，发给了澳大利亚所有国会议员一封公开信，要求他们不要反对和至少不要发表支持“藏独”分子的言论，否则会影响广大在澳华人的感情以及他们的选票。在公开信的作用下，没有一个议员在公开场合表态支持“藏独”分子干扰圣火传递。比利时是欧盟总部和议会所在地，比利时统促会的工作重点是做欧洲议会的工作，积极与比利时上层社会和议会进行沟通和交流。该会曾组

① 台湾“侨务委员会”. 2016 年侨务统计年报［M］. 2017：10－11.

织200多位华人与议长对话，希望议会坚持一个中国政策。在2004年3月台湾地区领导人选举前，比利时统促会致信比利时政要，呼吁比利时政府继续奉行一个中国原则，坚决反对“台湾独立”。

第二，开展媒体外交，营造有利的舆论氛围。西方主流社会、主流媒体、当地民众普遍对中国的对台、涉藏政策不了解，各统促会利用华文报刊和网站在宣传中国政策、改善中国国际形象等方面做了大量工作。华文报刊是华侨华人社会的传统媒介形式，在沟通华社信息的同时，对当地主流社会也有一定的辐射作用。如尼日利亚统促会发行的《西非统一商报》、巴西中西部统促会发行的《南美侨报》、巴拿马统促会发行的《华信日报》等均在当地主流社会有着一定的影响。此外，网站作为不受时空限制的虚拟媒体，在开展主流社会工作中的作用越来越突出。泰国统促会通过举办网站开展反“独”促统活动，取得了较好的效果。2009年5月泰国统促会主办的“和平世界网站”开始试运营，在推出中文网站后，又推出了泰文版和英文版，向主流媒体介绍西藏、新疆的情况和中国现在实行的民族政策，图文并茂的宣传形式和丰富的信息量极大地增强了网站对当地主流社会人士的吸引力。泰国统促会还与中国藏学研究中心、中国西藏网、中国新疆网等单位联络，充实了网站内容，为一些栏目的顺利设置提供了条件。目前，“和平世界网站”经过三次改版，最终形成了泰国要闻、图片新闻、台湾概况、西藏概况、新疆概况、各地统促会活动、世界各地统促会、商业互助、世界风俗、泰国留学生等十多个主栏目和二十多个子栏目。此外，在网页上加挂了西藏文化中心、中国新疆网、泰国旅游局的网站链接，设置了公布各种活动的重要信息和参与方式的公告栏，为改变国际反华势力、达赖集团和“三股势力”对中国有关政策和西藏、新疆问题的误导性宣传发挥了作用。

第三，通过公益慈善和文化活动开展当地普通民众工作。首先，站在民间立场，以非政府的身份对住在国民众开展援助。担任莫桑比克统促会会长的中国针灸医生江永生通过对非医疗援助，先后在莫桑比克工作22年，从中国医疗队队员到担任莫桑比克总统的保健医生，22年来江永生用一根根银针治疗了莫桑比克20万病人，赢得了莫桑比克总统和人民的赞扬。① 其次，鼓励侨团积极参与当地救灾，开展慈善活动，赢得当地民众好感。例如，2011年1月下旬，暴雨袭击里约热内卢州，引发山体滑坡、洪水泛滥。巴西中国和平统一促进会积极开展救灾活动，于2011年1月24日中午，将价值1.5万多雷亚尔（约合6万元人民币）的救灾物资送至里约热内卢州灾情最严重的城市之一特雷索波利斯市红十字会所在地。最后，通过组织中华文化表演活动，面向当地社会宣传中华文化。墨西哥统促会为开展中华文化的宣传活动，组织成立了“拉美艺术团”，成员由当地华侨华人组成，节目包括具有中华文化特色的

---

① 陈锡烈. 海外赤子情［J］. 统一论坛，2010（6）：56－57.

歌唱、舞蹈、京剧、服装秀等，深受当地民众和华侨华人的欢迎。该艺术团在墨西哥城具有一定知名度，当地政府和侨界组织活动时，经常邀请该艺术团参加。近年来该团通过积极参加墨西哥文化处举办的文化节，还集中展示了中国饮食文化，起到了促进中墨文化交流的作用。

第四节　华侨华人反“独”促统工作机制

从1970年开始的“保钓”运动算起，海外开展反“独”促统活动已有四十余年。在这四十年间，华侨华人以反“独”促统组织为纽带，与其他华侨华人社团相互配合，形成了海外统促活动的统一阵线、沟通机制和独特路径。

一、内涵丰富的反“独”促统统一阵线

一方面，通过侨团的纽带作用，组织联络新老华侨华人（含台籍侨胞）、留学生等。如美国大芝加哥地区中国和平统一促进会、芝加哥协胜公会、华中科技大学大芝加哥地区校友会和美中湖北同乡会等新旧侨团通过开展郊游野餐等方式，就美国房地产投资经验、职场知识、美国枪支法规及安全持枪常识等在美工作生活经常遇到的问题展开交流，团结了广大华侨华人参与到反“独”促统活动中来。另一方面，通过入岛开展文化交流、慈善捐赠等活动加强与台湾统派组织及基层民众的关系。如2013年6月，欧洲华侨华人社团联合会组织欧洲侨团、侨领赴台湾联络拜会台湾官方机构，并与台湾中华侨联总会共同签署了《两岸侨界共同维护中华文化及价值观并加强合作交流》倡议书。① 另外，华侨华人还积极争取住在国政要、民众及其他国际对华友好人士的支持，扩大反“独”促统阵线。如澳大利亚华侨华人通过主办2002年全球华侨华人推动中国和平统一大会，邀请了美国前总统克林顿、澳大利亚前总理霍克等出席大会，并请他们发表演讲，支持一个中国政策。②

二、以“统促会为主、其他侨团为辅”的沟通机制

海外华侨华人组织了世界性、大洲性、国家性等不同规模的反“独”促统大会、论坛和年会，其中尤以全球华侨华人推进中国和平统一大会影响最大。自2000年柏林

---

① 刘舒凌，路梅. 36欧洲陆籍侨领访台　倡侨界共护中华文化及价值观［EB/OL］. http：//www.chinanews.com/tw/2013/06－11/4919860.shtml.

② 中国和平统一促进会秘书处．心向统一：华侨华人反“独”促统活动纪实（一）［M］．北京：世界知识出版社，2005：42－43.

召开首届全球华侨华人促进中国和平统一大会至今，该会已在世界13个国家、15个城市召开过多次会议，参会者包括中国政府代表、举办地政府官员、台湾同胞、华侨华人等，最大范围地联络了支持中国和平统一的团体和个人（表8-1）。各种规模的反“独”促统会议密切了世界范围内华侨华人之间的联系，协调了各国反“独”促统活动的步调，壮大了反“独”促统的声势。

表8-1　2000—2019年部分全球华侨华人推进中国和平统一大会情况

年份	地点	参会人数	主题
2000年8月	德国柏林	约600	反“台独”、促统一
2000年11月	美国华盛顿	约500	反“台独”、反对美国对台军售
2001年3月	巴拿马	约326	反“台独”、反分裂、振兴中华
2001年7月	日本东京	约600	反“台独”、促统一，维护世界和平
2002年2月	澳大利亚悉尼	约500	反“台独”、促统一
2003年9月	俄罗斯莫斯科	约600	团结、亲情、统一
2004年3月	泰国曼谷	约1 000	中华民族大团结，反对“3·20公投”
2005年8月	奥地利维也纳	约800	纪念“二战”胜利60周年，反“独”促统
2007年8月	匈牙利布达佩斯	约600	和谐世界，和平统一
2009年7月	美国洛杉矶	约400	反“台独”“藏独”，促进和平统一
2011年9月	美国华盛顿	约500	纪念辛亥百年，反“台独”、促统一
2012年8月	西班牙马德里	约800	反“台独”，促统一，深化两岸关系
2013年10月	巴西里约热内卢	约400	共促和平统一，共圆中华梦想
2015年11月	南非约翰内斯堡	约1 000	促进交流与合作，宣传“一带一路”
2016年7月	泰国曼谷	约1 000	“九二共识”是两岸关系和平发展的基石
2017年7月	意大利佛罗伦萨	约1 000	坚持九二共识、促进两岸融合发展、同圆共享中国梦
2018年6月	巴拿马	约800	捍卫一个中国原则，反对“台独”分裂行径，致力中华民族伟大复兴
2019年6月	菲律宾马尼拉	约1 200	推进中国和平统一，实现民族伟大复兴

资料来源：笔者参考《心向统一：华侨华人反“独”促统活动纪实（一）》（中国和平统一促进会秘书处，世界知识出版社2005年版），以及中国和平统一促进会网站、中国侨网、中国驻匈牙利大使馆、人民网、新华网、环球网、中国新闻网关于全球华侨华人推进中国和平统一大会的相关报道制作。

三、应对海外分裂势力开展相关活动的独特路径

一方面，华侨华人在涉“独”重大事件发生时，通过街头抗议或舆论宣传等较为直接的街头政治形式与各种分裂势力进行斗争。主要有以下几种方式：一是街头抗议。如 2017 年 1 月蔡英文“出访”美洲回程过境美国旧金山时，当地 300 余名华侨华人在其下榻的酒店外，组织了“反对‘台独’、人人有责；中国统一、亚太安全”的“呛蔡英文”示威活动。① 二是媒体宣传。如 2008 年西藏拉萨“3 · 14”打砸抢烧事件发生后，美、加、法、德等国华人网民通过在 YouTube 上发布视频揭露了“藏独”分子的残暴面目。其中一名来自美国的 25 岁华裔网民于事件发生第二天，即 3 月 15 日，在 YouTube 上发布了一条《西藏暴乱，你从 CNN 和 BBC 上看不到的》（*Tibet Riot, you won't see this on CNN and BBC*）的视频，至北京时间 4 月 11 日上午 7 时，点击量超 6 万次，留言近千条，揭露了“藏独”分子的罪行和西方媒体的不实报道，还原了事实真相。② 三是发表声明。如 2009 年乌鲁木齐“7 · 5”打砸抢烧严重暴力犯罪事件发生后，哥斯达黎加统促会举行联席会议，发表联合声明给予严厉谴责，对“疆独”分子及支持“疆独”势力的组织和国家表明了立场和态度。③

图 8 – 3　2018 年 8 月美国加州华侨华人抗议蔡英文过境美国

① 宋楷文. 蔡英文过境旧金山　遭遇反“独”促统组织抗议［EB/OL］. http：//www.crntt.com/doc/1045/4/4/0/104544059.html? coluid = 7&kindid = 0&docid = 104544059.

② 虞宝竹. 访中国新闻社社长郭招金：打破西方话语权单极封锁［EB/OL］. http：//media.people.com.cn/GB/40606/7164859.html.

③ 杨永青. 哥斯达黎加统促会谴责“7 · 5”严重暴力犯罪事件［EB/OL］. http：//www.taiwan.cn/zt/gjzt/fd/asia_4/fdct/200908/t20090827_984644.htm.

另一方面，华侨华人以住在国民众、政要及主流媒体为对象开展公共外交，增强其对中国国情、国策及少数民族政策的了解，进而支持中国和平统一，最终压缩各种分裂势力生存空间。具体包括以下几种方式：一是通过开展救灾、慈善捐赠等活动为住在国民众排忧解难，改善华侨华人在住在国的形象。如2009年2月澳大利亚维多利亚州发生历史上最严重的山火灾害，澳大利亚统促会中国和统会、澳大利亚华协会、澳大利亚潮州同乡会、澳大利亚福建会馆等10多个华人社团迅速展开赈灾筹款救援活动，先后为灾区筹款约100万澳元（约合人民币511万元）。① 二是开展住在国政要工作。鉴于美国在对台关系中的特殊地位，美国一些统促组织通过向两会议员表达政治立场，宣传“一国两制”政策等方式影响美国对台政策。如，美国华盛顿中国和平统一促进会曾通过向美国参众两院议员赠送关于中国对台“一国两制”政策著作的方式，讲解台湾岛内局势变化，宣传中国对台政策，促进中美友好发展。② 还有些统促组织通过邀请住在国政要参加统促活动、担任统促会职务（名誉会长或顾问等）的方式开展工作。如塞尔维亚中国和平统一促进会邀请塞尔维亚总统尼科利奇及夫人参加迎新春酒会，③ 莫桑比克中国和平统一促进会邀请莫桑比克总统希萨诺担任该会名誉会长④等。三是利用报刊、网络等媒体向住在国社会介绍中国国情、政情，构建于中国有利的舆论环境。如美国旧金山湾区中国和平统一促进会通过每月定期出版发行《金山促统论坛》杂志，刊发统促文章的方式，向美国主流社会介绍中国政府的和平统一方针。⑤

海外华侨华人密切关注台海关系和海内外“台独”“藏独”“疆独”“港独”等分裂势力的新动向，在维护中国领土和主权完整方面贡献突出。然而，随着国际局势的变化，以及美国对华遏制政策的加强，海外华侨华人的反“独”促统在外部环境、反“独”任务等方面均面临诸多新的挑战，如国际反华势力对海外分裂势力的支持和利用愈演愈烈，各种“独派”势力相互勾结趋势日益明显等。

不管外部环境如何变化，中国政府反“独”促统的坚强决心、坚定意志始终没有变。2021年10月9日，习近平总书记在纪念辛亥革命110周年大会上的讲话中指出：“‘台独’分裂是祖国统一的最大障碍，是民族复兴的严重隐患。凡是数典忘祖、背叛祖国、分裂国家的人，从来没有好下场，必将遭到人民的唾弃和历史的审判！台湾问题纯属中国内政，不容任何外来干涉。任何人都不要低估中国人民捍卫国家主权和领土完

---

① 澳洲和统会等华人社团为维省林火赈灾捐款仪式［EB/OL］. http://www.acpprc.org.au/schinese/jinqi/2009/bushfiredonate.html.

② 华人社团向美议员赠《“一国两制”在台湾》一书［EB/OL］. http://news.xinhuanet.com/overseas/2006-12/08/content_5454858.htm.

③ 塞尔维亚总统夫妇出席中国和平统一促进会迎新春酒会［EB/OL］. http://gb.cri.cn/42071/2013/12/25/7291s4368218.htm#top.

④ 陈锡烈. 海外赤子情［J］. 统一论坛，2010（6）：56-57.

⑤ 旧金山湾区中国和平统一促进会网站，http://www.cprc-sf.org/Ctown.php.

整的坚强决心、坚定意志、强大能力！祖国完全统一的历史任务一定要实现，也一定能够实现！”2021 年 11 月 11 日，中国共产党第十九届中央委员会第六次全体会议通过的《中共中央关于党的百年奋斗重大成就和历史经验的决议》强调，“中央坚定支持香港特别行政区依法止暴制乱、恢复秩序，支持行政长官和特别行政区政府依法施政，坚决防范和遏制外部势力干预港澳事务，严厉打击分裂、颠覆、渗透、破坏活动”，“解决台湾问题、实现祖国完全统一，是党矢志不渝的历史任务，是全体中华儿女的共同愿望，是实现中华民族伟大复兴的必然要求，坚持一个中国原则和‘九二共识’，坚决反对‘台独’分裂行径，坚决反对外部势力干涉，牢牢把握两岸关系主导权和主动权”。海外反“独”促统工作道阻且长，仍需广大华侨华人同心协力，在维护国家安全上，“顶住和反击外部极端打压遏制，开展涉港、涉台、涉疆、涉藏、涉海等斗争”，为中国和平统一继续努力。我们坚信，在中国共产党的坚强领导下，在海内外中华儿女的共同努力下，祖国完全统一一定能够实现。

思考题

1. 华侨华人为中国和平统一大业作了哪些贡献？
2. 华侨华人可以通过哪些方式服务中国和平统一事业？

推荐阅读

1. 董为民，殷昭鲁，杨骏. 保钓运动资料［M］. 南京：南京大学出版社，2017.

2. 刘玉山. 20 世纪 70 年代台湾留美学生“中国统一运动”研究：以北京清华大学图书馆“保钓资料收藏研究中心”资料为中心［J］. 清华大学学报（哲学社会科学版），2013（6）.

3. 沈己尧，黄瑞我. 浴火重生的年代：沈己尧言论选集［M］. 增订第 2 版. 北京：法律出版社，2016.

4. 黄企之. 黄企之文选：为祖国统一奉献三十五年：下册［M］. 北京：同心出版社，2005.

5. 中国和平统一促进会秘书处. 心向统一：华侨华人反“独”促统活动纪实（一）［M］. 北京：世界知识出版社，2005.

第九章

华侨华人与人类命运共同体的构建

随着经济全球化的迅速发展，世界各国间的联系和依存日益加深，也因此面临诸多共同挑战，如贫富分化、文化冲突、生态恶化等，这些问题造成全球范围内的经济对抗和政治文化冲突等，对人类生存构成了严峻的挑战。

2017 年 1 月 18 日，习近平主席在联合国日内瓦总部发表题为《共同构建人类命运共同体》的历史性演讲，系统地阐述了“人类命运共同体”的理念。这一理念的提出，旨在把握人类利益和价值的通约性，在国与国关系中寻找最大公约数，建构相互合作、公平竞争、和平发展的新世界格局。在十九大报告中，习近平总书记进一步指出：“我们生活的世界充满希望，也充满挑战。我们不能因现实复杂而放弃梦想，不能因理想遥远而放弃追求。没有哪个国家能够独自应对人类面临的各种挑战，也没有哪个国家能够退回到自我封闭的孤岛。我们呼吁各国人民同心协力，构建人类命运共同体，建设持久和平、普遍安全、共同繁荣、开放包容、清洁美丽的世界。”

中国共产党第十九届六中全会通过的《中共中央关于党的百年奋斗重大成就和历史经验的决议》指出，中国共产党以世界眼光关注人类前途命运，从人类发展大潮流、世界变化大格局、中国发展大历史正确认识和处理同外部世界的关系，坚持开放、不搞封闭，坚持互利共赢、不搞零和博弈，坚持主持公道、伸张正义，站在历史正确的一边，站在人类进步的一边。中国坚信，只要坚持和平发展道路，既通过维护世界和平发展自己，又通过自身发展维护世界和平，同世界上一切进步力量携手前进，不依附别人，不掠夺别人，永远不称霸，就一定能够不断为人类文明进步贡献智慧和力量，同世界各国人民一道，推动历史车轮向着光明的前途前进。

“人类命运共同体”这一理念是中国针对人类面临的全球性危机和挑战提出的崭新构想，是中国积极参与全球治理体系改革和建设、促进世界和平发展的中国智慧、中国方案，展现了中华民族的天下情怀。中国坚定维护以联合国为核心的国际体系、以国际法为基础的国际秩序、以联合国宪章宗旨和原则为基础的国际关系基本准则，维护和践行真正的多边主义，坚决反对单边主义、保护主义、霸权主义、强权政治，积极推动经济全球化朝着更加开放、包容、普惠、平衡、共赢的方向发展。我国建设性参与国际和地区热点问题政治解决，在气候变化、减贫、反恐、网络安全和维护地区安全等领域均发挥着积极的作用。

构建人类命运共同体，需要世界各国人民的普遍参与。分布在世界各地的华侨华人兼有融通中外的独特优势，是构建人类命运共同体的重要资源和力量。早在2014年习近平会见第七届世界华侨华人社团联谊大会代表时就特别指出："广大海外侨胞要运用自身优势和条件，积极为住在国同中国各领域交流合作牵线搭桥，更好融入和回馈当地社会，为促进世界和平与发展不断作出新贡献。"因此，通过华侨华人开展中外人文交流和公共外交，可以有力地提升文明交流、文明互鉴、文明共存和增强政治互信，解决各国间的文化冲突和政治分歧，提升经贸合作，共同构建全人类的共同价值观。在全球新冠肺炎疫情背景下，世界各国华侨华人积极参与和支援祖（籍）国和住在国的抗疫行动，正是对人类命运共同体这一理念的生动写照和实践。

第一节　华侨华人与中外人文交流

一般而言，人文交流主要包含三个层面的交流，即人员交流、思想交流和文化交流，是不同国家间人民在文化、科技、教育、旅游等各领域的交往与合作，旨在促进国家间人民的相互了解与认知。人文交流是国与国关系发展中极为重要的桥梁和管道，对消除认知差异、破除误解隔阂、增进互信和友谊、推动人类文明进步具有不可替代的作用。

华侨华人与当地民族长期共同生活，是当地人民了解中华文化的重要桥梁。可以说，海外华侨华人是中华文化的海外传播者，是我国开展中外人文交流与合作的强大推动力。

一、美国华侨华人与中美人文交流

（一）当代中美人文交流与合作的特点

中国与美国是东西方世界的两个代表性国家，两国在历史发展、文化类型、思维方式、价值观念等方面有很大差异。中国历史悠久，人口众多，劳动力资源丰富，是一个处于迅速发展中的大国。美国是一个移民国家，历史较短，但经济、科技非常发达，产业层次较高，法制健全。中国文化属于内陆农耕文化，主张天人和谐，顺乎自然，美国属于西方海洋商业文化，强调向外扩张，探索自然；中国文化带有很强的政治性，美国文化具有浓厚的经济性；中国是以儒家文化为主流文化的国家，注重伦理、秩序，强调集体主义，而美国是一个以基督教为主流文化的国家，大部分美国人信教，强调上帝面前人人平等，注重个人主义。中美两国国情的巨大差异，决定了中美两国人文交流的长期性、艰巨性和复杂性。

自 1979 年中美关系正常化以来，随着两国间政治、经济、军事、外交关系的迅速发展，两国积极开展人文交流活动，不断建立健全人文交流高层磋商机制，为两国间构建新型大国关系创造条件。

当前，中美人文交流主要通过两大机制进行。一是高层磋商机制，此机制建立于 2010 年 5 月，中国教育部分管国际交流合作的副部长和美国国务院副国务卿分别为双方总协调人。磋商机制确立后，每年轮流在两国召开人文交流与合作高层磋商会议，交流与合作领域包括教育、科技、文化、体育、青年、妇女六大领域。建立中美人文交流高层磋商机制，是中美关系史上一个创举，为中美关系发展注入新的活力。另一机制是两国城市间建立友好城市关系。自 1979 年中美建交以来，截至 2019 年，两国之间结成 227 对友好城市。随着中美友好城市的不断增加，中美城市友好协会也于 1992 年建立起来。其主要任务是：通过互相访问，举行纪念会、座谈会、报告会，参加双边会议，交换资料等，增进相互了解，发展友谊；致力于维护世界和平、人类共同安全的事业，促进对外民间经济、贸易、社会、教育、科技合作，推动人才交流等。

在中美人文交流高层磋商机制、中美城市友好协会的推动下，中美两国人文交流取得丰硕成果。在教育领域，中美双方签订若干协议，加强从学前教育到大学教育的各方面交流合作，包括交流访问、讲学、共同承担项目、合作举办会议、联合培养研究生、合作办学、推动孔子学院和孔子课堂在美发展。在科技领域，自 2004 年起，科技部与美国国家科学基金会在华举办中美科技人员交流计划，接待美方选派的几百名研究生暑期赴中国大学和研究所、实验室与中国青年研究人员共同开展合作研究工作，成果斐然。在文化领域，中美两国文化机构签订了若干合作协定，旨在推出重点展览项目，加深中美演艺交流。2008 年起，中国文化部和美国国家人文基金会每两年一次共同主办“中美文化论坛”学术研讨会，旨在在中美两国文化领域建立一种公共性、学术性、互动性的定期对话机制。

改革开放以来，伴随着中美两国关系的相对稳定，两国人民之间的交流也日益加深，经过双方的共同努力，人文交流已与政治互信、经贸合作共同构成中美关系的三大支柱。但是，由于中美双方在文化背景上的差异、国家利益的不同诉求以及意识形态方面的影响，矛盾、摩擦与斗争在两国关系发展中将长期存在。近年来，尤其是在特朗普执政期间，美国将中国定性为首要战略竞争者，在贸易、科技、人才等诸多领域打压中国，极大地破坏了中美人文交流。特朗普政府通过签证政策限制中国学者入境、打压华人科技人员、以“国家安全”为名阻碍中美科技合作、限制中共党员及其家属赴美旅行、收紧移民政策等多种措施，极大地阻碍了中美人文交流。这种“半脱钩”状态严重损害了中美两国的利益。

伴随着中国经济的增长，中国在国际关系中的地位不断提高，中美竞争不可避免。在各种矛盾和摩擦中推动中美人文对话与交流，美国华侨华人具有独特的优势和作用。

（二）华侨华人在中美人文交流与合作中的优势和作用

自1965年美国颁布和实施新移民法以来，美国华侨华人人口数量增长较快，经济科技实力大大增强，教育文化事业繁荣发展，社会地位不断提高，参政意识日益增强，社团组织不断增长，组织程度不断提高，侨务资源总量明显增大，质量显著提升。此外，美国华人新移民较多，且文化程度较高，融入当地能力较强。他们一方面与中国保持密切的联系和互动，另一方面又能融入主流社会，因而成为推进中美人文交流合作的重要力量。具体而言，美国华侨华人在中美人文交流合作中的优势和作用主要体现在如下几个方面：

第一，美国华侨华人精英人脉较广，对于推动中美人文交流具有明显的优势。美国华人人数众多，目前达500多万，且他们的教育文化程度和综合素质不断提高，掌握了先进的技术、技能和管理经验，因而从事专业性、技术性、管理性工作的白领阶层越来越多，在政界、商界、科教文化界都出现了不少历史上影响较大的社会精英，如陈香梅、李开复、杨振宁、李政道等。他们分布于美国各个行业，既懂中国文化、了解中国国情，又融入当地社会、了解美国国情，能够熟练地游刃于中外文化之间，并深知国外公共舆论的运作规则。他们通过其在美国建立的人脉关系推动人文交流，具有更多的灵活性、更强的渗透性，且由其建立的联系和影响更具有持久性。

阅读材料：美籍华人陈香梅

陈香梅（1925—2018），是世界著名华人领袖、社会活动家、美国国际合作委员会主席。祖籍广东佛山市，1925年6月23日生于北京。她从小喜爱文学，英文基础很好。1944年，陈香梅加入中央通讯社昆明分社，成为中央社的第一位女记者，后来与中国空军美籍志愿大队（也称“飞虎队”）的指挥官陈纳德结婚。20世纪60年代初，陈纳德将军去世后，陈香梅来到美国打拼自己的事业。

她以惊人的勇气和毅力进军政界、商界，取得令人瞩目的成就。三十多年来，从肯尼迪到克林顿，先后八位总统都对她委以重任。1963年，她受肯尼迪总统委任到白宫工作，成为第一位进入白宫的华裔。1967 年，她被尼克松委任为全美妇女支持尼克松竞选总统委员会主席，并兼任亚洲事务顾问；尼克松获胜后，她于 1968 年被任命为共和党行政委员和财务副主席。1970 年，她担任飞虎航空公司副总裁，成为美国航空公司第一位女副总裁；1972 年，她被选为全美七十位最有影响的人物之一。1980 年，她出任白宫出口委员会副主席，并两度被选为美国共和党少数民族全国主席，是共和党亚裔委员会主席。1989 年，布什总统上台后，她继任总统府白宫学者委员会委员。1991 年，她出任美国国际合作委员会主席、美国内政部环保委员会委员、美中航运总裁。

图 9－1 陈香梅

陈香梅享有“中美民间大使”之美誉。她曾在 1972 年尼克松总统访华和 1979 年中美两国正式建交等一系列重大事件中作出过积极贡献。1980 年，她作为里根的亲善大使到中国大陆和台湾访问，在两岸之间积极沟通，促进了两岸交流。她是中国海外交流协会顾问、中华全国妇联名誉顾问、中国国家旅游局特别顾问、陈香梅教育基金会董事长。①

第二，美国华侨华人社团组织程度较高，动员能力较大。美国华人有悠久的结社传统，其社团类型多样，既有建立在地缘、血缘、业缘基础上的传统侨团，如同乡会、宗亲会、商会，也有近年来基于专业技术、文化功能等成立的新型专业人士社团、校友会、政治性社团、文化团体、宗教团体、社团联合体等。

随着中国改革开放的不断深入，综合实力的不断提高，海外华人与中国的联系日益密切，一些华人社团的本土化和国际化的趋势明显，全美或全世界性的华人社团联谊会召开的频率高、参与者众多。如成立于 1998 年的美国华人专业团体联合会是在美国登记注册的非营利社团，是美国华盛顿地区横跨多专业领域的华人专业人士所组成的综合性团体，其中部分专业团体为全国性组织，如美国华人生物医药科技协会、旅美科协等，其会员分布在全美各地。其在促进各个旅美华人专业团体之间跨学科的交流，推动美中两国多方位的交流与合作，增进华人与其他族裔的相互理解与信任中扮演了重要的角色。

① 根据《陈香梅传》（胡辛，作家出版社 1995 年版）等相关资料整理。

一直以来，美国华侨华人社团积极传播和弘扬中华传统文化，反对种族歧视，推动华人与其他族群相互交往，乃至主动参政议政，建立起与美国大社会之间的正常联系，为消除中美两国之间的误解起到了重要而积极的作用，切实推动了中美之间的人文交流。

图 9－2　美国华人专业团体联合会举办“双创”经济论坛助力中美合作

第三，美国华文教育、华文传媒较为发达，传播力量较强。随着美国华侨华人人数的快速增长，华文教育成为华人的迫切需求，加上中国经济持续强劲发展、华文经济价值提升，促使各地中文学校、中文课程迅速发展，并逐渐呈现出兴盛的局面。据统计，美国中小学开设中文课程的学校达 2 000 多所，共有约 1 060 万名中小学生在校学习汉语，几乎占到总数的五分之一，中文已成为美国中小学生学习的第四大外语课程。

图 9－3　美国东点学校推广中文教育

美国华文媒体随着美国华侨华人人数的增加，也呈现出新的繁荣发展的景象。目前全美国中文报纸接近百家，已有近 40 个全天候华语电视台。美国发行量最多的华文报纸《世界日报》已成为北美发行量最大的报纸之一。由于华文教育和华文媒体的从业者大多是国内原有的行业从业者，或者是相关行业的精英，他们对中国的发展有着敏锐的嗅觉和较强的领悟力，并有得天独厚的语言优势和文化底蕴，加之其对美国的了解，可以让华文教育、华文媒体在文化传播、新闻报道中更加客观公正，对中美人文交流产生积极的影响。

每份只售 50¢ 限大多倫多地區

世界日報

WORLD JOURNAL

50¢ PER COPY

中華民國一〇四年(2015年6月25日)星期四

THURSDAY, JUNE 25, 2015

農曆乙未年五月十日

首家華人家具零售商躋身加拿大家具展

今年的家具展與往年最大的不同是在充滿生機勃勃的春天進行，各家具廠商就像舉辦一場盛宴，生機勃勃，攜帶新品前來參加此次家具展。由加拿大國家主辦的每年一屆家具展，本屆共有248個展位，首家華人家具零售商，現代家俬有幸成爲此屆展會中的一員，推出三款多功能床組和實木床，多功能床組成爲本屆展會的新亮點，受到其他大型批發商們高度關注。現代家俬加拿大區運營負責人表示作爲本次家具展的新秀，能夠受如此關注，我們很榮幸，我們與其他批發商最大的不同是市場策略不同，產品定位不同，在渠道開發、建設方面，我們更善於尋找運用差異化策略，尋找一批熱愛家具行業有發展潛質的經銷商組成聯盟經銷商，共同推廣，共同經營，共同爲廣大消費者提供優質的產品體驗。在產品定位方面，以中高等收入爲主要消費群體，一直以品質著稱的現代家俬，將繼續秉承"品質締造未來"有品質才有未來的經營理念，我們對品質的追求是永無止境，我們認爲沒有最好的，只有更好的，這一理念也將在實木床方面體現得淋漓盡致，不但要求木材結實還要求木紋清晰自然，成品表面光滑，達到既有質感又有美感的狀態，這些產品備受來自美國、迪拜、魁北克、蒙特利爾、客商們青睞，非常感謝

图 9－4　美国《世界日报》

阅读材料：美国《世界日报》简介

《世界日报》（*World Journal*）是北美地区发行量最大、实力最雄厚的华文报纸之一。1976 年创刊，主要提供全球重大新闻、美加要闻、地方华人社区新闻、中国及东南亚新闻等报道。《世界日报》发行全国，在纽约、洛杉矶、旧金山、芝加哥、德州、温哥华、多伦多等地拥有独立的发行业务。该报一年 365 天全年无休，每日至少出版 64 个版面，最多可高达 128 个版面。世界日报以服务所有海外华人为宗旨，一方面协助新移民跨越鸿沟，逐步迈向主流社会；另一方面满足其精神需求，增进生活品质，传承中华文化。发展至今，世界日报得到北美主流社会的肯定，美国总统布什以及加国总理克里靖都曾先后赞扬《世界日报》，肯定《世界日报》在帮助新移民融入当地社会所扮演的关键角色及卓越贡献。

1999 年《世界日报》成功推出《世界新闻网》，又在 2001 年 8 月进一步推出《世界日报电子报》，以满足读者的需求。该报刊面向全世界 200 多个国

家和地区免费发行综合性网络版报纸，服务于全球3亿读者，24小时不间断地播出，每日更新报道内容，不断拓宽和延伸报道范围，逐渐形成自身独有的宣传风格。它的诞生，突破了传统报刊类媒体囿于地域性、时间性等条件限制，具有传播速度快、发布范围广的优势和特点，是海外华语爱好者和海外华人了解世界政治、经济、军事、文化、科技等消息的重要窗口。①

二、欧洲华侨华人与中欧人文交流

（一）当代中欧人文交流与合作的特点

作为东西方文明的主要发源地，中国和欧洲在历史上都对人类文明进步作出过巨大贡献。20世纪后半期以来，中欧经济关系的快速发展进一步推动了当代中欧人文交流。2001年，中欧双方宣布建立“全面伙伴关系”，2003年，双方将“全面伙伴关系”提升为“全面战略伙伴关系”。自此，中欧关系进入了面向未来且积极从战略高度展开协调与合作的时期。为进一步增强中欧人民之间的了解与互信，消除误解和隔阂，推进中欧全面战略伙伴关系的长期稳定发展，双方人文交流也步入机制化轨道。

2012年，中欧双方建立“中欧高级别人文交流对话”机制，与“中欧高级别战略对话”和“中欧经贸高层对话”机制并列，成为中欧关系发展的三大支柱。此外，中国还与欧盟委员会以及英、法、德、意、爱（尔兰）、芬等国建立了定期磋商机制，与法、德、意、荷、葡等19个欧盟成员国签署了高等教育学历学位互认协议。中欧人文合作的机制化和规范化，积极推动了双边教育、文化、青年、艺术等领域的交流与合作，民心相通不断巩固。2020年，面对新冠肺炎疫情，中欧就抗击疫情和医疗卫生合作保持密切联系，相互支持、携手应对，展现了中欧全面战略伙伴关系的时代意义和全球影响。

在教育方面，双方设立“中欧高等教育交流合作平台”，整合高等教育领域分散的政策对话，确定双方共同感兴趣的主题，集中并加强双方对现有中欧合作办学机构的支持，鼓励开展相关办学活动。如中国高校已全部开齐欧盟24种官方语言课程，在欧洲28个成员国也已设立131所孔子学院和251个孔子课堂。

在人员交流方面，中国教育部设立中国政府奖学金项目（欧盟窗口），鼓励欧盟学生来华学习。此外，中国为欧盟国家积极培训本土汉语教师，并从中国派出汉语教师、志愿者教师数千人，赠送图书数十万册，接收上千名“孔子学院奖学金”学生来华进

① 美国：《世界日报》是全美重要的中文报刊［EB/OL］. http：//www. auchina. cn/adpage/information. asp? id =92629.

修，邀请数千名来自法国、德国、比利时等欧盟国家青年学生来华参加“汉语桥”夏令营。

在文化、青年、体育等方面，双方合作内容丰富，形式多样，开展“中欧文化对话年”“中欧文化高峰论坛”“中欧青年领导人峰会”等一系列活动，注重提升文化政策对话，扩大知识分子和政策制定者交流的规模，加强在文化创意产业领域的合作，定期举办中欧乒乓球友谊赛等，拉近了中欧双方人民之间的距离，激发了欧洲人民对中华文化的好奇心，增进了中欧人民之间的理解与信任。

总之，中欧人文交流在政治互信、经贸往来日益加强的大背景下，交流机制逐步建构，高层沟通不断加强，交流合作领域不断拓展，形式渠道更加多元，交流层次更加立体，参与主体愈益广泛。通过人文交流，增进了中欧人民之间的了解与友谊，促进了两国人民间的对话与沟通，增进了相互间的理解与信任，扩大了中欧机构和各类组织之间的共识与合作。但也要看到，目前中欧人文交流机制尚处于起步阶段，各种文化直接交流和碰撞，误会和冲突在所难免，需要在发展过程中不断完善。随着中欧关系的日益密切，人数不断增长的欧洲华侨华人成为加深中欧人文交流与合作的重要动力之一。

（二）华侨华人在中欧人文交流与合作中的优势和作用

欧洲华侨华人社会在经历了数百年历史和数十年快速发展后，人口规模、经济实力、社会地位等方面都有重大变化。根据 21 世纪初期统计数据，欧洲华侨华人数目约为 250 万，其中新移民占到一半以上，侨团数量为 1 306 个，华文学校 455 所，华文媒体 142 家。在地理分布上，英、法、德、荷等西欧传统移民国家人数较多，相对稳定；意、西、俄等东欧、南欧国家增长较快，但流动性较强；北欧人数较少，增长较慢。

欧洲华侨华人的社会构成特点使他们在中欧人文交流中发挥着积极而独特的作用。第一，欧洲华侨华人人数多、分布广，职业构成多样，是其开展中欧人文交流的重要社会基础。欧洲华侨华人融入世界各国并形成覆盖各行各业的交际网络，与本土社会形成了良好的交流与互动。如成立于 2009 年 7 月的英国华人金融家协会是欧洲华人社团中第一个金融专业人士的组织，主要由金融界的华人精英组成，在拓展与中英金融机构合作、沟通中英金融产业方面发挥了重要的作用。西班牙华人农贸协会是欧洲第一个农贸行业的华人社团，由于蔬菜瓜果行业与当地普通百姓生活密切相关，交往频繁，从事这一行业的华人了解当地民情习俗，遵纪守法，与左邻右舍形成了融洽和睦的人际关系。此外，欧洲华侨华人所在之地，多成立各种社团组织，一些社团人员受教育程度高，参与社会活动能力强，对于开展中文人文交流具有强烈的责任感和使命感。一些社团的活动常常不局限于社团内部成员，也邀请本地人士参与，这对中欧人文交流起到了积极的促进作用。

图 9－5　英国华人金融家协会举办离岸人民币交易论坛

第二，欧洲华侨华人对祖（籍）国和住在国文化的了解与熟知使其成为开展中欧人文交流的重要纽带。欧洲华侨华人以第一代新侨为多，他们在中国出生成长，又长期生活在海外，既传承中华优秀文化基因，又汲取了住在国的文明文化营养，因此，他们了解中国和欧洲国家民众在思维方式、审美情趣等方面的异同。这种双重文化优势具有明显的跨文化、跨族群、跨地域的特点，使得华侨华人能够自由游弋在两种文化之间，成为中欧人文交流的桥梁和纽带。通过以恰当方式举办各类丰富多彩的文化活动，华侨华人社会不仅加强了内部团结，而且成为与当地民众加强互动、向本土民众介绍中华文化的重要途径。

第三，欧洲华侨华人长期以来融入住在国，与当地民众所形成的亲近和信任关系，是其开展中欧人文交流合作的根本保证。“国之交在于民相亲”，人文交流需要建立在互信、互惠的基础之上。欧洲华侨华人移民历史久远，为住在国作出了重要贡献。例如，法国“一战”中，华工就为法国作出了重大牺牲。随着华侨华人社会的内部演变和代际交替，华裔新生代已经成长起来，成为欧洲华侨华人社会的又一中坚力量。他们积极融入当地社会，与其他族裔同舟共济，为住在国经济社会的繁荣发展贡献卓著，与住在国民众之间建立了无法割舍的情谊，成为当地社会的重要组成部分。这种深度融合优势使当地华侨华人成为中欧人文交流中不可或缺的润滑剂。

第四，欧洲华侨华人参与人文交流的可持续性是其推动中欧人文交流合作的独特优势。当前中欧双方人文交流项目多为政府推动，带有一定的权宜性。华侨华人长居国外，代代薪火相传。他们是参与中欧人文交流的可持续性主体。华人社团邀请中方人员，组织举办丰富多彩的中国文化活动，华文媒体积极为中华文化与欧洲各国文化交流搭建对话平台，全球化加速下华侨华人在中欧之间的跨国流动性日益频繁，这些行为共同建构了中欧双方之间跨越地理、文化和政治边界的华侨华人跨国网络，成为促进中欧双边关系的持续动力，为深化中欧人文交流播下了潜在的种子。

三、华侨华人与中国东南亚地区人文交流

（一）当代中国东南亚人文交流与合作的特点

东南亚是中国的近邻，在历史上就受到以儒家文化为核心的中华文化的深刻影响，同时东南亚也在不同程度上影响着中国。双方通过互派使节、艺术交流、人口迁移、僧侣互访等，最终在中国与东南亚人文交流史上形成了民间先行、国家主导、官民并举的特点。今天居住在东南亚地区人数高达 3 300 万的华侨华人就是双方长期交流互动的集中体现。

近年来，随着中国与东南亚全方位合作的日益深化，中国与东南亚国家高度重视双方的人文交流发展，形成了多渠道、多层次、多方面、多形式的人文交流与合作的局面，如民间团体互访、学术交流、教育合作、文化考察、文艺演出等，规模逐渐壮大，频次不断增多。尤其自 2003 年中国与东盟国家建立战略伙伴关系以来，双方在人文领域的交流与合作则愈发紧密，双方通过部长级会议、论坛研讨、人员交流、举办艺术节和展览等形式建立了人文合作交流机制，打造了中国－东盟博览会、中国－东盟中心、中国－东盟教育部长圆桌会议、中国－东盟文化部长会议等一系列对话平台，领域涉及教育、科技、文化、体育等。

在文化交流方面，2005 年 8 月中国与东盟签署了《中华人民共和国政府－东南亚国家联盟成员国文化合作谅解备忘录》，成为中国与区域组织签署的第一个有关文化交流合作的官方文件。2006 年双方举办“中国－东盟文化产业论坛”，每年举办一届，2012 年正式更名为“中国－东盟文化论坛”，将双方对话领域从先前的文化产业领域扩展到了文化艺术、非物质文化遗产、公共文化服务、文化人力资源培训等多个方面，标志着中国－东盟文化交流合作的质量和层次提升到了一个新的高度。近年来，中国在新加坡、泰国、柬埔寨、老挝等国设立文化中心，成为中国与东南亚国家进行文化交流的另一个重要平台。

在教育合作方面，中国与东盟共建了一系列教育合作机制，包括中国－东盟教育部长会议、中国－东盟教育培训联盟、中国－东盟职教合作联盟等。高等院校教育合作成为双方教育交流的主渠道，学生流动成为教育交流合作的中心。在中国方面，自 2008 年以来，“中国－东盟教育交流周”已成为双方教育合作与交流实质化和机制化的重要平台。每年会议期间举办大学校长论坛、教育行政官员研讨会、青少年夏令营等活动，建立了“中国－东盟教育信息网”。此外，近些年中国陆续在东南亚国家开设建立 70 多所孔子学院和孔子课堂，向东南亚派遣汉语教师和志愿者数千人，为东南亚地区培养汉语教师近万人次。

在人员交流方面，近年来中国与东南亚双方人员往来每年规模超过 5 000 万人次，

每周有 4 500 多个航班往返于中国和东南亚国家之间。青年交流互访活动不断加强，中国－东盟青年事务部长会议、中国－东盟青年企业家论坛、东盟青年干部培训班、中国－东盟青年领袖交流会等，都是双方青年交流合作的重要活动和机制，产生了积极的效果。如投资 800 多万元、拥有 13 000 余平方米标准厂房的“广西中国－东盟青年产业园”即是首届中国－东盟青年事务部长会议的重要成果之一。

尽管近年来中国与东南亚人文交流与合作蓬勃发展，但相比于中国与东南亚在经贸领域的密切关系而言，还较为逊色。继续深化和推进中国与东南亚人文交流与合作，数量庞大的东南亚华侨华人是不可忽视的中坚力量。

（二）华侨华人在中国东南亚人文交流与合作中的优势和作用

东南亚是海外华侨华人人数最多、居住最为集中的地区。在 6 000 万的海外华侨华人中，有超过 3 000 万居住在这一地区。经过数百年来的发展与变迁，东南亚华人社会已经成为住在国社会结构的重要组成部分，演变为当地的华族社会。虽然其仍然保留和传承着中华文化传统，但其国家认同已由早期以中国为中心转变为以住在国为中心，其自身的政治、经济、社会利益已经和住在国人民紧密地融合在一起，形成了休戚与共的生存状态。中国改革开放以来，随着中国经济的崛起，东南亚华人与中国的联系逐步得以恢复和加深，有越来越多的海外华人包括一些土生华人开始为自己的族群和文化感到自豪。与此同时，近二十年来，出现了新一波的中国移民潮，其中不乏教育程度高、社会活动能力强的专业和技术人士。在当前绝大多数东南亚国家对多元文化奉行宽松政策的大氛围下，华侨华人成为中华文化在东南亚地区的形象代表，是推动中国与东南亚国家之间人文交流与合作的重要主体之一。

图 9－6　印度尼西亚华人在外表装束上已完全融入本土社会

首先，东南亚华侨华人与中国不断强化的联系网络是加强中国与东南亚之间人文交流与合作的天然桥梁。在历史上，这一地区的华侨华人与中国就一直保持着各种基于血缘、地缘、神缘的跨国联系，不曾间断。随着中国的改革开放，20 世纪 80 年代后，中国和海外华人之间的跨国联系网，无论在广度、密度还是方位、层次上，都得到了进一步深化与拓展。与此同时，东南亚华人社会之间也因地缘、血缘或业缘等各种关系，在华人社会内部形成了广泛的区域网络。各种世界范围的华人同乡大会、宗亲大会、联谊会以及世界华商大会等都由东南亚华人率先发起。

在“一带一路”框架下，华人社团凭借着在当地社会的影响力和广泛的区域社会网络，在深化中国－东南亚民间人文交流方面扮演着积极的桥梁角色。如 2015 年菲律宾菲华各界联合会为庆祝中华人民共和国成立 66 周年举办的《爱和平　共繁荣》大型文艺晚会，新加坡宗乡总会颁奖学金资助新加坡学生前往北京大学深造，以及 2016 年新加坡潮州八邑会馆组织的潮汕文化考察团，2017 年马来西亚笨珍潮州会馆筹办“儿童潮语班”，组建潮乐团推广乡音戏曲，等等，都显示了东南亚华人社团在动员社会人士、民间团体力量，积极促进中外人文交流所发挥的重要桥梁作用。

此外，东南亚一部分华族人士既很好地融入当地主流社会，同时又与中国官方与民间社会保持着密切的联系，因此，凭借在住在国以及国际社会的影响力和全球网络，东南亚华侨华人成为连接中国与东南亚人文交流与合作的重要纽带。

其次，东南亚华侨华人所具备的政商网络为中国与东南亚人文交流与合作提供了坚实的物质基础和政治保障。东南亚华侨华人经济基础雄厚，据估算，全球华商企业资产约 4 万亿美元，其中东南亚华商经济总量为 1.1 万亿至 1.2 万亿美元，世界华商 500 强中约 1/3 在东盟国家。这为中国－东南亚之间的人文互动提供了强大的资金和智力优势。东南亚华侨华人政治参与度不断提高，利用华人政党、社会组织、主流媒体等方式积极融入当地政治生活中。在 2019 年的印度尼西亚大选中，在 16 个全国性的合格政党参选中，有 2 个华人领导的政党通过资格审查，首次进入全国性的参选政党，成为印度尼西亚华人参政史上的突破。东南亚华人不断提升的政治空间，有利于增强中国与东南亚之间的政治互信，为双方人文交流的开展奠定了良好的政治环境。

最后，中华文化在东南亚华人社会的传承与发展是推动中国与东南亚之间人文交流与合作的重要动力。东南亚华侨华人是中华文化的携带者和积极传播者，在长期的历史发展过程中，东南亚华人社会吸收和借鉴所在国家的优秀文化，形成了传承与发展中华文化的丰厚土壤。华人社团、华文媒体与华文教育作为东南亚华人社会的三宝，成为传承中华文化的重要机制。经过华人社会的代际更替，华裔新生代已成为东南亚华人社会新兴的中坚力量。他们已经高度融入住在国主流社会，与住在国各阶层民众建立了广泛的联系甚至是深厚的友谊。他们通过其在住在国和祖（籍）国建立的人脉关系，以国外受众易于接受的方式来介绍和推广中华文化，进行民间人际传播，其传播力更具灵活性、渗透性和持久性。近年来，随着中国经济的发展和在国际社会影响力的提升，东南亚华侨华人社团、华文媒体对中国介绍的力度增大、内容增多，很大程度上促进了中华文化在东南亚的传播，为实现民心相通作出了重要贡献。

阅读材料：新加坡“华源会”

新加坡华源会创立于2001年，是由来自中国各省份，不分地缘、血缘的新一代移民所组成的非营利社团组织。“华源”象征着华人的发源地。会员来自科研、商贸、媒体、文化产业、服务业、制造业等不同行业和领域，人数逾6 000人。

华源会的宗旨是“协助会员更好地融入新加坡多元种族社会，促进会员间的信息交流与沟通；促进会员与其他社团的友谊及交流；通过各类活动丰富会员及家人的业余生活；促进新加坡与全球的商贸往来，帮助会员联系与发展新加坡与全球的商贸平台”。华源会的顾问团和理事是由来自社会各行各业的精英人士组成，其领域横跨教育、法律、经济、医学、艺术和科研等。

华源会自成立以来，秉承“帮助新移民融入新加坡多元种族社会”的宗旨，共开展了1000多项社会活动，其中包括：

组织“新移民杰出贡献奖”的评选，增强新一代移民参与社会、服务社会的积极性。第三届“新移民杰出贡献奖”已于2019年10月21日颁发给9位对新加坡有卓越贡献奖的新移民。一位在协助新移民融入新加坡社会有着突出表现的新加坡本地朋友获得“新移民之友奖”。

组织、承办新加坡与中国之间的商贸对接会。2018年作为发起协会之一成立海丝城市商会联盟。不定期接待中国前来新加坡交流的经贸团，组织和协助新加坡精英人才、企业或投资团前往中国不同省市进行技术交流、投资考察和商业洽谈。

历年组织上百名12～18周岁的华裔青少年前往中国各地进行学习与文化交流，与中国各省市侨联、侨办合作，共同促进华裔青少年传承优秀中华文化、体验中国城市日新月异的发展，为未来新中两地区的人才培养与技术交流打下良好的基础。①

---

① 根据新加坡华源会网站 http：//www. huayuanassociation. com 资料整理。

第二节　华侨华人与公共外交

尽管中国在国际政治、经济舞台上扮演着日益重要的角色，但由于对中国国情和制度的不了解，或社会意识形态的差异，国际社会对中国仍存有很大程度上的担忧、误解与偏见。对于减少外国民众对中国的不公正看法，向世界展现中国和平崛起的良好形象，公共外交则显得愈发重要。

公共外交是国家整体外交的重要组成部分。参与公共外交的各方从各种角度表达本国国情，说明国家的政策，介绍外国公众对本国有兴趣之处以及解释外国对本国的不解之处，同时在国际交流活动中了解对方的有关观点。通过公共外交，可以更直接、更广泛地面对外国公众，从而能更有效地增强本国的文化吸引力和政治影响力，改善国际舆论环境，维护国家的利益，展示本国的国际形象。① 华侨华人是中国开展公共外交的一支积极而独特的力量，他们有优势向住在国政府及主流社会介绍中国的基本国情、发展道路和内外政策，使住在国客观认识中国的发展进步和开放包容的价值理念，成为促进中国和住在国各领域合作交流的友好使者。

一、华侨华人社团与公共外交

（一）当代华侨华人社团的特点

社团是海外华人社会最重要的组织形式之一。华侨华人社团历史悠久，中国早期海外移民在移居地建立的庙宇是华侨华人社团的雏形。经过数百年的发展，据不完全统计，当今海外华侨华人社团数量已达25 000多家，并依据不同的组织原则，形成了以血缘、地缘、业缘等为主要纽带的团体组织，如新加坡福建会馆、马来西亚王氏宗亲总会、日本中华总商会等。

东南亚是华侨华人数量和社团最为集中的区域，其次则为美洲、欧洲、大洋洲和非洲等地。从传统社团人员的构成来看，第一代老移民、接受华文教育的第二代土生华人和出生于中国的新移民构成了当今华人社团的主力军。不过，近年来随着传统华人社团功能的转型，社团参与本土事务的程度日渐提高，在协助成员建立外部商业社会网络方面的作用也在不断增强，以土生华裔青年为主的社团开始显露热情并迸发活力，一些融合当地华裔青年的组织也相继成立，并逐渐走向国际舞台，如马来西亚大马华人青年

① 赵启正．中国登上公共外交世界舞台［J］．公共外交通讯，2010（1）：1－5.

团、英国华人青年联会、加拿大华人青年联合总会、比利时华人青年联合会、巴西华人华侨青年联合会、美加青年华商总会等。这些社团旨在华人青年之间加强交流、发展友谊、促进团结，同时积极推动住在国与中国之间在经贸和文化诸多领域的交流与合作。

近二十年来，华侨华人专业性社团发展迅猛，数量倍增。据估算，目前全球华侨华人专业社团已达2 000多个。专业性社团多以一个或多个专业领域或专业人群命名，如英国中英科技与贸易协会、英国旅英中国工程师协会、中国旅美专家教授联合会等；也有不分领域的综合性专业团体，如全欧华人专业协会联合会、美华专业人士协会等。在成员构成方面，专业社团多以华人新移民中的专业人士为主，这与近二十多年来大批留学生毕业后留居当地以及近年来不断涌现的技术移民潮有直接密切的关系。目前海外华人科技人才已达100万人之多。从分布上看，专业社团主要分布在新移民集中的发达国家，如美国、加拿大、澳大利亚、新西兰、日本、新加坡等地。与传统华人社团相比，专业性社团在智力、资金和技术方面都更加具有优势。

随着华侨华人社团发展愈益成熟，社团本土化进程不断深化，尤其参政议政意识愈发浓厚。一方面，在国际政治事务上，社团敢于持有鲜明立场，抨击住在国对华的歪曲言论。如2009年美国洛杉矶华侨华人社团和中国留美学生社团通过上街游行，抗议美国有线电视新闻（CNN）对中国的造假报道和辱华言论，迫使电台负责人不得不登台向世界华人道歉。另一方面，华人社团对住在国内部的政治事务也表现出前所未有的热情。以政治选举为例，华人社团不仅组织选民登记，鼓励选民用手中选票发声，举办活动为华人候选人站台背书，还积极将选民团结起来，搭建支持华人参政、鼓励华人发声的平台。如加拿大华人社团联谊会数年来也多次召集“民众与各党派代表及候选人对话会”，旨在支持华裔代表参选，帮助华裔候选人与选民互动，倾听选民的心声。2013年，该联谊会为了呼吁广大华人同胞主动发挥社会公益意识和政治参与意识，特发表了选投票倡议书。

（二）华侨华人社团在公共外交中的作用

华侨华人社团是传播和弘扬中华文化的重要载体，是促进中外文化交流的组织者，又是沟通祖（籍）国与住在国政府和人民之间的重要桥梁。华侨华人社团的发展特点与优势使其在中国公共外交中发挥着独特的作用，主要体现在以下四个方面：

第一，华侨华人社团在海外传扬中华优秀文化，有助于增强国际民众对中华文化的了解和认知，提升中国在国际舞台的感召力和影响力，营造和平稳定的国际环境。社团是中华文化在海外传承与发展的重要载体。通过开办华文培训班、保留中华传统节日等形式，社团成为中华文化在国际社会的形象代表，是塑造中国正面形象、正确传播中华文化的重要主体之一。社团在注重保持自身民族特性的同时，也在积极融入住在国主流社会、吸取当地文化，因此跨文化沟通能力不断提升。他们用外国民众听得懂、听得到、听得进的方式，讲述中国故事，传播中国声音，营造一个有利于中国发展的国际友好环境。华侨华人社团人才集聚，通过对当地社会文化环境的熟知，能够以节日庆典、民间艺术等中国特色社会文化活动，传播中国“和谐”的理念和价值观。如2015年是纪念中国人民抗日战争暨世界反法西斯战争胜利70周年，一些华人社团纷纷组织活动，如马来西亚七大乡团主办南侨机工回国抗战史——《南侨颂》演出，菲律宾晋江同乡总会举办世界反法西斯战争胜利70周年征文活动，泰国华人团体在曼谷举办抗战历史图片展等，都显示了华人社团在营造和平国际氛围的协调和组织能力，为开展“一带一路”建设构建了稳定和谐的周边环境和良好的民众基础。

图9－7 泰国华人社团的舞狮节目

第二，华侨华人社团是向国际社会介绍中国国情和发展模式，宣传中国外交理念和政策的一个重要渠道，有助于塑造良好的中国国家形象，赢得国际社会的认同与支持。在全球化时代，多元文明之间的和谐共生至关重要。华侨华人社团，尤其是日益壮大的新移民团体，是中国快速发展的参与者、见证者和宣导者。他们理解、支持中国的现代化发展道路，积极向住在国的国家和人民传递中国改革发展的积极信号，成为中国和外部世界经贸合作、人员往来、文化交流的引领者。华侨华人社团依托对住在国国情的熟知优势，从不同角度、以不同方式向当地民众介绍中国和平崛起的发展理念和外交思想，在国际社会塑造良好的中国国家形象，拓展中国和住在国的外交关系，成为中国与外部世界良性互动的重要桥梁和纽带。

自2013年中国向国际社会提出“一带一路”倡议后，国外不少民众对其产生误解。海外华人社团通过主办参加研讨会、庆典、论坛等活动，向国外民众更好地传达了中国和平发展的规划和理念，维护了中国在海外的正面形象。如2015年马来西亚中华总商会与中国银行共同举办了马中“一带一路”经济大会，向马来西亚工商界详细揭示了“一带一路”的概念内涵以及中马合作的目标、领域和重点项目。印尼中国商会在2015年庆祝十周年活动之际，邀请中国驻印度尼西亚大使、印度尼西亚投资委副主席以及当地企业家等2 000余人，讨论了中国“一带一路”建设与印度尼西亚经济发展的结合和机遇。这些都为中国“一带一路”的内涵在海外社会的正确传播产生了积极的辅助作用。

第三，华侨华人社团积极融入主流社会，参政议政，抨击当地国家对华的不实言论，可以有效帮助改善国际舆论环境，维护中国的国家主权和尊严。随着海外华人融入住在国进程的不断深化，尤其是已经成长起来的新一代土生华裔，他们在教育水平、经济基础、社会地位等方面明显提升，因此，参政议政意识显著增强，华侨华人社团成为海外华人发出社群声音、维护族裔权益、争取话语权的有效平台。由于政治制度和意识形态的差异，一些国家抹黑中国，甚至妖魔化中国，发表针对中国的不实甚至歪曲言论，使海外民众对中国产生偏见和误解。华侨华人社团可以依靠自己在当地社会的号召力和影响力，通过公开回应、游行示威等正当合法方式，对反华言论和行为进行抨击，澄清真相，改善当地民众对华的负面舆论，维护国家的主权、尊严和形象。如就钓鱼岛问题，全美中华青年联合会、南加州华人华侨联合会等多家美国华人社团就多次通过联合发表公开信、游行示威、递交抗议书等方式，强烈谴责美方、日方发表的有关钓鱼岛问题的不当言论，并呼吁两岸共同维护领土主权。

图 9－8　北京奥运会圣火传递第六站在美国旧金山，当地华人积极保卫圣火

第四，华侨华人社团的国际联络网有力地推动了全球华人的民族凝聚力，有助于对抗国际社会的反华分裂势力，维护中国和平统一和民族复兴大业，助力“中国梦”。20世纪末以来，不仅一国之内的华侨华人社团成立联合团体，跨国、跨地区的华侨华人联合团体和联系网络也得到进一步发展，如欧洲华侨华人社团联合会的成立，以及世界华商大会、世界客属恳亲大会等各种国际会议的召开。华侨华人社团的国际联络网极大地

提升了华侨华人对中华民族的认同感和凝聚力，在面对国际社会的反华分裂活动时给予了有力的回击。如2008年北京奥运圣火在海外传递过程中，一些反华势力使用各式各样的手段，图谋用“抵制奥运”、干扰和破坏奥运火炬顺利传递来为其分裂阴谋活动制造声势。全球各地的华侨华人团体通过在媒体发声、召开座谈会等，自发组织“保卫圣火”的活动，支持中国政府，打击破坏奥运会顺利举办的不法组织和暴徒，正面引导当地民众舆论，有力地捍卫了中国的国家主权和领土完整。

二、华文媒体与公共外交

（一）当代华文媒体的特点

海外华文媒体指中国以外地区，以汉字为传播方式的大众传播媒介，包括报纸、杂志、网络媒体、广播、电视以及各种新兴媒体，它们植根、成长于海外华人社会，是中国开展公共外交的重要依托方式和平台。目前，华文媒体已经形成了以华文报纸、华文电视、华文广播及华文网站为主要形式的传播网络，拥有强大的华文传播影响力。

进入21世纪之后，随着中国留学生和海外新移民数量不断增多、实力不断增强，海外华文媒体迅速发展。从数量上来看，海外华文媒体数量庞大，据不完全统计，全球目前具有一定规模和影响力的海外华文媒体共有1 019家，分布在61个国家和地区。① 从地区上来看，主要分布在北美和东南亚地区，其次是东亚、大洋洲、中欧、西欧地区。据《2011世界华文传媒年鉴》统计，美国目前有海外华文媒体88家，加拿大48家，马来西亚23家，印度尼西亚15家，泰国10家，新加坡10家，日本32家，澳大利亚49家，新西兰25家。其中，华文报刊的数量最多，比如，有新加坡的《联合早报》、马来西亚的《星洲日报》、美国的《侨报》《世界日报》、加拿大的《星岛日报》、欧洲的《欧洲时报》《英中时报》等。其次为杂志、广播、电视台，数量相对少且主要分布在发达国家。华文电视台则主要分布在美国、加拿大、新加坡及马来西亚等华文媒体较发达的地区。

随着新媒体时代的不断发展，海外华文媒体也开始抓住这一发展机遇，从传统媒体向新媒体转型，以网站、微信公众号等新媒体形态对外传播。例如，美国《侨报》开始发行与纸质版报刊版式和内容相近的网络版，并先后推出微信公众号和官方客户端，通过阅读形式的多样化发展，其阅读量和粉丝量实现了飞速增长。泰国《星暹日报》也在除传统报纸这一基础传播手段之外，发展了官方网站、微信公众号、微博、推特等新媒体传播平台，影响力得到了有效提升。近年来，欧美国家的华文网站数量大幅增

① 王劲竹．海外华文媒体的发展进路与角色担当［J］．今传媒，2020，28（12）：133－135.

长，据不完全统计，加拿大华文网站已有600多个，美国华文网站则接近800个，① 如加拿大的“留园网”“博园网”，美国的“文学城”“倍可亲”“洛杉矶华人资讯网”“芝加哥侨学网”等。为了扩大其传播影响力，这些网站大多设立了相应的微信公众号。随着海外华文媒体不断向新媒体传播方向转型，海外华文媒体的传播力和影响力都得到了增强，大大拓展了华文媒体发展的空间。

传播方式和平台的多元化，使得海外华文媒体的影响力和传播对象日趋全球化。通过网站、微信公众号、微博等新媒体平台，海量华文媒体信息能够迅速、及时地传播到全球各地，且其不断提升的内容丰富度和信息有效性，不仅得到海外华人的青睐，还形成了全球粉丝群。海外华文媒体突破了地域甚至文化等方面的界限，实现了跨国界、跨地区的传播网络。

近年来，海外华文媒体的集团化发展方向极大地增强了华文媒体的影响力。例如，2008年4月，马来西亚星洲媒体集团与南洋报业集团、星洲媒体集团、香港明报集团合并为世界华文媒体集团，成为中国境外最大的华文媒体集团，媒体实力大大增强。世界华文媒体集团每日报纸总发行量逾10万份，有员工5 000人，成为拥有5大报纸——《星洲日报》《光明日报》《南洋商报》《中国报》《明报》，超过30份中英文杂志的大型华文出版集团。② 不仅如此，全球相对实力较强的华文报纸基本上都成立了华文媒体集团，例如，泰国《亚洲日报》成立报业集团，澳大利亚成立澳洲中文报业集团。美国一些有实力的报纸、电视台也走向了集团化，如美南报业电视集团，主要有美南新闻日报、美南国际电视、休斯顿黄页、美国印刷厂、国际贸易中心，美南新闻日报旗下还包括华盛顿新闻、达拉斯新闻等媒体，其中美南国际电视作为休斯敦唯一的中文电视台，实行24小时永不打烊制。

（二）华文媒体在公共外交中的作用

海外华文媒体作为中国文化传播的民间大使，是凝聚海外华人民族认同、协助中国开展公共外交的重要桥梁和纽带，是中国媒体在海外传播的有力合作伙伴。具体而言，主要体现在以下几个方面：

第一，华文媒体是海外华人认知中国、强化中华民族凝聚力的重要纽带。海外华文媒体作为华人社会的三大法宝之一，始终努力传承中华文化，通过对中国的宣传以及同中国媒体的合作，维系着海外华侨华人对祖（籍）国的情感，增强了海外华人的族群认同，如泰国华文电视台引进《三国演义》《甄嬛传》等中国热播电视剧，泰国中央中

---

① 周宇．海外中文网站生存状况调查［J］．凤凰周刊，2010（9）．

② 彭伟步．媒体融合背景下海外华文媒体的开拓与创新：以马来西亚星洲媒体集团为例［J］．东南亚纵横，2010（10）：25－29.

文电视台与云南电视台共同制作 2013 年春节晚会。尤其是海外的新生代华人，对中国和中华文化的了解主要来源于海外华文媒体，华文媒体通过丰富、多样的传播渠道向海外新生代华人传播中华文化，如美国、加拿大等华文媒体都建立了网站、推特等社交媒体账号，依托新媒体传播方式传播中华文化，增强华侨华人对中华文化的了解以及族群文化自豪感。

第二，华文媒体是向国际社会传递中国声音、传播中华文化、讲好中国故事的重要途径。海外华文媒体扎根于当地，对当地的政治、经济、社会、文化等情况有比较深入的了解，同时又熟悉中国的语言、文化与国情，因此，依托通晓双边语言和文化的独特优势，华文媒体是传递中国声音、讲述中国故事、解读中华文化的理想平台，是提升中华文化在全球影响力的重要渠道。如马来西亚《星洲日报》每两年评选一次花踪世界华文文学奖，并积极举办多项传播中华文化的系列活动，努力推动世界华文文化的发展；新加坡《联合早报》与新加坡华族文化中心联合举办早报文学节，鼓励海内外华文作家共同维系华文文化的传承与发展。

图 9－9　2018 年新加坡《联合早报》文学节开幕式现场

（来源：新华网）

此外，通过华文媒体传播这一方式，还可以有效地改善外国媒体和民众对中国存在的某些误解和成见，讲好中国故事。例如，针对近年来外国民众对于中国“一带一路”倡议认知模糊，海外华文媒体以本土视角和语言加强了对中国的时事报道。以印尼地区最具影响力的华文报纸《国际日报》2015 年上半年的发文为例，在数量上，平均一天大约有一条关于“一带一路”的报道，且通常都安排在报纸的重要版面；在内容上，覆盖了政治、经济、军事、文化等各个领域，报道的评估态度多为中立且客观。泰国华文媒体在多项重大事件中起到了舆论引导的作用，在热点事件中积极报道真实情况消除两国误会，为中泰文化交流架起了一座桥梁。老挝在《中华时报》特刊中以“为建设中老命运共同体努力奋斗”为主题，刊登多篇关于中老合作项目的报道，致力于搭建中老两国沟通的桥梁。可以说，华文媒体增进了当地民众对中国国情和“一带一路”倡议的客观了解，有力地推动了“一带一路”的建设进程。

第三，华文媒体通过积极客观地引导当地社会舆论，成为塑造中国良好国际形象的重要力量。海外华文媒体根植于海外社会，通过一系列客观、真实的报道有效地维护了中国的正面国际形象，改变了西方民众和主流社会对中国的负面看法，增强了中国的文化软实力。例如，2008 年拉萨“3·14”事件、2009 年乌鲁木齐“7·5”事件发生后，西方媒体采取双重报道标准，进行了一系列歪曲事实的报道，引发了国际社会对中国体制的抨击，激起了对中国政府的指责和不满。此外，近年来海外时有出现辱华、仇华、反华言论，如 2013 年美国 ABC 仇华言论、2014 年澳大利亚国会议员辱华言论等等。对此，海外华文媒体积极勇敢地报道真实情况，以强有力的证据反击西方舆论，消除海外对中国的误会，起到了舆论引导的作用。

近年来，随着“一带一路”倡议在国际社会的推进，各种争议也不断出现，例如“中国掌控”“项目不透明”“只为中企服务”等，损害了中国的国际形象。对此，海外华文媒体积极回应争议，向当地主流社会发声，有力地维护了中国的国际形象和声誉，表现出华文媒体应有的责任和担当，在一定程度上赢得了当地主流社会的认可。泰国亚洲大众传媒董事长、泰国头条新闻社社长郭蕊表示，“一带一路”最早出现在其旗下媒体时，较多与“中国”“专家学者”“解读”等标签相连，而如今在“一带一路”主题下最先搜索出的大多是泰国的相关消息与民间的故事，泰国民众对“一带一路”的认知发生实实在在的转变。① 可见，海外华文媒体通过不断增加对中国新闻的报道版面和报道强度，如实介绍中国的政治、经济、社会文化等方面的发展情况，成为平衡国际舆论、协助中国开展公共外交、发展国际

图 9-10　华人聚集在纽约抗议此前 ABC 节目播出的仇华言论

① 华媒视角下“一带一路”之变：从官方到民间，由中国向世界［EB/OL］. http：//www.chinaqw.com/hwmt/2019/04-28/221444.shtml.

关系、增强国际影响力的重要载体和路径，积极构建着中国在国际社会的新形象。

总之，海外华文媒体在提升海内外中华民族凝聚力、传承中华文化、讲好中国故事方面发挥了重要的作用，积极引导了海外舆论的正面走向，构建了良好的中国国际形象。在海外华文媒体的推动下，国际主流社会对中国形象的认知将不断朝着积极正面的方向转变，为中国赢得国际话语权奠定了坚实的基础。

三、华侨华人精英人士与公共外交

（一）当代华侨华人精英人士的特点

华侨华人精英人士作为海外华人社会中最引人注目的一股力量，是在其所从事领域获得显著成就、作出突出贡献，其所进行的活动在海外华人社区、住在国乃至在国际上产生重要影响力的华人群体。① 华侨华人精英的出现和发展是各种综合因素作用下的结果。早期移民的华侨多以受教育程度不高、处于社会底层的劳工、商人为代表。随着华侨华人不断开拓进取，一部分原本处于社会边缘的华人移民开始凭借着个人努力积累社会财富资本，并以经济实力为依托逐渐向社会阶梯上层流动，最终完成平民身份向精英身份的初代转换。另外，由于老一辈华侨华人精英普遍重视子女教育，并将其作为改变家庭命运的最好机会，一代代华侨华人就此不断实现社会阶层跨越，在政治、经济、文化等多个方面开始崭露头角，成长为各个领域的精英。

从华侨华人精英涉及的领域来看，主要可划分为三种类型：政治精英，主要指在政治共同体内居于领导地位的群体；经济精英，主要指占有大量经济资源的经济能人；知识精英，主要指在学术机构、文化组织内或拥有一定社会影响力的杰出知识分子。总体而言，华侨华人精英在不同国家和地区间存在地理分布差异：在东南亚等华人移民历史悠久的地区，华侨华人精英更多表现为经济精英身份特征，即主要从事商业和制造业发展，具有强大的经济实力和社会影响力。反观在东南亚的华人政治精英和知识精英，则人数相对较少。有权威数据显示，世界华商 500 强中约 1/3 分布在东南亚；在 2016 年度福布斯全球富豪排行榜上，世界富豪前 500 名中有 20 位华人，其中 16 人来自东南亚地区，华人经济精英对东南亚地区的经济影响力不可小觑。而在华人最多的东南亚地区，除泰国、新加坡和马来西亚等个别国家华人参政水平较高外，其他国家由于历史民族因素以及现实条件限制，参政人数及规模仍在较低水平徘徊，与华人在经济上的重要影响力极不相称。

而在美欧等经济发达国家，华人精英身份所呈现出来的结构分布日渐多元化，而不

① 庄炎林．世界华人精英传略［M］．南昌：百花洲文艺出版社，1995.

仅局限于相对单一的经济精英身份。如在美国政界，骆家辉、赵小兰、朱棣文和李孟贤等华人政治精英不断涌现，华裔杨安泽竞选2020年美国总统并取得一定成绩；美国作为除大中华区和东南亚以外华商名列福布斯富豪榜较多的国家，在2015年有7名美裔华商入榜，平均净资产达50.4亿美元。在科技界，美国IT人才高地硅谷活跃着两万名华人科技精英。此外，2020年在全美华人“30位30岁以下创业精英”年度评选活动中，获奖者来自时尚、传媒、体育、文化、艺术、金融、社会公益等众多不同领域。[①]由此可见，华侨华人精英在发达国家中的类型表现更加趋于多样性。

自改革开放后，通过留学、经济、技术渠道而移民国外的新华侨华人激增，其人数规模和影响力在海外华人社会所占的比例越来越高。他们作为海外华人社会的新生力量，在加强住在国与中国的互动联系方面发挥着重要的作用。中国教育部数据显示，从1978年到2019年底，中国大陆各类出国留学人员累计超过656.06万人，留居海外者超过230万人。此外，自1978年以来，来自中国而移居国外的新华侨华人及其子女的数量达1 300万人以上，[②] 其中，相当一部分为寻求个人发展的新移民，本身就具备一定财富、知识、技术等精英资质要素，具备精英身份或潜在精英身份，故移居他国后，其精英身份转化也多为自然过渡。区别于老华侨华人精英，这些新华侨华人精英普遍具有较高的学历、知识素养和较强的经济实力，并且出生于中国，大多保留着不同程度的中华文化认同。他们作为华侨华人精英中的新生力量，为海外华人社会注入了新鲜的血液，为中外互动搭建沟通桥梁，并且力图在祖（籍）国与住在国之间寻求平衡发展与互惠合作。

在和平与发展成为时代主题，国家间交流与合作越发频繁的今天，华侨华人精英表达诉求时开始淡化政治意识形态色彩，日渐侧重在经济发展、文化科技交流和人才教育等方面的互动。但有选择性地避开政治敏感问题并不意味着海外华侨华人精英对中国和平统一与国家建设等原则性问题的漠视与疏离。华侨华人精英日益淡化政治意识，实际旨在避免在某些政治敏感问题上，因自身身份定位“模糊”而招致住在国政府与人民的怀疑与歧视，故华侨华人精英更加偏好谋求住在国与祖（籍）国间的合作发展以及互惠共赢，在力求融入当地社会的同时，推动与祖（籍）国的互动与联系，尤其是在关系中国核心利益以及生存发展的问题上，华侨华人精英责无旁贷，在促进两岸关系发展、推动祖国统一以及经济文化交流等方面贡献着自己的力量。例如，在面对2008年北京奥运圣火传递遭到“藏独”分子袭击的情形下，法国华侨华人精英先后发起座谈会以及公开讲话，努力捍卫祖（籍）国的荣誉、利益和尊严。另外，在2020年初国内疫情暴发以来，不少爱国华侨华人心系祖国，积极组织动员采购防护物资，一些华侨华

① 2020年度全美华人“30岁以下创业精英”评选结果揭晓［EB/OL］. https：//baijiahao. baidu. com/s？id＝1661593900574354367&wfr＝spider&for＝pc.

② 庄国土. 21世纪前期世界华侨华人数量、分布和籍贯的新变化［J］. 研究与探讨，2020（6）.

人精英利用自身的人脉和影响力，短时间内筹备大量物资运往抗疫第一线，为中国抗击疫情胜利提供了必要的物质条件。

（二）华侨华人精英人士在公共外交中的作用

华侨华人精英群体由于谙熟中外文化，同时具备良好的沟通组织能力以及掌握着丰富优质的经济社会资源，将会更加积极主动地关注和参与住在国政治、经济、社会、文化等领域的发展，在中国实施公共外交和构建国家软实力方面发挥着更大的作用。

第一，华侨华人精英作为国家形象的示范代表，凭借自身的卓越才能以及人格魅力，将会在无形中树立良好的华侨华人形象，有助于提升中华民族的国际形象，改善外国人眼中的中国国家形象。

一代代华商通过个人努力，奋斗成为首屈一指的企业家，向外部世界证明着华人乃至整个中华民族勤奋认真的优良品质；一批批华人知识分子通过才智创新成为扬名中外的科学家，向外部世界展示着华人乃至整个中华民族聪慧谦逊的内在底蕴。华侨华人精英以他们自身的卓越成就和精神风貌，在世界各国心目中改变了“贫穷迂腐中国人”的传统形象，引导着国际社会重新认识中华民族，塑造着关于中华民族的新形象。

华裔企业家林训明以一己之力推动着巴西黄豆种植业的发展，以及热心于公益事业回馈社会，被各大知名媒体誉为“巴西华人大企业先锋”，“是华人在异邦白手兴家的杰出样板”，有力地展示了华人吃苦耐劳的精神、敏锐的商业头脑以及社会责任意识。像林训明一样白手起家创业并取得重大成就的华裔商人比比皆是，郭鹤年、陈永栽、林爱莲、施至成等华裔商人作为“中国名片”当中的一员，对于树立良好华人形象，提升中华民族的国际形象影响卓越。同时，华侨华人精英在与住在国政府及公民交往互动的过程中展现出来的正面形象特质和精神面貌，能够在一定程度上增进住在国民众对于中国和中国民众的信任度和亲切感，消减国际社会对中国的认知误会，加深彼此互信与认同，构建和平友善、进步文明的中国国家形象。

第二，华侨华人精英作为在海外“中国故事”的最佳讲解者，通过发挥独特的信息传导作用，将会增进外部世界对中国的认知与了解，促进国际社会对我国内外政策的理解以及态度的改善。

讲好中国故事，传播中国声音，用外界听得到、听得懂、听得进的话语展现真实、立体、全面的中国，让世界更了解中国，一直以来都是我国推行公共外交的基础工作。而华侨华人精英熟悉住在国民众的思维模式、语言习惯和文化背景，掌握着大量信息媒体资源，同时具备卓越的沟通表达能力和社会影响力。这些天然优势使得他们成为讲述中国故事、开展公共外交的最佳“当事人”。海外华侨华人精英依托双重文化优势，更易于传播被住在国民众理解接受的信息内容，所讲述的中国故事也更加具有说服力和感染力，从而更能增进世界对中国的理解与支持，为中国和平崛起营造友好的国际环境。

第三，华侨华人精英作为跨文化沟通的重要载体和传译者，借助经典文艺作品和学术科研交流，将能更好地诠释中国的传统文化取向以及最新的知识创新，进一步扩大中外文化交流，增进住在国民众以及政府对于中华文化的理解。

在海外华人知识精英群体中，华人作家群体尤为值得关注。华人作家用手中的笔描绘中国传统社会和新中国发展现状，用生动通俗的语言阐述中华民族的历史与文化，让外部世界感受中国传统文化的魅力与活力，为国际社会走进中国、了解中国、认同中国提供了极为重要的窗口。例如，华人知名女作家谭恩美极为深刻准确地描述了中国传统教育、代际冲突等核心文化内容；第一个获得美国国家图书奖的华人作家哈金以非母语文字讲述中国故事，在西方社会引起强烈共鸣；大名鼎鼎的华裔作家严歌苓书写了一系列脍炙人口的佳作，并改编为影视作品传播至多个国家与地区。

除了文艺创作者，知识精英中的学术科研人员也在中外文化交流中作出了卓越贡献。华人知识精英作为沟通桥梁，推动国内高等院校和科研机构与国外学者进行各类交流与互动，一方面是以学科知识交流增进对于彼此文化的理解与认同；另一方面在于引领国外学者关注并研究中国问题，以发展和善意的眼光解读中国。总之，华侨华人精英对于扩大中外文化交流、传播中华传统文化，以及增强国际社会对中国发展的了解与认知都有着不可比拟的优势和作用。

第四，华侨华人精英作为意见领袖的代表，依托公共舆论引导和进行政治参与，可以有效传递中国最新的发展成就、政策信息和文化符号，在当地形成正面的公共舆论，从而影响住在国的对华政策。与其他华侨华人群体相比，华人精英更容易接近高质量信源，在公共事务一般拥有更高的参与度，特别是那些拥有一定政治话语权的华人政治精英，他们不仅可以与当地决策精英进行沟通对话，还可以通过行使公共权力中的政治倡议或政策规划等方式影响当地的政治决策，实现中国公共外交中的核心目标。例如，美籍华人精英杨雪兰、马友友、贝聿铭等人联合发起，集合美国各行各业精英人士而创建的美国百人会，通过举办年会、组织民意调查、互访往来和政策咨询等方式，极大程度推动着中美关系的良性发展。

图 9 – 11　哈金作品《在他乡写作》

1994 年，百人会创始人贝聿铭先生曾亲自率领 30 位成员走访北京，并特地拜访了国家主席江泽民和政协主席李瑞环，以民意调查结果为依据，说明了美国主流社会对华裔的偏见与误解。1998 年克林顿访华前夕，美国国家安全顾问伯杰邀请百人会的 6 名领袖前往白宫，就中美问题向克林顿提供专业咨询和政策意见。2001 年“9·11”事件发生后，百人会撰写了一份写给美国政府高层及社会各界领军人物的报告，即《美中关系白皮书》，旨在说明美国应放弃对抗、加强合作，一定程度上影响着美国政府对华政策的调整。百人会案例直观反映出华侨华人精英更容易获得住在国民众和政府的支持，能够间接或直接影响政府决策层，推动中国公共外交的实施与发展。

阅读材料：美国华人组织“百人会”

百人会（Committee of 100）是一个美国华人精英组织，于 1990 年由著名建筑师贝聿铭等人在纽约创立，是美国最有影响力的华人组织之一。该组织有会员 140 人左右，全部由在美国商界、政界、学术界及文化界有影响力与知名度的华裔组成，其成员包括企业家杨雪兰、音乐家马友友、著名物理学家吴健雄、前加州大学伯克利分校校长田长霖、美国首位华裔州长及前驻华大使骆家辉、美国首位华裔女市长陈李婉若、流行性疾病研究专家何大一、雅虎网站创办人杨致远、慈善家唐仲英、台积电董事长张忠谋、华人女作家张纯如等人。该组织入会资格十分严格，必须由三名会员推荐，经专门委员会审核和批准后才能入会。

图 9－12　2003 年贝聿铭在美国百人会年会上演讲

百人会是一个非政治团体，对推动美国华裔融入本土社会，以及美国与中国、两岸之间的政治、经济、文化交流起到了特殊的促进作用。2021 年，百人会在《经济学人》（*Economist*）杂志网站发布了一份题为“从基础到前沿：华裔美国人对美国结构的贡献”的研究报告。该报告指出，当前华裔美国公民有 390 万，占美国总人口的 1.2%。华裔美国人在美国的政治、经济、社会志愿服务和慈善事业等不同领域作出了重要的贡献。在美国，每 25 名航空工程师中就有 1 名是华裔；每 20 名服装设计师中有 1 人是华裔；每 20 名外科医生、医师、验光师、药剂师和牙医中有 1 人是华裔。全美约有 4.5 万家中餐馆，比美国连锁餐馆麦当劳、肯德基、必胜客、塔可贝尔和温蒂汉堡的总和还要多。此外，为了抗击新冠肺炎疫情，自 2020 年 3 月以来，有 690 多个美国华人民间组织，筹集了超过 1 800 万美元的资金，并向医院、养老院、警察局和其他机构提供了数百万件个人防护设备和膳食。①

第三节　华侨华人与抗击新冠肺炎疫情

2020 年伊始，突如其来的新冠肺炎疫情在全球蔓延和肆虐，成为近百年来人类遭遇的影响范围最广的一场全球性大流行病，给世界政治、经济、社会、文化带来了严重的冲击和挑战。病毒不分国界，全球携手抗击疫情成为全人类共同面对的重要使命，彰显了构建人类命运共同体这一意义深远的时代命题。中国始终坚持以民为本、生命至上，秉持人类命运共同体理念。至 2021 年 5 月，中国已向 80 多个有急需的发展中国家提供疫苗援助，向 43 个国家出口疫苗。中国已为受疫情影响的发展中国家抗疫以及恢复经济社会发展提供了 20 亿美元援助，向 150 多个国家和 13 个国际组织提供了抗疫物资援助，为全球供应了 2 800 多亿只口罩、34 亿多件防护服、40 多亿份检测试剂盒。

在世界各国积极采取措施抗击疫情的过程中，海外华侨华人积极参与到祖（籍）国和住在国的疫情抗击中。作为全球抗击疫情的一支重要力量，华侨华人在全球抗疫斗争中切身实践着人类命运共同体这一理念。在这一过程中，华侨华人发挥了独特的作用，但也面临诸多的挑战。

一、华侨华人参与支持中国抗疫行动

自 2020 年初新冠肺炎疫情暴发以来，为了遏制疫情的传播，中国全力以赴，用一个多月的时间初步遏制了疫情蔓延的态势，用两个月的时间将本土每日新增病例控制在个位数以内，用三个月的时间取得了武汉保卫战、湖北保卫战的决定性成果。在这一艰难抗疫的斗争中，从欧洲到亚洲，从美洲到大洋洲、非洲，广大海外侨胞无论贫富老幼，纷纷伸出援助之手，慷慨解囊，以各种方式和渠道投入支援祖（籍）国抗疫的过程中。

首先，面对重点疫区防疫医疗物资的短缺，海外华侨华人个人、企业、社团纷纷行动起来，筹集捐款，购买物资，支援中国的抗疫行动。如 2020 年农历新年的第一天，全日本华侨华人联合会就组织了“向武汉捐赠防控口罩”的公益活动。新加坡中华总商会通过各种渠道呼吁总商会董事、商团及会员企业参与支持中国抗疫的捐助，短期内

---

①　根据有关“百人会”的网络资料进行整理。

筹集到110万新币交于新加坡红十字会。欧洲华侨华人仅在半个月的时间就通过五个航班，累计向中国运送捐赠50余吨、2 690 209件，总价值人民币440多万元的物资。①

在捐赠物资运输过程中，面对部分国家加强管控，减少或取消中国航线等困难局面，海外侨胞积极破解运输难题，克服重重困难，为纾解国内医用物资匮乏局面立下了汗马功劳。肯尼亚侨胞在航班货运舱已满的情况下，经多方协调将筹集到的数千箱物资放置于客舱座位运抵广州，被誉为“口罩航班”；缅甸侨胞在无法空运的情况下，迅速组建一支特殊车队，经滇缅公路，将购置的医用乳胶手套和测温仪由缅北地区运入云南瑞丽口岸，书写了新时代“南侨机工精神”。②

图9-13　在芬兰赫尔辛基，快递公司员工为“祖国加油”

（来源：新华网）

海外华侨华人对中国的物资捐赠为中国取得抗疫胜利作出了重要的贡献，充分展现了海外华侨华人对祖（籍）国的赤子之心。根据海关总署相关数据，从2020年1月24日至2月29日的一个月间，全国海关共验放疫情防控物资24.6亿件，价值82.1亿元。其中防护用品共24亿件，主要包括口罩20.2亿只，防护服2 538万件。③ 此外，据不完全统计，抗疫以来至2020年7月，海内外侨胞通过国内相关机构捐赠的资金将近人

① 海外华人华侨中国留学人员援助国内抗击疫情纪实（三）：海外侨胞投入一场跨越欧亚的物资运送“接力赛”[EB/OL]. https://baijiahao.baidu.com/s?id=1659022131075603659&wfr=spider&for=pc.

② 许又声. 和衷共济战疫情，四海同心克时艰[EB/OL]. http://qwgzyj.gqb.gov.cn/tbbd/211/3231.shtml.

③ 前2月我国猪肉进口量增加1.6倍，口罩进口20.2亿只[EB/OL]. https://xw.qq.com/cmsid/20200307A0C04800.

民币10亿元，捐赠物资超过人民币10亿元。其中，中国华侨公益基金会收到海内外捐款2.72亿元人民币，捐赠者覆盖六大洲、40多个国家和105个侨团。① 除了上述的捐款捐物之外，海外华侨华人还通过向战斗在一线的医护人员表达赞赏和敬意，鼓励增强中国战胜疫情的信心。如2020年2月25日，缅中友好协会和缅华基金会为中国早日战胜疫情共同举办盛大的疫情祈福法会，泰国社会各界录制各种“加油”视频为中国抗疫加油。

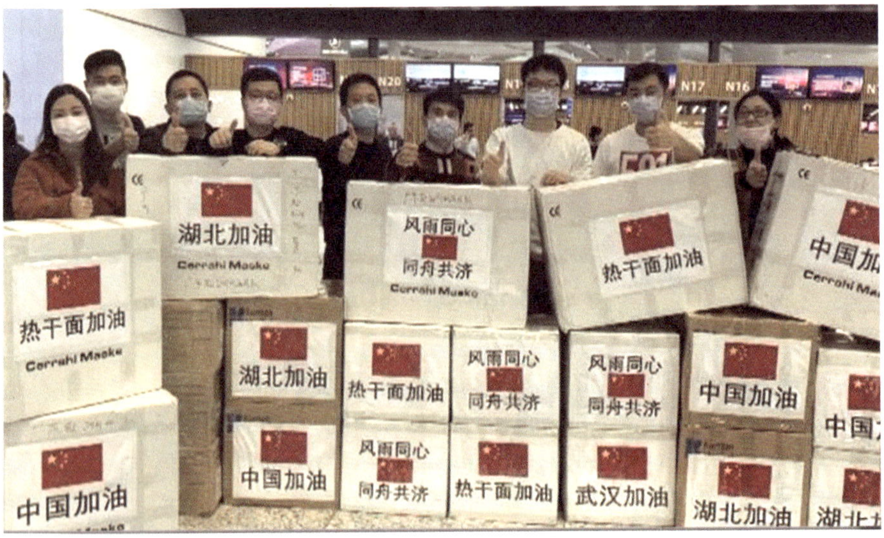

图9-14 土耳其华侨华人捐赠医疗物资支援祖（籍）国抗击疫情

新冠肺炎疫情暴发后，中国政府最早采取“封城”、全民隔离等措施，为国际社会抗击疫情争取了时间、提供了宝贵经验。然而，一些西方政客和媒体舆论将疫情政治化，指责中国的防疫工作，对中国的抗疫行动“污名化”，称新冠病毒为“中国病毒”“武汉病毒”，煽动本土民众的反华情绪，使一些海外华侨华人在疫情下遭受到社会偏见和种族歧视，包括异样目光、言语污蔑，甚至人身攻击。对此，海外华侨华人和华社组织纷纷通过请愿、抗议、诉诸法律、媒体网络等手段进行批驳、谴责和反击，为中国正名，为华侨华人维权。如美国华人通过组织游行，反对美国借疫情抹黑中国、歧视和攻击华裔群体的言论；澳大利亚维多利亚州华人社团联合会利用调查问卷的形式了解华裔遭遇歧视的情况，形成报告，向当地政府汇报，促请政府成立特别小组，打击歧视行

① 海外侨胞抗疫故事网上开讲［EB/OL］. https：//baijiahao.baidu.com/s? id=1671413051598733354&wfr=spider&for=pc.

为。[①] 法国华侨华人通过网络发声、法律援助与追责、发布纪录片、与法国官方机构直接合作等多种方式，参与到反歧视、反种族主义、反排斥、反污名化的抗争中；海外华文媒体如瑞典《北欧华人报》和《华人头条》、日本《新华侨报》和《关西华侨报》、美国《华盛顿中文邮报》和《新世界时报》等媒体和网站也纷纷谴责“污名化”中国的煽动性言论。[②] 在日益复杂的国际环境下，海外华侨华人成为为中国于疫情期间在国际社会正名和发声的一支重要力量。

二、华侨华人参与支持住在国抗疫行动

随着新冠肺炎疫情在全球范围内迅速蔓延，为协助住在国尽快遏制疫情，海外华侨华人积极投入以住在国为主战场战“疫”中。他们以实际行动投入人力、物力和财力，展示出海外华侨华人勇于担当的良好社会形象。

一方面，海外华侨华人以身作则，守望相助，积极配合当地防疫措施。如意大利普拉托市的华侨华人早在当地政府决定“封城”之前，就主动取消聚会，减少出门，戴上口罩，做好防护；许多商家停止营业，经营超市的商户主动为员工、顾客提供口罩和消毒洗手液等，实现了华人社区的“零感染”，得到当地政府的高度赞扬。美国、菲律宾、日本等国侨社抱团取暖，建立抗疫协调机制，统筹侨界防疫物资分配使用；意大利、西班牙、比利时、奥地利、菲律宾等国重点侨团组织防疫互助小组、志愿者队伍等，为侨胞生活便利和人身安全提供帮助，协助使领馆和中国援助医疗队开展工作。[③]

另一方面，海外华社回馈当地，与住在国政府、医院、学校等机构积极沟通，捐赠口罩、护目镜、防护服等紧缺防护物资，协助住在国抗疫，共渡难关。泰国正大集团发起“泰国人不抛弃不放弃”公益项目，率先向全国 77 家医院捐款 7 700 万泰铢，并投资 1 亿泰铢建造口罩厂，月产 300 万只口罩，全部免费提供给当地医疗机构和普通百姓；菲律宾、柬埔寨部分侨团分别募集 798 万元人民币和 50 万美元善款支援住在国政府抗击疫情；[④] 西班牙华侨华人协会在看到当地医护人员因医疗物资紧缺在社交平台上发出求助，第一时间发起捐赠活动，短短一周内，西班牙华侨华人协会和侨界联盟等共计向西班牙医院捐赠 6 500 件防护服、1 300 个护目镜、10 000 个 N95 口罩、10 000 瓶

---

① 海外华侨华人用正能量应对种族歧视［EB/OL］. https://baijiahao.baidu.com/s?id=1667166632754527081&wfr=spider&for=pc.

② 海外华人华侨密集发声：污名化中国是颠倒黑白，不得人心［EB/OL］. http://www.cmeds.se/bohrb/portal.php?mod=view&aid=10104.

③ 许又声. 和衷共济战疫情，四海同心克时艰［EB/OL］. http://qwgzyj.gqb.gov.cn/tbbd/211/3231.shtml.

④ 许又声. 和衷共济战疫情，四海同心克时艰［EB/OL］. http://qwgzyj.gqb.gov.cn/tbbd/211/3231.shtml.

洗手液及大量的医用手套与雨衣;[①] 南非中资企业和华侨华人向南非政府捐赠300万兰特（约合120.5万元人民币），支援当地抗击疫情；希腊华侨华人总商会与北京温州企业商会共同发起“驰援希腊”捐赠行动，筹集12万个口罩、2 000副护目镜运抵雅典。[②]

图9－15　希腊华侨华人总商会与北京温州企业商会共同发起“驰援希腊”捐赠行动

为了使住在国的疫情尽早得到遏制，海外华社积极将中国抗疫经验介绍给当地，讲好中国抗疫故事。海外华社纷纷通过报纸、网络、电视台、微信等平台积极发声，向住在国政府和民众客观介绍中国防疫抗疫的举措、进展和成效。如西班牙华侨华人协会组织一批医学生、华人医生等，把中国抗疫的做法译成西班牙文，在各大医院介绍，还以协会名义向当地公众介绍中国抗疫经验；欧洲东北同乡会和商会联合19家侨团举办“中医药抗疫经验分享”视频会，邀请国内专家介绍中医药在防治新冠肺炎方面的临床功效，推动中西医结合，助力疫情防控;[③] 巴西华社也组织中巴两国医生间的视频交流会，以及医生与侨胞的视频交流会，答疑解惑，帮助当地民众消除恐慌心理，科学面对病毒。

疫情下，尽管一些华侨华人在住在国面对偏见与侮辱，但他们仍然以饱满的热情主动投入与住在国其他族裔一起抗疫的行动中，用传递正能量的方式应对种族歧视。如在

① 绿叶对根的情意：浙江籍华侨华人战“疫”录［EB/OL］. https://baijiahao.baidu.com/s?id=1666479441506190662&wfr=spider&for=pc.

② 海外侨领侨胞积极支援住在国民众抗击疫情　传递中华儿女的善意［EB/OL］. http://www.fj.chinanews.com/news/fj_qlxdb/2020/2020-03-26/463301.html.

③ 海外侨胞抗疫故事网上开讲［EB/OL］. https://baijiahao.baidu.com/s?id=1671413051598733354&wfr=spider&for=pc.

美国和澳大利亚，华侨华人通过积极服务社区、协助抗疫为华社正名。美国亚利桑那州各华人社团为菲尼克斯、吉尔伯特等6个城市的医院、警局送去了爱心中餐；亚利桑那州现代中文学校的师生则自发捐款，购买了1.2万个口罩送给当地政府。① 在澳大利亚，昆士兰华人社区向当地医疗机构捐赠了6 000个口罩和1 500件工作服；澳大利亚内蒙古同乡会、澳大利亚蒙商联合会等数位侨领向悉尼新冠肺炎患者救治中心捐赠15 000个口罩，支援一线医护人员。

在海外华侨华人积极抗疫的同时，中国相关侨务部门也通过海外华社的牵线搭桥等多种渠道积极筹措防疫物资，支援海外侨胞及住在国防疫抗疫。中华海外联谊会和地方统战部门纷纷开启点对点支援模式，根据各国疫情和海外侨胞分布情况，通过多种渠道开展对外支援。截至2020年4月1日的不完全统计，中华海外联谊会和各地统战部门共向66个国家的海外侨胞及其住在国社会捐赠口罩3 400多万个，医用手套400多万只，中成药制剂100多万剂（盒），以及大量防护服、护目镜、额温枪、核酸检测试剂盒、防疫包等防护物资。上海、浙江、福建、广东、广西等重点侨乡省（区、市），也派出抗疫医疗专家组赴有关国家，指导当地疫情防控和医疗救治工作，为当地侨胞、留学生提供医疗卫生服务。此外，各地侨务部门积极建立网络救助渠道，搭建网上诊疗平台，通过“云诊疗”为海外侨胞提供诊疗咨询服务。②

总之，在此次新冠肺炎疫情下，遍布世界各地的华侨华人不仅与中国同呼吸、共命运，而且与住在国人民同舟共济、共克时艰。他们作为连接中国和世界各地的桥梁，在祖（籍）国和住在国的抗疫行动中发挥了不可替代的角色和作用。海外华侨华人利用自身的国际网络，冲破贸易保护主义，推动抗疫资源在全球范围的流动、配置与供应，与此同时，还利用语言优势向住在国人民讲好中国抗疫故事，并协助中国政府以多种方式支援住在国政府和人民的抗疫斗争，极大地推动了国际抗疫合作的进程。可以说，新冠肺炎疫情下的国际抗疫合作不仅体现了建构人类命运共同体的必要性和紧迫性，也是对人类命运共同体这一理念的生动写照和实践。

阅读材料：暖心，这些侨胞蹲守机场“求带货”——华侨华人抗疫故事之一

突如其来的新冠肺炎疫情时时刻刻牵动着无数华侨华人的心。今年春节假期开始，众多海外侨胞纷纷慷慨解囊，自发奔走，捐资捐物，疏通各种国际渠

① 海外华侨华人用正能量应对种族歧视［EB/OL］. https://baijiahao.baidu.com/s?id=1667133955236038408&wfr=spider&for=pc.

② 许又声. 和衷共济战疫情，四海同心克时艰［EB/OL］. http://qwgzyj.gqb.gov.cn/tbbd/211/3231.shtml.

道，采购国内紧缺的医用物资运回家乡和抗疫一线。

在机场等待同胞带货回国

“只要家乡有需要，我们一定会行动。”巴拿马同庆堂理事会主席、巴拿马大学孔子学院院长巫俊辉说。巴拿马同庆堂理事会创建至今已有超过百年历史，现有成员五六千人，多来自广东。巫俊辉告诉深晚记者，从得知国内疫情开始，他就积极动员社团的主要骨干乡亲，号召大家利用一切渠道，紧急到巴拿马自贸区采购医用口罩6万只，准备全部捐赠到深圳的抗疫一线。

巫俊辉本打算通过国航将这批口罩运回国内，没想到过年后国航就停航了。“如果走别的货运航班，最快也要五六天，我们心里很着急，一天都不愿意再等了。”于是，巫俊辉想到了办法——在机场等待回国同胞，然后拜托他们带货回国。

为此，巫俊辉和同伴将6万只口罩打包成30包，分两批运到机场碰碰运气。他们第一次就遇上了准备回国发展的一家四口，夫妇二人带着两个三四岁的孩子，还携带了很多自己的行李。巫俊辉本来还有些迟疑，没想到他们很爽快地答应了，并且一起将15包口罩分成四个行李打包并托运上飞机。他们第二次遇上了一对旅行完准备回国的年轻夫妻。这对年轻夫妻的目的地虽然是北京，但是也毫不犹豫地答应下来，回到北京后又帮忙将物资寄到深圳。

谈到这次运送口罩回国的经历，巫俊辉感慨地说：“很感动。无论在哪里，同胞的心都是拧成一股绳的。”

半夜守在厂外等待物资出厂

往年此时，齐佳已经回到加拿大进入了紧张的工作状态。而今年，齐佳还在忙碌着与中加两地的伙伴们沟通筹集抗疫物资的相关事宜。作为加拿大深圳社团联合总会主席，齐佳和伙伴们一直关注着国内疫情的发展态势，并从大年三十起就开始了紧缺医用物资的筹集工作。“我们不是做贸易的，也不了解医疗用品的相关标准，这中间的沟通工作量特别大。”为了尽最大努力支持奋战在抗疫一线的医务人员，齐佳带领团队通宵达旦地“作战”。“为了清点东西我们熬过通宵，也曾在半夜两三点守在工厂外面等待物资出厂，还遇到过预订的物资在国外被‘截胡’的事儿。”回忆起这个春节，齐佳印象深刻。

截至目前，加拿大深圳社团联合总会暨加拿大深爱慈善基金会在多伦多采购的第五批防病毒专业医疗物资已经顺利打包装箱，并搭乘海航航班转送至武汉，定向支援抗疫一线武汉协和医院，其中包括医用手套35 000只、医用鞋套4 800只、医用防护面罩500只。第六批防病毒专业医疗物资也正在筹备采购当中，预计本周五将通过海航航班转送至湖北省黄石市。此外，截至2月12

日16时30分，加拿大深爱慈善基金会共募集善款超47万元。①

阅读材料：意大利民众：感谢华侨华人志愿者的辛勤付出——华侨华人抗疫故事之二

“从一大早就开始干活，我们又完成了5所学校的消毒工作。”中国民间公益组织公羊会意大利总会副会长弗朗切斯科·罗通诺告诉记者，在刚刚过去的周末，公羊会意大利总会志愿者抓紧时间对普拉托地区的一些学校进行了消毒。

随着意大利疫情逐步好转，人们生产生活慢慢恢复正常。为了保障学校师生拥有一个安全健康的学习环境，公羊会意大利总会近日成立由中意民众组成的志愿者队伍，启动了针对普拉托地区60所综合学校的免费消毒服务。

志愿者们身穿厚重的防护服，佩戴口罩及护目镜，携带专业消毒工具，对从教室到办公室，从走廊到健身房等学校所有空间都进行了彻底消杀。完成一所学校的消毒服务需要两三个小时，志愿者们总是满头大汗、浑身湿透，又马上赶往下一所学校。

“对学校进行消杀工作十分重要，老师很快要回来工作，学生也要复课。感谢志愿者的辛勤付出，为师生们的健康提供了保障。”普拉托皮尔·西罗尼小学校长亚历桑德罗·焦尔尼表示，“面对疫情，意中两国人民之间的团结显得尤为重要。两国民众加强合作、深化互助，共同渡过了很多难关”。

弗朗切斯科·罗通诺介绍说，志愿者们除了对该地区其他学校进行消杀工作外，还将奔赴利古里亚大区的萨沃纳提供服务。“在意华侨华人一直都在尽己所能为抗击疫情出力。他们向普拉托民防部门和医院捐赠防疫物资，还给邻居送去口罩等。意中两国人民的友谊进一步升华，这对社区防控工作意义重大。越来越多的意大利民众希望参与志愿服务。”

普拉托一名学生家长尼可拉在网上留言：“中国朋友的志愿服务活动，让我对孩子安全回到学校放心许多。普拉托的家长和市民应该感谢他们，感谢志愿者为学校的付出，他们为这个城市的安全和未来发展竭尽所能。”

“普拉托的学校马上要开学了，学校复课是社会恢复正常运转的重要组成部分，我们要尽力帮助那些需要帮助的人。”公羊会意大利总会会长周龙说，“志愿服务活动得到许多学校的肯定和感谢，这令我们欣慰。我们期待继续为中意友谊贡献一份力量”。

“抗击疫情的过程中，普拉托的华侨华人为整个地区树立了榜样，他们让

---

① 许娇蛟．暖心，这些侨胞蹲守机场“求带货”[N]．深圳晚报，2020－02－13.

更多人意识到防控工作的重要性。”普拉托市长马泰奥·毕弗尼说。①

思考题

1. 华侨华人在推动中外人文交流中具有什么优势和特点?

2. 如何充分发挥华侨华人在中国公共外交中的作用和影响?

3. 新冠肺炎疫情下，华侨华人的抗疫行动如何体现了“人类命运共同体”这一内涵?

推荐阅读

1. 习近平. 论坚持推动构建人类命运共同体 [M]. 北京：中央文献出版社，2018.

2. 潘岳：中华共同体与人类命运共同体 [J]. 中央社会主义学院学报，2019 (4).

3. 刘泽彭，陈奕平，等. 华侨华人在国家软实力建设中的作用研究 [M]. 广州：暨南大学出版社，2018.

4. 中华人民共和国国务院新闻办公室. 抗击新冠肺炎疫情的中国行动：2020 年 6 月 [M]. 北京：人民出版社，2020.

5. 张立文. 中国传统文化与人类命运共同体 [M]. 北京：中国人民大学出版社，2018.

6. 张禹东，陈景熙，等. 华人社团与中华文化传播 [M]. 北京：社会科学文献出版社，2018.

7. 刘宏. 海外华侨华人与中国的公共外交：政策机制、实证分析、全球比较 [M]. 广州：暨南大学出版社，2015.

8. 王义桅. 国之交如何民相亲：新时代中国公共外交之道 [M]. 北京：中国人民大学出版社，2020.

9. 邢丽菊. 中外人文交流概论 [M]. 北京：世界知识出版社，2021.

① 叶琦. “感谢志愿者的辛勤付出” [N]. 人民日报，2020-06-17.

参考文献

一、图书

1. 庄国土．世界华侨华人史［M］．广州：暨南大学出版社，2018.

2. 庄国土，刘文正．东亚华人社会的形成和发展［M］．厦门：厦门大学出版社，2009.

3. 庄国土．中国封建政府的华侨政策［M］．厦门：厦门大学出版社，1989.

4. 庄国土．世界华侨华人简史［M］．广州．暨南大学出版社，2014.

5. 龙登高．跨越市场的障碍：海外华商在国家、制度与文化之间［M］．北京：科学出版社，2007.

6. 任贵祥．华侨与中国新民主主义革命：兼论民主革命时期华侨与中国共产党的关系［M］．北京：中国华侨出版社，2006.

7. 任贵祥．华侨与中国民族民主革命［M］．北京：中央编译出版社，2006.

8. 任贵祥．华侨第二次爱国高潮［M］．北京：中共党史资料出版社，1989.

9. 任贵祥，李盈慧．华侨与国家建设［M］．南京：南京大学出版社，2015.

10. 任贵祥．华夏向心力：华侨对祖国抗战的支援［M］．桂林：广西师范大学出版社，1993.

11. 任贵祥．海外华侨华人与中国改革开放［M］．北京：中央党史出版社，2009.

12. 任贵祥．海外华侨与祖国抗日战争［M］．北京：团结出版社，2015.

13. 李明欢．欧洲华侨华人史［M］．增订版．广州：暨南大学出版社，2019.

14. 李明欢．国际移民政策研究［M］．厦门：厦门大学出版社，2011.

15. 石沧金．马来西亚华人社团研究［M］．广州：暨南大学出版社，2013.

16. 罗香林．西婆罗洲罗芳伯等所建共和国考［M］．香港：中国学社，1961.

17. 吴凤斌. 契约华工史［M］. 南昌：江西人民出版社，1988.
18. 徐国琦. 一战中的华工［M］. 上海：上海人民出版社，2014.
19. 林蒲田. 华侨教育与华文教育概论［M］. 厦门：厦门大学出版社，1995.
20. 王士谷. 海外华文新闻史研究［M］. 北京：新华出版社，1998.
21. 方积根，胡文英. 海外华文报刊的历史与现状［M］. 北京：新华出版社，1989.
22. 郭梁. 东南亚华侨华人经济简史［M］. 北京：经济科学出版社，1998.
23. 李业霖. 吉隆坡开拓者的足迹：甲必丹叶亚来的一生［M］. 吉隆坡：华社研究中心，1997.
24. 马洪林. 康有为大传［M］. 沈阳：辽宁人民出版社，1988.
25. 林克光. 革新派巨人康有为［M］. 北京：中国人民大学出版社，1990.
26. 黄建淳. 晚清新马华侨对国家认同之研究［M］. 台北：台湾海外华人研究学会，1993.
27. 冯自由. 革命逸史：第6集［M］. 北京：中华书局，1981.
28. 刘永明. 国民党人与五四运动［M］. 北京：中国社会科学出版社，1990.
29. 廖仲恺，何香凝，尚明轩，等. 双清文集：上［M］. 北京：人民出版社，1985.
30. 李永昌. 旅俄华工与十月革命［M］. 石家庄：河北教育出版社，1988.
31. 许肖生. 华侨与祖国民族解放运动［M］. 广州：暨南大学出版社，1992.
32. 张闻天. 中国现代革命运动史［M］. 北京：中国人民大学出版社，1987.
33. 余世诚，张升善. 杨明斋［M］. 北京：中共党史资料出版社，1988.
34. 廖盖隆. 中国共产党历史大辞典：总论. 人物卷［M］. 增订本. 北京：中共中央党校出版社，2001.
35. 中共中央党史研究室科研管理部. 赵世炎百年诞辰纪念集［M］. 北京：中共党史出版社，2001.
36. 周兴梁. 廖仲恺和何香凝［M］. 郑州：河南人民出版社，1989.
37. 荣孟源. 中国国民党历次代表大会及中央全会资料［M］. 北京：光明日报出版社，1985.
38. 许肖生. 华侨与第一次国共合作［M］. 广州：暨南大学出版社，1993.
39. 刘伯骥. 美国华侨史续编［M］. 台北：黎明文化事业股份有限公司，1982.
40. 黄慰慈，许肖生. 华侨对祖国抗战的贡献［M］. 广州：广东人民出版社，1991.
41. 黄昆章. 澳大利亚华侨华人史［M］. 广州：广东高等教育出版社，1998.
42. 傅无闷. 南洋年鉴［M］. 新加坡：南洋商报出版部，1939.

43. 潮龙起．历史丰碑：海外华侨与抗日战争［M］．广州：暨南大学出版社，2015.

44. 潮龙起．美国华人史［M］．济南：山东画报出版社，2010.

45. 潮龙起．桑梓情深：华侨华人与改革开放［M］．广州：暨南大学出版社，2018.

46. 林金枝．近代华侨投资国内企业史研究［M］．福州：福建人民出版社，1983.

47. 林金枝．近代华侨投资国内企业史资料选辑：上海卷［M］．厦门：厦门大学出版社，1994.

48. 林金枝，庄为玑．近代华侨投资国内企业史资料选辑：福建卷［M］．福州：福建人民出版社，1985.

49. 林金枝，庄为玑．近代华侨投资国内企业史资料选辑：广东卷［M］．福州：福建人民出版社，1989.

50. 孙建．中国经济通史［M］．北京：中国人民大学出版社，1999.

51. 李春辉，杨生茂．美洲华侨华人史［M］．北京：东方出版社，1990.

52. 孙谦．清代华侨与闽粤社会变迁［M］．厦门：厦门大学出版社，1999.

53. 曾瑞炎．华侨与抗日战争［M］．成都：四川大学出版社，1988.

54. 黄小坚，赵红英，丛月芬，等．海外侨胞与抗日战争［M］．北京：北京出版社，1995.

55. 陈嘉庚．南侨回忆录［M］．长沙：岳麓书社，1998.

56. 刘宏煊．抗美援朝研究［M］．北京：人民出版社，1990.

57. 聂功成．关山度若飞：我的领事生涯［M］．北京：新华出版社，2009.

58. 范宏伟．缅甸华侨华人史［M］．北京：中国华侨出版社，2016.

59. 陈碧笙．世界华侨华人简史［M］．厦门：厦门大学出版社，1991.

60. 卢海云，权好胜．归侨侨眷概述［M］．北京：中国华侨出版社，2001.

61. 王辉耀，苗绿．海外华侨华人专业人士报告：2014［M］．北京：社会科学文献出版社，2014.

62. 王辉耀，康荣平．世界华商发展报告：2018［M］．北京：社会科学文献出版社，2018.

63. 陈奕平．和谐与共赢：海外侨胞与中国软实力［M］．广州：暨南大学出版社，2012.

64. 刘泽彭，陈奕平，等．华侨华人在国家软实力建设中的作用研究［M］．广州：暨南大学出版社，2018.

65. 刘宏．战后新加坡华人社会的嬗变：本土情怀·区域网络·全球视野［M］．厦门：厦门大学出版社，2003.

66. 刘宏．海外华侨华人与中国的公共外交：政策机制、实证分析、全球比较［M］．广州：暨南大学出版社，2015.

67. 庄炎林．世界华人精英传略［M］．南昌：百花洲文艺出版社，1995.

68. 罗晃潮．日本华侨史［M］．广州：广东高等教育出版社，1994.

69. 李安山．非洲华侨华人史［M］．北京：中国华侨出版社，2000.

70. 高伟浓．拉丁美洲华侨华人移民史、社团与文化活动远眺［M］．广州：暨南大学出版社，2012.

71. 张小欣．海外华侨华人与广东改革开放 40 年［M］．广州：中山大学出版社，2018.

72. 张禹东，陈景熙，等．华人社团与中华文化传播［M］．北京：社会科学文献出版社，2018.

73. 彭伟步．“一带一路”视野下海外华文媒体动态与前瞻［M］．广州：暨南大学出版社，2018.

74. 王灵桂，赵江林．人类命运共同体构建之路［M］．北京：社会科学文献出版社，2019.

75. 王义桅．国之交如何民相亲：新时代中国公共外交之道［M］．北京：中国人民大学出版社，2020.

76. 邢丽菊．中外人文交流概论［M］．北京：世界知识出版社，2021.

77. 张立文．中国传统文化与人类命运共同体［M］．北京：中国人民大学出版社，2018.

78. 石汉荣．探析中国侨务［M］．香港：中国评论学术出版社，2004.

79. 实藤惠秀．中国人留学日本史［M］．修订译本．谭汝谦，林启彦，译．北京：北京大学出版社，2012.

80. 亨廷顿．谁是美国人［M］．程克雄，译．北京：新华出版社，2010.

81. 孔飞力．他者中的华人：中国近现代移民史［M］．李明欢，译．南京：江苏人民出版社，2016.

82. 云南省人民政府侨务办公室．赤子丹心：华侨华人与云南抗战［M］．2015.

83. 国务院侨务干部学校．华侨华人概述［M］．北京：九州出版社，2005.

84. 福建省地方志编纂委员会．福建省志·华侨志［M］．福州：福建人民出版社，1992.

85. 福建省档案馆．福建华侨档案史料：上［M］．北京：档案出版社，1990.

86. 中国第二历史档案馆．中华民国史档案资料汇编：第五辑：第二编　政治：四、五［M］．南京：江苏古籍出版社，1999.

87. 中共中央文件选集：14［M］．北京：中共中央党校出版社，1987.

88. 中国致公党广东省委员会．爱国侨领司徒美堂（1868—1955）［M］．2015.

89. 广西壮族自治区地方志编纂委员会．广西通志：侨务志［M］．南宁：广西人民出版社，1994.

90. 广东省地方史志编纂委员会．广东省志：华侨志［M］．广州：广东人民出版社，1996.

91. 中国侨务通论课题组．中国侨务通论［M］．广州：暨南大学出版社，2015.

92. 国务院侨务办公室，中央文献研究室．邓小平论侨务［M］．北京：中央文献出版社，2011.

93. 中华人民共和国外交部政策研究司．中国外交［M］．北京：世界知识出版社，2005.

94. 中国和平统一促进会秘书处．心向统一：华侨华人反“独”促统活动纪实（一）［M］．北京：世界知识出版社，2005.

95. SELIGMAN S D. The first Chinese American：the remarkable life of Wong Chin Foo［M］. Hong Kong：Hong Kong University Press，2013.

96. MCAULIFFE M，KHADRIA B. World migration report 2020［M］. Geneva：International Organization for Migration，2019.

二、期刊

97. 张秀明．国际移民体系中的中国大陆移民［J］．华侨华人历史研究，2001（1）．

98. 张秀明．改革开放以来华侨华人对中国慈善事业的贡献探析［J］．华侨华人历史研究，2018（4）．

99. 庄国土．世界华侨华人数量和分布的历史变化［J］．世界历史，2011（5）．

100. 庄国土．华侨华人与港澳同胞对厦门捐赠的分析［J］．华侨华人历史研究，1999（4）．

101. 段云章．孙中山的革命斗争与日本华侨［J］．华侨华人历史研究，1989（2）．

102. 钱玉莉．孙中山陈友仁关系初探［J］．党史研究与教学，2002（6）．

103. 郭满．中共与华侨运动讲习所史事探析［J］．中共党史研究，2018（10）．

104. 张世均．欧美大国和华侨对“九一八”事变的反响［J］．世界历史，2001（4）．

105. 彭泽．华侨对十九路军抗战的支援［J］．福建党史月刊，1995（5）．

106. 李安山．试论抗日战争中非洲华侨的贡献［J］．世界历史，2000（3）．

107. 丁永刚，王凤霞．论晚清政府吸引侨资政策及其特征分析［J］．中州学刊，2009（5）．

108. 任贵祥．华侨对祖国抗战经济的贡献［J］．近代史研究，1987（5）．

109. 任贵祥．略述建国初期的侨务政策［J］．中共党史研究，1990（3）．

110. 林金枝．近代华侨投资国内企业的几个问题［J］．近代史研究，1980（1）．

111. 林金枝．海外华侨华人在中国大陆投资历史的回顾与展望［J］．南洋问题研究，1991（1）．

112. 谭天星．华侨华人与中国社会经济发展［J］．八桂侨刊，1994（4）．

113. 谭天星．浅谈海外华商与当代中国经济发展的互动关系［J］．侨务工作研究，2005（1）．

114. 张赛群．抗日战争期间华侨在国内投资分析［J］．八桂侨刊，2008（4）．

115. 贺金林．抗战期间华侨与国内的垦殖事业［J］．抗日战争研究，2010（1）．

116. 朱进．归国华侨和海外侨胞对抗美援朝战争的贡献［J］．党史纵横，2018（2）．

117. 刘笑盈，于向东．战后越南华人四十年历史之变迁［J］．华侨华人历史研究，1993（1）．

118. 赵健．改革开放40年中国侨务政策的回顾［J］．华侨华人历史研究，2018（4）．

119. 习近平．“大侨务”观念的确立［J］．战略与管理，1995（2）．

120. 夏莉萍，许志渝．新冠疫情下的海外中国公民合法权益保护［J］．国际论坛，2021，23（1）．

121. 龙登高，李一苇．海外华商投资中国40年：发展脉络、作用与趋势［J］．华侨华人历史研究，2018（4）．

122. 王辉耀．改革开放40年：华侨华人的作用及机遇［J］．今日中国，2018，67（12）.

123. 刘芳彬．华侨华人与中华文化国际传播［J］．八桂侨刊，2018（3）．

124. 潘岳．中华共同体与人类命运共同体［J］．中央社会主义学院学报，2019（4）．

125. 李明欢．弘义融利：华侨华人与侨乡关系若干思考［J］．八桂侨刊，2018（2）．

126. 吴前进．1990年以来中国－新加坡民间关系的发展：以中国新移民与当地华人社会的互动为例［J］．社会科学，2006（10）．

127. 郭姝，朱绍明，万杨．海外留学青年爱国意识状况的实证研究：基于欧美日韩等国留学生的问卷调查分析［J］．中国青年研究，2014（9）．

128. 杨明．从法国华人社会的民心看祖国和平统一的光明前景［J］．统一论坛，2003（5）．

129. 毛蓉君．中南美洲各国和统会会长谈开展本国反“独”促统工作［J］．统一论坛，2003（5）．

130. 赵启正．中国登上公共外交世界舞台［J］．公共外交通讯，2010（1）．

131. 周宇．海外中文网站生存状况调查［J］．凤凰周刊，2010（9）．

132. 彭伟步．媒体融合背景下海外华文媒体的开拓与创新：以马来西亚星洲媒体集团为例［J］．东南亚纵横，2010（10）．

133. 菊池一隆. 抗日战争时期的华侨和中国工业合作运动［J］. 抗日战争研究，2003（2）.

134. 吴惠秋. 发挥地区优势 做美国主流社会的工作［J］. 统一论坛，2007（1）.

135. 古铣贤. 做两岸沟通的桥梁 为中华统一而献力［J］. 统一论坛，2007（1）.

136. NEWLAND K，PLAZA S. What we know about diaspora and economic development［J］. Policy brief，2013（5）.

137. 陈锡烈. 海外赤子情［J］. 统一论坛，2010（06）.

三、专著中析出的文献

138. 李安山. 中国华侨华人研究的历史与现状概述［M］//周南京. 华侨华人百科全书：总论卷. 北京：中国华侨出版社，2002.

139. 王作跃. "学好数理化"：1978 年后大陆留美科学家研究［M］//国务院侨务办公室政研司. 北美华侨华人新视角. 北京：中国华侨出版社，2008.

140. 从兴中会至辛亥革命的记述：李自重回忆录［M］//中国人民政治协商会议广东委员会文史资料研究委员会. 广东辛亥革命史料. 广州：广东人民出版社，1981.

141. 潮汕华侨对祖国桑梓的贡献［M］//（广东省）政协潮州市文史资料征集编写委员会. 潮州文史资料：第 7 辑. 1988.

142. 吉原久仁夫. 黄宗才访谈录［M］//吉原久仁夫. 黄仲涵财团：东南亚第一企业帝国. 周南京，译. 北京：中国华侨出版公司，1993.

143. 祝秀侠. 黄仲涵［M］//华侨协会总会. 华侨名人传. 台北：台湾黎明文化事业股份有限公司，1984.

144. 李文. 我所知道的南洋华侨陆佑［M］//中国人民政治协商会议广东省广州市委员会文史资料研究委员会. 广州文史资料选辑：第 23 辑. 1981.

145. 石君. 鹤山籍华侨实业家陆佑事迹介述［M］//（广东省）江门市政协文史资料研究委员会. 江门文史：第 18 辑. 1989.

146. 郭振芝. 著名旅日爱国侨商吴锦堂［M］//暨南大学华侨研究所. 华侨研究. 广州：广东高等教育出版社，1988.

147. 中国代表刘绍周在第五次会议上的发言（7 月 8 日）［M］//中共中央党史研究室第一研究部. 共产国际、联共（布）与中国革命文献资料选辑（1917—1925）：2. 北京：北京图书馆出版社，1997.

148. 胡乔木. 从大革命到抗战时期党史的若干问题（1988 年 10 月 4 日）［M］//《胡乔木传记》编写组. 胡乔木谈中共党史. 北京：人民出版社，1999.

149. 李立三. 回忆赵世炎同志［M］//中共中央党史研究室科研管理部. 赵世炎百年诞辰纪念集. 北京：中共党史出版社，2001.

150. 纽约侨胞抗日救国会成立［M］//广东省档案馆．华侨与侨务史料选编（广东）（1）．广州：广东人民出版社，1991.

151. 武汉合唱团南来筹赈［M］//许云樵，蔡史君．新马华人抗日史料：1937—1945. 新加坡：文史出版私人有限公司，1984.

152. 派员周历南洋各埠筹议保护折［M］//苑书义，等．张之洞全集：第1册．石家庄：河北人民出版社，1998.

153. 莫秀萍．陈宜禧传略［M］//广东省台山县政协文史委员会. 台山文史：第5辑．1986.

154. 姜豪．上海先施公司［M］//上海市文史馆，上海市人民政府参事室文史资料工作委员会．上海地方史资料：三．上海：上海社会科学院出版社，1984.

155. 谭仁杰．永安公司创始人郭乐［M］//广东文史资料：第62辑．广州：广东人民出版社，1990.

156. 林金枝．郭乐、郭顺与永安纺织印染公司［M］//政协广东省中山市委员会文史委员会．中山文史：第24辑．1992.

157. 赵红英．建国以来侨务政策的回顾与思考［M］//国务院侨务办公室政策法规司．国务院侨务办公室课题研究优秀成果集萃．2006.

158. 王赓武．东南亚华人的身份认同之研究［M］//王赓武自选集．上海：上海教育出版社，2002.

159. 居委宁．海外华人的种族认同［M］//陈文寿．华侨华人新论．北京：中国华侨出版社，1997.

四、学位论文

160. 何洪明．抗战时期中国对美侨务公共外交研究（1931—1945）［D］．广州：暨南大学，2017.

161. 黄小用．晚清华侨政策研究［D］．长沙：湖南师范大学，2003.

162. 夏莉萍．试析21世纪中国撤侨机制建设［D］．北京：外交学院，2016.